大国

霓裳

沈从文
和我们的
纺织考古之路

王亚蓉 —— 编著

人民文学出版社

图书在版编目（CIP）数据

大国霓裳：沈从文和我们的纺织考古之路/王亚蓉编著. —北京：人民文学
出版社，2023
ISBN 978—7—02—017948—0

I.①大… II.①王… III.①纺织品—考古—研究—中国 IV.①K876.94

中国国家版本馆 CIP 数据核字（2023）第 061760 号

策划编辑　常雪莲
责任编辑　陈　悦
装帧设计　刘　静
责任印制　宋佳月

出版发行　人民文学出版社
社　　址　北京市朝内大街 166 号
邮政编码　100705

印　　刷　北京市十月印刷有限公司
经　　销　全国新华书店等

字　　数　194 千字
开　　本　710 毫米×1000 毫米　1/16
印　　张　29.25　插页 3
印　　数　1—5000
版　　次　2023 年 7 月北京第 1 版
印　　次　2023 年 7 月第 1 次印刷

书　　号　978—7—02—017948—0
定　　价　96.00 元

如有印装质量问题,请与本社图书销售中心调换。电话:010-65233595

目 录

自序

十年前，我整理沈先生谈开拓服饰研究的经验，并连同一直追随沈先生左右的王㐨先生与我受教及努力从事研究的经历，整理出版成书。每当想起以往研究条件的艰辛，而唯我得见中国迎来富裕的时代，但是沈、王两位已去世，天意弄人，不胜感慨。

自从 1997 年王㐨先生匆匆离去，我算是离沈先生工作最近的人了。沈先生刚过世时，王㐨先生就与我有约定，我们只做工作，不谈、不写先生，所以每有文字邀约，我们都婉拒。毕竟能与晚年的沈先生相处并深受关照，已让我们无以为报，又况太多需要延续的工作摆在眼前，实不敢浅薄说话而使沈先生蒙尘。自王㐨先生去世后，纺织考古与服饰研究的未竟工作自然落在我身上，我不敢懈怠，只希望尽我所能带领一些年轻人，把由沈先生开创的中国古代服饰文化研究的未竟事业，沈、王两位先生兢兢业业、务实钻研的精神承续下去，但毕竟力微，更加不敢妄下文字。

2002 年，香港商务印书馆的李祖泽与陈万雄先生，希望我写写研究古代服饰的沈先生，以作沈先生百年诞辰的纪念。沈先生的才华与勤勉所创造的文化奇迹，真不是我这支笔能准确评说的。然而考古所老所长徐苹芳先生亦不时督促我把做过的工作整理成文，让沈先生、王先生开创的这摊工作发展壮大。2011 年徐先生也故去了，时间的警钟一再敲响，把服饰研究保护的经验更多地传承下去，为后学者提供借鉴，让纺织服饰文化研究有所承继与发展已迫在眉睫。当时我已近七十之龄，虽身体已力不从心，也实不敢再在乎自身的鄙陋，于是才整理沈从文先生、王㐨先生及我零散的一些已出版的文字，合为一册，希望更多人了解中国服饰研究、纺织考古与纺织品保护工作已经走过和正在走的道路，更盼望有人也愿意走上这条需要耐烦和毅力的道路。

匆匆十年，今年是沈先生诞辰一百二十周年，也是王㐨先生逝世二十五周年。出版社希望我重新整理书稿，尤其理顺时序和脉络，使读者更容易看出一个系统；并加入后来我所做的纺织考古工作，以见中国服饰研究、纺织考古与纺织品保护工作的道路仍在继续。在经济条件已大有改善的今日，我持续盼望因此书的新版，引导更多人愿意走上这条道路。

王亚蓉

2012 年 9 月于中国社会科学院考古研究所

2022 年 5 月修改

试论沈从文历史文物研究法

——为"沈从文百年诞辰国际学术论坛"作（代序）

抗战胜利后，我随西南联大复员大军从"天开云瑞"的昆明，"复神京，还燕碣"，到北京大学继续读书。1948年初，我把脱稿于"新校舍"的一篇习作寄给《平明日报·星期文艺》。几天后，没有想到会收到沈从文先生的亲笔回信。对于这样一位自称是"乡下人"的著名文学家，虽然读过他的代表作《边城》，但没有听过沈先生讲课。因此，当我从红楼门房杨老手里接过信时，真是喜出望外，欢欣无状，急不可待地就站在红楼门前，把信打开，一字一字读下去：

> 我看过你在《文史》上几篇文章，印象很好。今天又看过你作的《嘉陵江畔》，印象也极好。你用力处我都看得出。这作品如用八千字至一万字来处理，或可设法安排。已用到二万字，就只能退给你了。作品整个设计好，论点更好，画景物笔也准确足用。只是叙述学校生活似乎平了点。至于用一个信补叙女的种种，可不大相合，难产生真印象。

> 用回述法带读者到过去的情境中，你用了力，可不甚见好。（这自然是我这个苛刻读者的印象，普通读者不会如此的。）照我估计，这篇文章寄《文艺复兴》恐不肯用。《文讯》或可用。

字数多，一般刊物是不容易消化的。这里文学杂志一遇到万字以上作品，也就得斟酌分量安排。抽不出许多篇幅来为一篇文章用的。最近一期有个肖凤女士作的《绥远草的故事》，也是用回述法表现，不知看过没有？她用的方法比你较经济些，由于问题集中些。凡属回述应重过程解释，最忌对话。这自然也只是就事说事，不能一概而论。

　　专颂

著安！

沈从文

　　这封信在文学习作方面，犹如投入一池浊水中的几颗灿灿发光的"知识之石"；而且沈先生那么认真，那么热心辅导、扶掖及关心后生，耕耘育人的"临事庄肃"的精神，再次使我受到"爱的教育"。这样一位正如巴金先生说的"清清白白，无愧于心"，拳拳致力于文学创作与教学，且寄望于后学的一代宗师，有人说他是"有意识地作为反动派而活动着"，岂不是加罪于无辜学人的弥天谎言。

　　也就在这一年的四月中，因为北大历史系和"北京人"社联合举办"五四史料展览"的事，我曾两次拜访过沈先生：一次去中老胡同32号，借他收藏的《努力周报》和林宰平教授的简报。另一次是在北大博物馆，请沈先生给《平明日报》的肖离、肖凤写信借个篇幅出展览特刊，并邀他为特刊写篇稿子。这两件事，沈先生都答应了，而且相隔没几天，沈先生便寄来一篇题为《五四和五四人》的专文，署名

"窘霉主人"。

1948 年秋，我南下到中央博物院筹备处混碗饭吃。不久，北方传来消息说，沈先生改行了，转业到北京历史博物馆。真没想到，地分南北，沈老师和他的私淑弟子竟然坐在一起，都成了"博物馆人"。从此，我得到沈先生的指点、教诲更加直接和实际，够我终生享用。

关于沈先生的"转业"，汪曾祺先生说："就国家来说，失去一个作家，得到一个杰出的文物研究家，也许是划得来的。但是从一个长远的文化史角度来看，这算不算损失？如果是损失，那么是谁的损失，谁为为之，孰令致之，这问题还是很值得我们深思的。我们应该从沈从文的转业得出应有的历史教训。"同时，还应看到沈先生转业以后直到 1978 年这段时期的日子也是不好过的。据彦火先生在一篇文章里说，当时"博物馆的领导不大重视沈先生的工作和研究"，对沈先生潜心研究某些课题不仅"不大力支持"，还"粗暴地干涉"，甚至将沈先生的《服饰》原著文字扔掉。因此我说，博物馆对沈先生也是不公平的；特别是他的历史文物研究法更是备受冷遇，这才是我国博物馆界的大损失。

早年，读梁启超《中国历史研究法》，学到不少知识，获益匪浅。特别是作者提到的综析比较的方法，对我这个刚刚步入博物馆大门的人特有启发。比如梁先生说："吾最喜为大量的比较观察，求得其总括的概象，而推寻其所以然。"又说："有应研究之价值者，即从事于彻底精密的研究，搜集同类或相似之事项，综析比较，非求得其真相不止。"由是我就想知道在我们博物馆界，有没有这样一本历史文物研究法的专著可读。当时，得到的回答是："分散的，零散的有一些，专门著作还没有看到。"五十年过去了，除开考古学、人类学两大"独秀外，其他文物，博物馆学方面，我看基本上还是一仍旧贯"。但散见于沈先生的著述、口传或书信的，诚如梁启超说的，他是将有关材料"立于'真'的基础之上"，并将其视为"人类动态之再现"或"全社会之业影，而非一人一家之谱录"，并进而"用联系和发展上下前后四方求索的方法"进行研究。现在且让我们从以下三个方面再说一点。

一、在踏踏实实的工作中获得真知

在汪曾祺先生写的《沈从文转业之谜》中，引用沈虎雏的话说，沈先生"对文物的兴趣比对文学的兴趣产生得更早一些。他十八岁时曾在一个统领官身边作书记。这位统领官收藏有百来轴自宋至明清的旧画，几十件铜器及古瓷，还有十来箱书籍，一大批碑帖。这些东西都由沈先生登记管理。由于应用，沈先生学会了许多知识。无事可做时就把那些字画一轴一轴取出，挂在壁间独自欣赏，或翻开《西清古鉴》、《薛氏彝器钟鼎款识》来看"。

一个每月七块三毛钱的十八岁的小兵，在一座"山上高处"的屋子里，整天翻弄着如此多样多彩的历史文物，除开细细观察"独自欣赏"外，还要把一件件器物的名称、作者、时代和用途都登记在本本上，若果遇有看不懂、弄不明白的地方，因为无人"教其不知"，只好打开十几个书箱，在浩瀚的字里行间去找寻答案。可以想见，沈先生当时所遇到的种种困难以及他的勇于攻坚、勤学强记、踏踏实实的求知精神了。更应看到的是就在如此艰苦的条件下，他还"乐此不疲"地把它当作一所"学习历史的地方"，使他"对于整个历史各时代各方面的光辉，得了一个从容机会去认识，去接近"。这就是他走向"历史文物"新域的第一步，从中我也确实看到了沈从文历史文物研究法的最早的投影。

其后，他对艺术学校中"有兴趣作人之师"更有"热烈求知"的教师提出的"小小储蓄"，即是希望他们要踏踏实实收集"一千种花纸样子，一千种花布样子，一千种锦缎样子，一千种金石花纹图，一千种雕玉图片，一千种陶瓷砖瓦形体和花样图片，一千种镂空、浮雕、半浮雕或立体器物花纹图片，一千种刺绣、缂丝、地毯、窗帘图片，一千种具有民间风俗性的版画图片，一千种具有历史或种族性艺术图片"，等等。这里，沈先生说的不只是要他们收集这么多的图片，供教学参考，尤为重要的是要求"热烈求知"的教师都能"过手"。所谓"过手"，是指寻、看和记录一系列的"参与活动"而言。其中，老老实实地"看"是个关键，"要懂它，必须学的道理"。

"转业"到历史博物馆后，他选择的工作是到陈列室去，"一面学，一面作说明员，从文物与观众两方面研究学习"。这样他就"一直在午门楼上转了十年，学了十年"。一位大学教授、著名文学家，为什么这样安排自己呢？1968 年，沈先生在"文革"中一次检查稿中写道，研究中国文化史是很重要的。"但不调查研究无发言权。"一切常识就是通过实践学来的。有些问题比较专门，而且是国内过去研究中的空白点，也还是从实践学来的。

作为说明员的事，1977年6月19日，沈先生在给我的一封信中说："解放后，深深感到在博物馆陈列室作说明员学习为人民服务，工作十分切实具体。可做的事也甚多，和千万文物接触，另一方面又和各方面的人事接触。"这样看来，沈先生是把陈列室看作研究室。既研究展出的千万件历史文物，也研究来自四面八方的人，并且通过"耐心和持久热情"，他终于看到了"新的历史科学研究领域的宽广无边"。

二、治历史文物必须与文献学、考古学结合

梁启超在《中国历史研究法》中有两段话：

当思人类无论何种文明，皆须求根柢于历史。治一学而不观其历史演进之迹，是全然蔑视时间关系，而兹学系统终未由明瞭。

器物本人类活动结果中之一小部分，且其性质已纯为固定的，……惟史学家之研究与古董家异者：古董家之研究，贵分析的而深入乎该物之中，史学家之研究，贵概括的而横通乎该物之外。

这两段话是梁启超在八十年前写的，但现在看来，并不能算是"明日黄花"。历史文物虽然范围很广，种属复杂，但无一不是文明资料，根底于历史的。试以陶瓷为例，它的名称是随着历代的不同用途而命名的。它的造型是随着时代而变化的。它的装饰花纹则是根据不同时代、地域、习尚以及陶人的艺术修养和心理活动而各有千秋。至

于烧造工艺，又是南北分明，唐、宋不同，官窑民窑不一样，既有承传还有创造。总的说来，一部陶瓷史由古及今，虽是一线贯通，但在七八千年的发展程途上所发生的兴革，无一不是历史的产物，无一可以离开历史能够还其真面目的。因此，梁启超早就指出，如果你真想做个史学家，你就必须"概括的而横通乎该物之外"。

同样的道理，沈先生在他的著述中，通过小小的铜镜给我们上了一堂最清楚、最透彻、最富有启发性的大课。他说："因为社会制度和事物，都在不断发展变更，不同事物相互间又常有联系，用旧方法搞问题，是少注意到的。例如一面小小铜镜子，从春秋战国以来使用起始，到清代中叶，这两千多年就有了许多种变化。装镜子的盒子、套子，搁镜子的台子、架子也不断在变。人们使用镜子的意义又跟随在变。同时它上面的文字和花纹，又和当时的诗歌与宗教信仰发生过密切联系……因此除了知道它和越巫或天师教联系，还可用它来校定几个相传是汉人作的小说年代。""必须从实际出发，并注意它的全面性和整体性。明白生产工具在变，生产关系在变，生产方法也在变，一切生产品质式样在变，随同这种种形式的社会也在变。"

由此，沈先生明确提出研究历史文物必须与文献学、考古学结合。从事文史研究的必须结合文物，但它绝不是"集释法注书"。在沈先生有关的著述里，他说的"文献"既包括有群经诸子，百家著述，"私人行状、家传、墓文"日记以及美术工艺的载记图册等等，也有自然科学方面的专著。至于在他心目中认为"比二十五史还要多"的"从地下发掘的东西"，他更是倾注了全部心血，勤奋博涉，经眼过手的何止万千，尤为可贵的是他断然指出，"文献上的文字是固定的，死的，而地下出土的东西都是活的，第一手的和多样化的。任何研究文化、历史的朋友都不应当疏忽这份无比丰富的宝藏"。

在研究历史文物的过程中，沈先生忠诚于他的事业、锲而不舍、钩深致远的精神更是我要潜心学习的。这里，有一件被我视为"身教"，长久搁在心里不能或忘的事想说一说。沈先生早在1973年前写了一篇题为《说"熊经"》的文章，用文献与考古材料结合的方法，对春秋到西汉的"熊经鸟伸"健身方法进行考证，"补足一段历史的空缺"。可是1977年6月19日，沈先生有一信给我，说："镇江博物馆清理过一个砖室墓，砖上二熊状物，手执剑和勾盾作战斗状。似《山海经》图中之刑天形象，对我作的'熊经鸟伸'资料十分有用。""因上承西汉，中接两晋，下接南朝小墓之风雨雷电四神"（按：此墓砖上铭记为东晋隆安二年，即公元398年。镇江博物馆叫它"兽首人身怪兽"。图见《六朝艺术》第38页）。这封信近年反复读过，每次我都想到金岳霖教授对沈先生的评语："他揪住什么东西就不轻易放过"。真是一语道破沈先生的治学精神。

对于研究历史文物必须与文献学、考古学结合的方法，沈先生在1980年修改一篇旧文中进一步指出：

> 一切生活器用绝不孤立存在，既不能凭空产生，也不会忽然绝踪。用联系和发展上下前后四方求索方法，去研究文物中丝绸、陶瓷、家具、字画和铜、玉、漆、竹、牙、角器等，必然可以使我们得到极多便利，过去许多不易着手的问题，在这种新的

认识基础上，都能够理出一些头绪和相互联系。

"上下前后四方求索"，这话对我并不陌生，因为在我进入博物院大门之后，对出现在面前的许许多多历史文物不知如何着手。这时多亏裴文中老师的指点我才安下心来。裴师给我说：你现在不只是要念书，还要念实物，而且念实物和念书一般重要。实物怎样念？要从上、下、左、右、内、外六方面去念。虽然在几十年工作实践中，我是按着这六个字来念历史文物的，但总是有点模模糊糊的感觉，后来读了沈先生的文章，顿然明白了许多。请看：

例一，对于磁州窑里绘牡丹黑瓷枕上的重楼牡丹，沈先生是这样看的："宋代尚牡丹芍药，据《洛阳花木记》记载，由于栽培得法，花朵重台有高及二尺的，称'重楼子'。""此外《洛阳花木记》《牡丹谱》《芍药谱》称'楼子''冠子'的多不胜数"。

例二，传世阎立本作《萧翼赚兰亭图》，"人无间言。殊不知图中烧茶部分，有一荷叶形小小茶叶盖罐，只宋元银瓷器上常见，哪会出现于唐初"。

例三，《红楼梦》第四十一回说妙玉拿出两只杯来，一个旁边有一耳，杯上镌着㼏、瓟、斝三字。后有一行小字是"晋王恺珍玩"，又有"宋元丰五年四月眉山苏轼见于秘府"。1957 年出版时，注者对这一段加了两个注释：一个说斝是古代人的大酒杯。㼏、瓟都是瓜，这个杯形近似瓜类，故名。另一个注释说：王恺是晋代官僚中最富的人物。这里说杯是王恺所制，又经过苏轼的鉴赏，是一件极其珍贵的古玩。沈先生概括文献和考古材料指出：㼏、瓟，通称葫芦或匏器。

罍是商代的酒器。用葫芦仿作商代青铜酒具在明清时代甚是盛行。因此，刻在杯上的王恺珍玩和东坡鉴赏，"都自然落空了，注者说这是一件极其珍贵的古玩，于是点金成铁"。

例四，毛胡子，"倒多依旧表现到身份较低的人物身上。如韩干《双马图》那个马夫，《萧翼赚兰亭图》那个烹茶火头工，陕西咸阳底张湾壁画那个手执拍板的司乐长，同样在脸上都长得是好一片郁郁青青"。

例五，球杖，《不怕鬼的故事》的编者注为"手杖"。沈先生说："应指打波罗（Polo）球的杆杖。马上用的长些，形象有《击马球图》为证。步打用的短些，日本藏唐代花地毯上还有个样子，并非手杖。"

例子只举了五个，举一隅而反三，够我们思考了。沈先生说："如何结合文献和文物来综合运用，发现问题，确是新方法。学会这个方法，还可说是个相当艰巨复杂的工作，但要利用它就得学懂它，没有别的省事办法。"

可以看出，沈先生是坚定不移地推进研究历史文物要与文献学、考古学结合的科学家。他所致力的不只是重新检验他这一代人从前辈继承下来的观点和方法，还有通过对历史分析法的检验和比较，把我们引向一条更加广阔的治学之路。这是我要好好琢磨和虚心学步的。

三、还有一本大书要读

过去读英国历史学家杰弗里·巴勒克里夫（Geoffrey Barraclough）的名著《当代史学主要趋势》，对书中写出的法国历史学家费弗尔的著名的一段话特有兴趣：

> 新历史学必须从文字档案造成的限制中解放出来。它必须利用人类的一切创造物——语言、符号、农村证据、土地制度、项圈、手镯——以及任何其他可利用的史料。简言之，它必须广泛吸收其他学科——地理学、经济学、社会科学和心理学——的发现和方法。

接着巴勒克里夫说："常规的历史学的咬文嚼字，主观的'解释'，依赖无法证实的'观察力'，关注表面事件，不合逻辑的争论以及玩弄'与自己对立面毫无差别的陈腐的心理学格言'，这些做法，都使他们感到厌恶。"

这两段话我读了几遍，每次都想到许多问题。特别是一读到"厌恶"二字，总是先脸红一阵，深深感到我们对历史文物的研究确实有类似疵病；然后我就满怀激情地更想告诉巴勒克里夫先生："你怎会知道我们的沈从文老师早就'解放'了。他沿着那条新的治史之路已经走了近半个世纪。"

或许有人要问，你这样说有什么根据？请读一下沈先生在1954年10月写出的《关于美术研究中的若干问题》吧：

> ……照近五十年过去习惯，就并不觉得必须注意文字以外从地下挖出的，或纸上、绢上、墙壁上，画的、刻的、印的，以及在目下还有人手中使用着的东东西西，尽管讨论就是那些东东西西。……谈山水画只限于王、李、荆、关、董、巨，不明白汉代起始在金银错器物上、漆器上、丝绸上、砖瓦陶瓷上和各处墙壁

上，还留下一大堆玩意儿，都直接影响到后来发展。……谈水墨画的，更不明白和五代以来造纸制墨材料技术上的关系密切，而晕染技法间接和唐代印染织物又相关。更加疏忽处是除字画外，别的真正出于万千劳动人民集体创造的工艺美术的伟大成就，不是不知如何提起，就是浮光掠影地一笔带过。

由是，在研究历史文物时，沈先生不仅按着与文献学、考古学结合，上下前后四方求索的科学方法，而且走出博物馆、研究所，捧起不是用文字写成的大书认真读去。举例说吧，他为了弄清楚清代江宁织造的云锦、织金缎、装花缎的织成工艺，沈先生曾亲自到南京几个丝织工厂来看。从丝的炼染、漂洗、摇经、做花木，直到上机织造，他都细细研究过，其中更有兴趣、更希望能得到丝织老师傅"不吝赐教"的是花楼机的构造和每一部分的功能、提花"祖本"的做成、梭子和抒刀、染丝的原料以及传说中和秦淮河水的关系问题等等。在参观过程中，沈先生几次对我说："这些在书本上是看不到的"，"唯有在这样的丝织厂里，我才看到了，也看懂了。"

另外，沈先生在《记忆中的云南跑马节》一文说到"犀皮漆"，也可算是读"大书"的笔记：

> 读唐宋人笔记，多以为"犀皮漆"作法来自西南，是由马鞍鞯涂漆久经磨擦而成。……我因久住昆明滇池边乡下，平时赶火车入城，即曾经从坐骑鞍桥上发现有各种色彩重叠的花斑，证明《因话录》等记载不是全无道理。……在那些来自四乡装备不同的马背上，再仔细探索一下究竟。结果明白不仅有犀皮漆之斑，

还有五色相杂牛毛纹，这正是宋代"绮纹刷丝漆"的作法。

沈老在马背进行研究，无异是从一本大书中"以物证史"。

"此日欣能献一尊"①，百年争推新史功。沈从文先生实在是我国文物界、博物馆界一位"功在国家"的知识分子。在我的见闻所及，他是最肯"多思"，肯实践，治学最严谨，最富创新精神的不计较个人得失，不理毁谤，不管冷暖，一心扑在建设中国博物馆学和历史文物研究法的大事业上的大学者，更是不应该那么早就离开我们的人。

敬爱的沈老师，您并不孤单，更不寂寞，"焚去了的是您的肉身，焚不去的是您的品德和精神"②，还有您留给我们的大书和小书，先生，"您永生了"！③

宋伯胤（南京）

2002 年 9 月中写于半山园

① 陈寅恪先生诗

②③ 均引用赵瑞蕻先生诗作

（宋伯胤是沈从文先生在西南联大时的学生，后为南京博物院院长，本文是2002年宋先生为在湖南凤凰举办的纪念沈先生百年诞辰国际学术论坛所撰写的文章。）

中国古代服饰研究发展之历程

中国是纺织文化与技艺最为发达的国家，有着几千年的历史，上个世纪纺织考古的实证层出不穷，但却非常缺乏与服饰技艺相关的文化记忆系统文献资料，因此对中国古代服饰的充分研究难度极大。一方面文献记载的"制式化"使行社会整体面貌的真实性大大缺失，另一方面丝绸、服饰材质为难以保存的有机质属性，使得服饰研究的文物本体实证也全面缺乏。

二十世纪六十年代初，周恩来总理根据外交需求，提出了研究编纂中国古代服饰的著作问题，他和文化部门的几个同志谈及每次出国经常会被邀请看看那些国家的服装博物馆、蜡像馆，因为它们可代表这一国家的文化发展与工艺水平。一般，他们的展示多是中古到十七、十八世纪的材料。而我国历史文化那么悠久，新旧材料很多，问是不是也能比较有系统地编些这类图书，今后出国时，作为文化性礼品送送人。

齐燕铭先生是当时的文化部副部长，他推荐由沈从文先生来做这项工作，因此从 1964 年起，沈从文先生开始了对中国古代服饰进行研究和整理。其后波折重重，几经磨难，直到沈先生七十九岁（1981年）那年，作为成果的《中国古代服饰研究》方得问世。和他的文学作品一样，这部著作是沈从文先生留给后世的又一瑰宝，而这却仅是中国古代服饰研究工作的开始。

作为我国古代服饰研究的开拓者，沈从文先生沉浸在古物研究中多年，从当时可资借鉴的全部实证资料中，将中国古代服饰的相关线索进行了归纳、整理，把存在疑点的问题一一列举出来。而在漫长的岁月中，服饰研究工作又有了新的契机。

1972年，王㐨先生主持发掘了长沙马王堆汉墓，这是国内成功科学发掘并保存为数众多的纺织品文物的里程碑式工作，这项工作的成功为纺织品的发掘和保护打下了基础，让纺织品的"保存"年龄一跃超过两千岁，也为服饰研究真正提供了直接的证据，使纺织文物的种类和实物链愈加完善了起来。

在马王堆之后，王㐨先生与我共同参与了包括湖北荆州江陵马山一号楚墓、陕西法门寺唐塔地宫、河北满城中山王刘胜墓、北京大葆台汉墓等多地的纺织品发掘保护修复工作。1991年后，王㐨先生身体状况下降，我独立主持了新疆民丰尼雅东汉墓、北京老山汉墓、河南省三门峡虢国墓、湖北省沅陵元墓、北京石景山清代武官墓、江西省靖安东周大墓、江西省赣州慈云寺塔北宋文物、河北省隆化鸽子洞元代洞藏、辽宁省叶茂台辽墓等多处纺织品文物的发掘或修复保护及研究工作。这些工作不断丰富着服饰文化研究的客观资料，并逐渐形成了较为完整的中国历代服饰文物的实物链，为中国古代服饰文化研究提供了重要佐证。

沈先生晚年，王予和我共同陪伴他，完成了对中国古代服饰进行研究保护的重要阶段，并在徐苹芳与王武钰先生的亲自主持下，按照沈先生的设想建立了以中国社会科学院考古所、首都博物馆、湖南省博物馆、吐鲁番博物院、国家博物馆为首的纺织品科技保护研究团队。2016 年在王巍所长支持下，中国社会科学院科研局正式批准"纺织考古"为绝学学科。

中国古代服饰的复原复制品，最能表现古代服饰文物的本来面貌。它的全部数据、结构特征和艺术个性都具有与文物近同的科研价值和收藏价值，反映着古代精湛工艺和艺术的无穷魅力。

沈从文先生谢世后，我们谨遵教诲，努力实践沈从文先生"复原周、秦、汉、唐以来种种服装"的夙愿，首期研制复原了巴、楚文化的部分精品服饰。复原、复织品依据实验考古学方法，按照古人的方式以及原衣袭风格的韵味重新制成，是采用木机织造、手工绣制和天然矿物、植物染色所完成的综合研究成果。并在实践中，不断完善对原工艺的推论和研究。

中国古代服饰文化以其源远流长、文物丰宝、风格迥异、工艺精湛驰名于世，其中凝聚了中华民族几千年物质文明和精神文明的精华。考古不只是解决"知其然""知其所以然"，更重要的是解决服饰传承的大问题。我们经过了几十年的考古发掘保护和多种形式的研究，以及大量复原复制的实践，竭尽全力让文物活起来了，若一件件摆放起来，既可以填补中国没有服饰博物馆的缺项，也圆了沈从文先生要建立中国服饰博物馆的夙愿。

中国考古历经百年，纺织考古作为中国考古学的重要组成部分，得到了一代代国家领导人的亲切关怀。从二十世纪六十年代周恩来总理的嘱托，到 2018 年 4 月 16 日，孙春兰副总理来考古所视察，对纺织考古学科的建设和所做的工作给予了高度的肯定，我们深受鼓舞和激励。

十八大以来，党中央为新时期考古工作指出了明确的发展方向，特别是习近平总书记"致仰韶文化发现和中国现代考古学诞生 100 周年贺信"，指出要"努力建设中国特色、中国风格、中国气派的考古学，更好展示中华文明风采，弘扬中华优秀传统文化"，这也是纺织考古工作者肩负的历史使命。

作为新时期纺织考古发展方向，重要的是要建立起专业的纺织考古团队，培养出更多的专业人才，创立纺织考古学科，建立集纺织文物保护、修复、实验研究，服饰文化研究、展览展示，爱国教育之大成的纺织考古实物研究成果，建成一个真实的历代"中国服饰博物馆"，逐步实现科学发掘、科学保护、科学复原、科学研究。目前纺织考古学迫切需要进行全面规划，整体布局，逐步使之满足纺织考古发展的需要，真正展示出"中国特色、中国风格、中国气派"的，更好地展示中华文明风采，振兴中华服饰文化。

王亚蓉

中国社会科学院考古研究所

2022 年 8 月

第一章

中国古代服饰研究肇始

沈从文：为什么编《中国古代服饰研究》

　　研究需要讲求方法，有资料、有对比方能形成研究。中国古代服饰研究面对的是悠远且几无专项资料可考的历史，真实反映中国古代的服饰文化成为一项难题。"垂衣裳而天下治"的中国极为重视衣的礼用，但是传世的文献中关于衣裳的说法，除了只字片语外，主要见于秦汉之后历朝的《舆服志》，以及类似《皇清职贡图》《皇朝礼器图式》等有能够较详细的一图一议的资料。但这些资料制式化的痕迹过重，且无法完整体现各时代真正的服饰样貌，因而难以作为当代研究中国古代服饰的范本（图 1-1、图 1-2、图 1-3）。

　　服饰研究的难度在于研究实证资料的极度匮乏。对古物深富探究的沈从文先生一直讲求"史实相证"的唯物主义方法。他对各类文献非常熟悉，1950 年后更是将精力全部投入到古物的钻研之中，无论是器

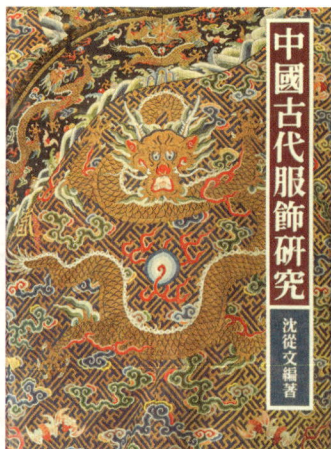

图1-1　1981年香港商务印书馆出版的
《中國古代服飾研究》

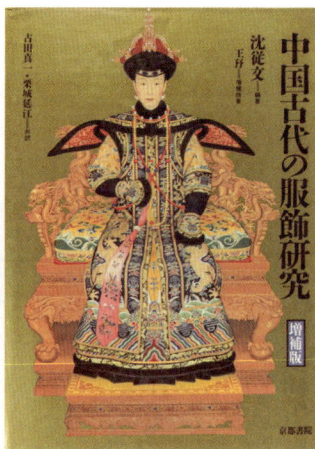

图1-2　1992年日本京都书院出版的
日文增补版《中国古代服の饰研究》

图1-3　2020年香港商务印书馆出版的
《中国古代服饰研究》

物、绘画还是原始的骨、针都让先生沉迷。因而在服饰实体资料极缺乏的情况下，沈老反而充分利用已存的易保存的文物资料，如陶俑、壁画等，与文献资料进行充分比证，以此作为服饰研究的先期基础。

沈先生曾在湖南的演讲中，提到他对服饰研究的看法，我将其相关内容重新编辑整理，希望读者可以在这本书中跟随沈先生进行穿越时空的交流，进一步了解他为服饰研究所确立的方法。

· 地下埋的不止二十五史

我要谈的不是服装，服装大家比我知道得多，我要谈的是一种工作方法。很多工作都是靠方法，方法对头了，那么说服力就强；方法不对头，就不容易解决问题。

　　服装是个最麻烦的问题，因为历史久、时间长、民族多，搞明白这个东西是很难的。我们现在做的也只是开端，是试验性的。我们的试验方法，大概同原田淑人（日本考古学家）相比，方法是不同一点。外国学者多是从《舆服志》着手研究，《舆服志》有它的好处，就是它的朝代都写清楚了，但是它也有弱点，其内容都是写上层社会的服饰。而且像《唐六典》、杜佑《通典》，都提到绸缎，但是绸缎究竟是个什么东西呢？我相信让一些历史学者具体谈一谈，他也说不清。我的一个朋友是国内的历史专家，他写了一部战国史，大家都认为写得很好，但是选插图时，他却临时到历史博物馆找了几个不太相关的图片，原因是什么呢？按照习惯，学历史的不大看得起文物（图1-4a、图1-4b）。

　　从我们学文物的角度来说，要懂历史。离开文物就没法子说懂历史。假定中国有二十五史就够了，可我们知道地下埋的可不止二十五史、二百五十个史。很多历史学上说不准的问题，都能从地下得到解决，

图1-4a　传宋徽宗摹张萱《捣练图》（局部）
图上宫廷妇女高髻、披帛、小袖襦、长裙，正在熨帛。

图1-4b　传宋徽宗摹张萱《捣练图》局部线图

提出新的解释。史书上讲得模糊的，我们都可以从地下文物中得到新的启发。现在越来越多的考古发现，把我们中国文化史的时间提前了，也延长了。

以楚国为例，按照《史记》世家部分内容来说，楚国国民好像都是衣衫褴褛，贫穷得一塌糊涂；吴越人就是断发文身，野蛮得可观。按照现在的考古结果呢，我们可以看出，商代以后，最能够接受楚文化的可能是湖南。当然，这个提法历史学家是不承认的，但是搞文物的呢，看着一大堆东西摆在那儿，你不能不承认。至少是从文物上看，我们商朝的发展，在楚国地下出的东西最能填补空缺。

· 为了周总理的嘱托

我可以说是一个很迷信文物的人。因为我学了几十年这个东西。现在有机会得到党的鼓励，继续研究。周总理提到，他每次出国访问，都有人请他去参观服装博物馆或蜡像馆。他就问王冶秋和齐燕铭同志，是不是我们也可以搞一个类似的博物馆，人家都是十六至十八世纪的，我们是不是也可以编一套东西，拿去作为礼品赠送。王冶秋听到就讲，这个容易办（图1-5a、图1-5b）。

但是据我们估计，大概是不容易办到的。出土的商朝人俑就有好几十个，西周的少点儿，战国的有一大堆。当时秦墓的俑还没有出来，但是从楚墓的俑上已经可以提出许多新问题。加上许多铜器上雕刻有水陆战争的、采桑的、跳舞的图案，提供了许多新的问题。特别是信阳二号楚墓，刚刚挖的时候，我同陈大章他们去参加，看了清理的乐

图1-5a　湖北江陵马山楚墓出土丝织品

图1-5b　湖北江陵马山楚墓出土丝织品线图

其墓锦绣满棺，精美绝伦，成为纺织考古又一极富文化
意义的大发现。

器就晓得一些很新的问题。所以说博物馆的工作者有新的责任，有新
的工作可以做了。

　　但是因为这几十年社会变化太大，这些工作成果远远落后，达不
到我们的要求。再有一个原因，我是1928年就混到大学教学这一行，
教散文习作（那也是骗人了），一直到解放我才离开学校。离开学校
以后，我就直接到历史博物馆工作，名分上是做研究员，实际上我是

图1-6a 河南信阳二号楚墓出土彩绘俑

宽衣博袖，裁剪方法、图案组织、色彩搭配以及组列玉
佩的采用，形成完美艺术效果。

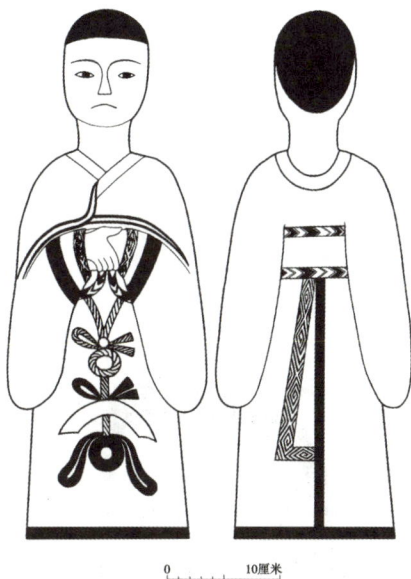

图1-6b 河南信阳二号楚墓出土彩绘俑线图

甘心情愿做说明员（图 1-6a、图 1-6b）。

　　做说明员这段时间让我深刻认识到，我这几十年生命没有白过。
因为做说明员就要用到具体知识了，一到上面去，任何陈列室，我就
曾一点不知道，什么仰天湖的竹简，什么二里岗的新的黑色陶器。我
也有机会跑北京最著名的琉璃厂，我记得是"三反""五反"的时候，
参加关于古董业的问题清点。当时北京有正式挂牌的一百二十八个古
董铺，我大约前四十天就看了八十多个古董铺，珠宝、皮毛我没有资
格看，其他的关于杂文物类的东西我几乎都看到了，这个时候我长了
不少知识。我有那么一个偏见吧：要理解文物文化史的问题，恐怕要

11

重新来，重新着手，按照以文献为主的方式来研究文化史，恐怕能做的很有限。放下这个东西，从文物制度来搞问题，可搞的恐怕就特别多了（图1-7a、图1-7b）。

图1-7a　元世祖忽必烈像
戴暖帽、辫环，着一色质孙服。

图1-7b　元世祖后彻伯尔像
戴珍珠饰罟罟冠 "纳石失" 大袍金锦缘

·从《大藏经》里得到锦缎知识

有个机会凑巧，当时的庙里有大量的《大藏经》发现，很多是织金锦做面子，版本早的早到永乐三年，晚的晚到雍正十三年，多半是万历二十五年的版本。我曾经做过记录，谈到织金锦的年代问题和它的用途。我们知道，元朝大概前后一个世纪中间，存在大量 "纳石失"，就是波斯的金锦，但元朝灭亡以后，这个名词也消灭了，很多人都不知道"纳石失"是个什么东西。我认为有机会应该去理一理这个东西，特别是近代，这个东西是不应该被遗忘的。

《马可·波罗游记》中曾经提到一个很有趣味的问题，说中国内部打仗的时候，七十万人打仗，用织金锦缎铺了好几里路。还没打仗前，大家弹二弦琴唱歌，到交锋的时候，每一个人射六十只箭，射完了再动手，一天工夫就解决战争。我们看这么大的场面，不会是完全虚构的，就是小说家一定也还是有证据可以探索。

结果我就有机会看了几部明朝《大藏经》，一般多是五千多本，六千总编号的。恰好北京有个习俗，一些很小的庙里，凡是敕建的，差不多都有《大藏经》的藏本，像潭柘寺、戒台寺这种地方就更多。所以我就用这些机会，看了几部《大藏经》。最近外面传言我看完了多少藏经，其实我只看了藏经的封面，内容我没有机会看到。也不是没有机会，是因为看不懂。除了写经故事的书，像《本生经》《九色鹿经》……这些我看过，其他非故事性的、纯理论性的我看不懂。但是我有机会从《大藏经》里得到许多有关锦缎的知识。这时，我才初步地理解，凡是我们不了解的东西，从上下四方去求索，可能得到一些东西做些比较材料。

比如说波斯金锦应当是捻金的。锦缎上加金有两个方法，一个是切片、切丝，康熙时代可以切得像头发丝似的；再一个是裹在线外，叫作捻金。按照织法和捻金的数量来说，清朝叫纽，切片子织金的叫明金、片金、缕金，花纹不全面的叫间金，中间夹杂金，全名叫浑金。

记载上提到，《燕翼诒谋录》同宋朝纪史上关于用金技术一共提到十八种。到了明朝，胡侍撰的《真珠船》，提到的用金的技术有三十八种，所以我们知道金工的发展相当广阔。金子在首饰方面不易保存，因为变成了货币价值。但是织金织物按照佛教的习惯保存得非常之好，完完整整的。比如定陵发掘的时候，出土了一百七十件衣服，一百七十多匹完完整整的锦缎。这些出土的锦缎有十分重要的考古价值，为什么呢？凡是刘若愚著的《酌中志》上提到的当时锦缎的样子，这些锦缎上面都有，而且是用元朝的制度方法：并不是用"尺"作为计量单位，而是用"派"（现在苗乡还在用这种计量方法，就是两手向外拉开，指两手左右拉开的尺寸为一派）。定陵锦缎的名称用的全名称，什么八宝云，很长的名字，哪一年进贡的，多少尺寸，每一个都有一个黄棍棍，方便人核对《天水冰山录》（记录严嵩被抄家的那批锦缎）。现在我们谈到锦缎，总是只有这两种材料，可是我们向上去推导，就会发现所见的这几万种锦缎，其中有许多花纹不仅有唐宋时期的还有更早的，这是我们从大量的实物中，得到的小小的结论。

尽管得到的很少，但是提供我们一个新的问题，研究方法我们也可以从许多方面去解决。所以这几年的研究结果，让我们对于锦缎稍微有点儿了解，特别是考古工作者在全国范围内新的发现给我们的帮助更大。比如说，湖南出土的这批锦绣，不是孤立的东西，一般都只晓得锦缎美丽、精细，超过我们所想象，其实它还帮我们证实我们过去不知道的许多问题。我们过去只估计到印染技术大概是秦汉之间出现的，这次出土的文物就帮我们证实了。

·锦缎的兴衰反映了时代变化

另外一个更深层问题，很多研究者还没注意的是锦缎的改良。按照现在的说法，多半以为是三国时的马钧改良的，因为《扶风马先生传》提到他的改良织机。但是从出土的文物上看，不大可能，因为这时是锦缎衰落期，凡是锦缎生产衰落期，便同经济特别有关，由于战乱、经济关系，这个时候不可能，没有需要发明改良织机。这个东西在《后汉书》里放到《方术列传》中，属于传说，像《华佗传》。

但从另外一个方面说，锦缎改良大概应当是从规矩的花纹，转到不规矩的花纹，从比较有规矩的套色提花方式转到五彩缤纷的方式，结合文献的说法，应当是在汉武帝时代进行的。因为现在我们从西北发现的最著名的锦缎上面，有"登高明望四海""长乐未央""长乐明光"的字样。我们知道长乐、明光都是秦汉的宫殿的名称，因此就很容易知道，锦缎产生的时间上限不会出秦始皇，下限不会过汉武帝（图1-8、图1-9）。

更重要的是"登高明望四海"的锦，能够证明我们推测的可能

图1-8 湖南长沙马王堆汉墓出土西汉绮地乘云绣（局部） 图1-9 湖南长沙马王堆汉墓出土西汉绢地长寿绣（局部）

性——不是可靠性，是可能性。为什么？"登高明望四海"，很明显就是皇帝做了真命天子上泰山封禅的结果，登高明望四海嘛。

现在长沙出土的这批锦缎，特别值得注意，它的花纹还没有自由发展到刺绣的效果，规矩花式占得比较多，这就可以排除了秦始皇时代改良的。汉朝设了"织室"，由东、西织室合并而成，有一万个官奴婢参加生产，而且每年大量纺织品运到西北送给匈奴军长，动不动一万多匹。丝绸之路一通，出去的就更多了，所以说锦缎很可能是在汉武帝时代改良的。

而且锦缎反映的也是这个时代的特征。因为在上面看到花纹有羽人、鸟兽在山林树间奔跑。这很明显受了某种文化的影响，一个是游猎文化，《长阳赋》《上林赋》的影响；一个是受了《封禅书》中"海上三山"的影响。特别是把锦缎花纹与西汉汉武帝时代前后出土的"博山炉"的花纹比较起来看，大概可以看出织锦改良在汉武帝时代占多数，大概不会太错。

再有一个新问题就出来了，长沙马王堆出土的纺织品的刺绣，活泼的地方超过锦缎，但现在西北出土的刺绣，到东汉反而不像从前。锦缎上升了，刺绣品质提高了，这二者是有联系的。因为刺绣历来说齐国"衣被天下"，锦是出自襄邑。锦缎技术的提高使刺绣地位下降，乍一说这个观点是有点荒唐，不大可信，可是知道得多了，发现这是必然的结果。因为刺绣工艺非常复杂，到锦缎能够代替复杂的刺绣加工，形成五色斑斓的效果时，刺绣一般地被当成商品生产，必然是掉下来了。就像是机器工业一起来，印花布大量生产，我们的土花布就掉下来一样。现在从比较上看，这个提法大概是可信的。我们就用这一点知识，来试着把服装的问题探索一下。

·《舆服志》说得太简单

单纯地谈服装不容易，《舆服志》说得太简单，只能解决一半的问题，就是统治者在某种技术上做的事，按照图像是看不出来的。

比如说汉石刻，我们现在从比较中才能知道石刻反映的的确是东汉的场景。比如梁冠问题，梁冠都是上冲后再下来两收为止，东汉石刻里有"平巾帻"，没有提其他冠。这个细节大家都不太注意，有的把东汉的梁冠写到西汉去了。可是，西汉和东汉头上的问题完全是两个样子。最主要的是，西汉的没有这个包头，冠就在头上，约发而不裹头，东汉才加巾帻。记载上其实写得很清楚，有的讲汉文帝、汉成帝头发多，壮发，因此用巾先约发再加冠；有的说王莽没有头发，是秃头，因此先加巾再加冠，产生梁冠。从这个材料上看，大概在王莽时代以后，东汉才有了这种梁冠约发而加巾。

但是，是不是出土的东西能解决所有问题？我们从大量的石刻上又提出了新的问题。我们以为墓葬品应当是很可靠的，但也是相对的。比如说西晋到北朝，从墓葬中挖出的俑有奏乐的，开始以为是北朝的形象，其实北朝没这个东西，从头发看没有这个东西。这个时候按政治上的情景，墓葬时照例是把前一代的贵族拿来当伎乐使用（图1-10a、图1-10b）。这种情形从西晋资料上不大看得出来，所以我们从东晋史料上看，就看得出来。东晋正史提到贵族加假发越来越多，后来感到头上重量都不能戴了，平时都放在架子上，这个时候叫"解头"，根据《晋书·舆服志》记载，比较有相对或绝对的可靠性。最近发现南朝俑的头发，两边大，甚至把耳朵都包着。

图1-10a　河北宣化辽代壁画《散乐图》（局部）
乐人纱帽、乌皮靴及红绿正规官服，应是被役使的北宋陷敌官员。

图1-10b　河北宣化辽代壁画《散乐图》线图（局部）

　　山东朱檀（朱元璋第十子）墓出土一大批俑，大家说这是明朝的了，没有什么问题了。实际上从服饰上稍稍注意一下，才晓得最主要的是，那个牵马的，原来是个宋朝的样子，还是平翅幞头，元朝都不用这种头饰了。

　　辽墓也出了许多问题，写报告的人大概是愿意将眼见的情况做深度思考，墓葬中有许多汉人装束的官僚人俑在桌子边服务的样子，说这是民族团结。实际上虽然有南官的制度，但这些都是当差的，在那儿侍奉统治者。正像《宣和遗事》中提到，宋朝宗室被掳到北京以后，平时让他们到民政司烤火、绣花，到了喝酒的时候，金朝的将帅就叫宋朝宗室的妇女来唱歌侍宴。这是从政治上来处理问题，我们搞这个东西，从这方面来研究，有些头绪就比较清楚。

·《韩熙载夜宴图》不一定是南唐时期的画作

我们在画上也有许多问题的，特别是对唐朝画像的研究。过去我们不清楚其中的真实情况，人云亦云，现在我们要从另外一个角度提出新的怀疑。可以对有些画做出些新的肯定，或者提出新的怀疑，可供绘画的专家作参考。最出名的就是《韩熙载夜宴图》，很多人都以为是南唐的画作，韩熙载因为对政治上不满，就在家庭里荒宴，李后主派顾闳中悄悄地跑到他家里，观察他的情况，将其中情景画出来。

很多人都认为《韩熙载夜宴图》是五代南唐的，这好像是众口一词。特别是我们时兴的办法，凡是权威定了的，或是出国了的，或是国家收藏为一等品的，谁都不能否认其结论。相当于乾隆写首诗在上面，宋徽宗题个字在上面，那就谁都不敢否了（图1-11）。

宋人王栐撰《燕翼诒谋录》也提到其中的问题。我们看看这幅画中所有的男士都穿绿的，所以从制度我们做个新解，这幅画可能是北宋初期画的比较合乎实际。

特别是从另一个资料上看，按照宋朝新立的制度，凡是闲者诸人，即不做事的人，都要"叉手示敬"。什么叫"叉手示敬"呢？《事林广记》中提到，离开胸前三寸，凡是闲着的，晚一辈的，低一级的，没有事做的，都要用这个方式表示恭敬。所有闲着的人都这样，这是宋朝的方式，一直到元朝还在流行。这里面还有一个和尚也不忘这个规矩，更增加了这幅画是宋太祖至宋太宗时期产生的可能性，尽管他们不承认。我们的专家是最怕用另外一种唯物的形式，总是把矛盾上交，会以名家留传有序、乾隆作诗等方式不通过，反对这种唯物主义的论证，

图1-11　传南唐顾闳中《韩熙载夜宴图》（局部）
但从男子服绿、领内衬衫及"叉手示敬"，知是北宋
初期画。

这是不大妥的。

　　还有第三个材料也证明这个画是拼凑起来的，甚至于是不大懂制
度的人拼起来的，就是看男人的衣着。我们知道，唐朝有马周典仪，
还有长孙无忌，他们定服制以后，皇帝及各等级的衣服有固定的制式，
除朝服以外都穿圆领衫子，无例外，宋朝也还穿圆领衫子。朝服穿大
袖宽衫，上下都一样。但最低级当差有所不同，是开衩式的，方便做
事时把衣服提起来。但谁也没有注意到唐、宋的圆领完全不同。不仅
是幞头的式样不同，唐初是前倾，五代是方正，慢慢地宋朝才变成平
翅幞头，这个过渡期就在五代。另外一个问题就是唐朝的衣服是圆领

的，没有别的，但是宋朝到元朝都有衬衫，从大量的壁画上都可以证明这是宋朝制度，这个衣服在宋朝是普遍存在的。还有一个东西是更重要的证据，证明这画是拼来的，就是其中一个人身上悬了个"帛鱼"，这是唐朝初年的制度，同"蹀躞七事"（是一种腰带，"帛鱼"挂在上面）混在一块的。张鷟的《朝野佥载》提到，帛鱼是用手巾结成一个鱼形，意为"鲤强"，象征着李氏王朝强盛。到了武则天时又取消了。武则天过去了以后又恢复，但开元以后又失踪了，这个画上——到了五代虽然讲明李家也是"唐"，但这个方面没提到：凡是元和以后的画，从来没有发现过。特别是敦煌给我们的帮助很大，当然也有例外，那就是兄弟民族，到西夏、到元朝，还用"蹀躞七事"，打火镰、算袋、算码子等七件，用到了封堂镇所，或者是正统派统治这里（图1-12a、图1-12b）。

图1-12a　陕西乾县唐永泰公主墓线刻宫女
宫女作男装，腰间钿镂带本为悬佩七事物，此为装饰，名"蹀躞带"。

图1-12b　陕西乾县唐永泰公主墓线刻宫女线图

我们的考古研究就是探索、试验，从这些穿的戴的各方面比较探索来看待问题的。

· 有些材料又证明我们推测的对了

商朝有多少玉人，眼前是最多的，大概有二十多种。新出的妇好墓有五个玉人，是崭新的材料，有些材料又证明我们推测的对了。这些玉人没出土以前，我们发现很多玉人，头上包一个帕子系个纽纽，后头结个小辫子，疑心这东西恐怕是通用的。故宫有两个玉人好像是王子、公主形象，特别的庄严，男女都戴。妇好墓出土的两个小玉人儿，虽然小，但是解决这个问题，果然是通用的帽子形象。

还有马王堆新出土的材料，发现曲裾衣，盘绕而下的，大家都认为是崭新的，以为是楚国人专用的。其实这个东西我们早就注意到了，所说的"绕衿谓之裙"，这个中的"衿"字总以为是领子，注解上也一再讲是衣领的领，我们也想这个领子怎么绕法呢？现在所知道的领子合领，是曲裾衣流传下来的，像琵琶襟的样子，绕下来的方法就不同了。我早就因为这个问题和王予同志比较了所有的战国材料，像洛阳金村的三个玉人，还有其他一些；特别像现在新出土的西周的玉人，注意车上人衣服的处理，所有的衣服都是绕襟而下的，只是绕的方式不同，有的是从这样绕下，有的是绕到背后下来，其实绕就是通常现象。我们就知道，历来文字学家注解"衿"这个字的时候，是领啊，足襟啊，以为是衣字旁加个命令的令。恐怕还是"衿"字，衣襟的"衿"。为什么绕呢？有的说是楚国的制度，也被打破了，我们从汉朝的材料看，像西安、山西、山东济南等地出土的杂技俑——因为原物在历史博物馆——看那两个跳舞的女人也是这么绕法，七个男人俑的衣襟在两旁都不同地直接垂下来的。这也证明，比较早介绍楚俑的蒋玄怡所摹绘的是相当正确的，他将两种衣服全画下来了（图1-13、图1-14）。

因此，我们理解古代另外一个问题："衣作绣，锦为缘"，衣是绣花，织锦作为衣缘。这个问题刚开始解释得较简单，现在因为材料被发现得多了，我们才进一步知道，绣衣底料经常是在轻容绡上。薄纱绣，薄极了，这个衣服旋转下来，如果没有一个厚重的边缘作骨架，它就

图1-13　传洛阳金村韩墓出土玉雕
舞女长袖曲裾衣，"绕衿谓之裙"。

图1-14　湖北云梦西汉墓彩绘木俑

不方便走路，走路容易裹起来。你看印度人走路，不就是裹起来吗？包括鞋子的式样，早先是双歧履，后来是两歧履，最后是兀头履，圆的。到了唐代变成高墙履，重台履，这都是同应用有关系，衣服也加长了，像永泰公主墓壁画那人，走路才不摔跤，不被衣服套住，设计都有一定的用处（图1-15a、图1-15b）。

图1-15a　陕西乾县唐永泰公主墓前室壁画（局部）
图上为高髻、披帛、着半臂、长裙、重台履贵族妇女和捧持生活用具侍女。

图1-15b　陕西乾县唐永泰公主墓前室壁画线图（局部）

· 从绸缎出发也可以理出些问题

我们从考古中得到一些新的看法，有待于各位专家同行特别指教。

另一方面从绸缎出发也可以理出一些问题（图 1-16a、图 1-16b、图 1-16c、图 1-16d、图 1-16e）。

图1-16a　明代蓝地杂花锦

图1-16b　明代蓝地莲花锦

图1-16c　明代五湖四海织金锦

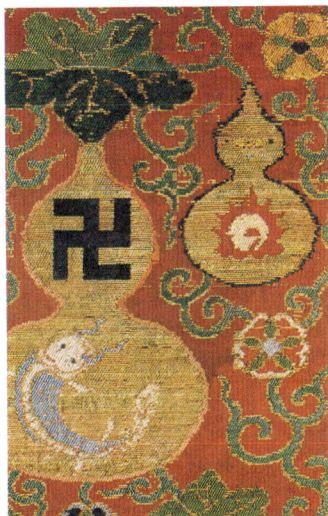

图1-16d　明代葫芦景织金锦1

图1-16e　明代葫芦景织金锦2

25

总觉得商朝白陶上面纹样，及几个玉石人衣宽带，多半用连锁矩纹（图1-17a、图1-17b），商代铜鼎也有同样的花纹。白陶上还有间条子、栏杆花的。我们怀疑这不是凭空出现的。这花纹的来源，可能和纺织物有关系。特别是看到春秋战国时候的文物，所有的车器，特别是中原部分的车器，多半也是这些花纹，我们初步认为这是古代最原始的锦纹。

这之后发展出双矩锦，就像唐朝时关于镜子说的山字镜的花纹，

图1-17a　河南安阳殷墟妇好墓圆雕玉人像

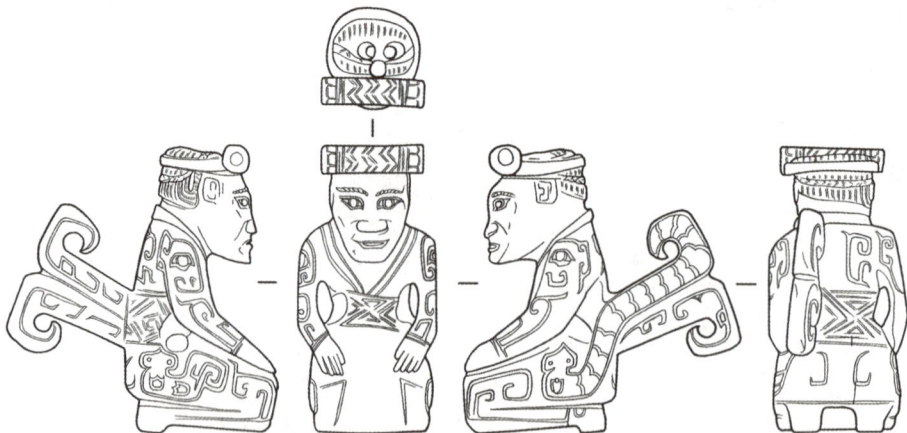

图1-17b　河南安阳殷墟妇好墓圆雕玉人像线图

到了宋朝就变成了"青绿靛纹锦"，一直下来到康熙特别欢喜的"青绿靛纹锦"，就出现各式各样上百种纹样。

当看到各式各样的装裱及坐垫，我们说得夸张一点，也许这种织锦花纹也是从楚国来的，也有这个可能。锦纹是和织席有关哎！它就不能离开竹子编织生产。现在我们知道许多花纹都和竹子的编织有关系，从那里花纹得到启发。这个提法好像很少有人同意的，太孤立了，太冒险了。凡是衣领，边缘都是这种花纹，这个规矩花纹是织出来的，不规矩花纹往往是刺绣和绘画。但现在妇好墓新出土的文物中，已经发现刺绣，不一定是这个花纹，但是有刺绣的痕迹，附在铜器上面。新的材料帮我们证明了，侯马出土的那五个陶范就进一步证明。我们特别发现，商朝白陶上有一条子新花纹出现了，完全证明它是衣服上的纹样。这种条子锦的花纹，将来商朝的丝绸上也可能发现，就是相对的云纹——两个三角形的。

再下来更具体了，唐朝花纹尽管是植物性花纹，但是多半是图案的效果，一直到宋朝，花纹多是生色折枝花，出现了仿生花卉，一朵一朵的，宋朝绸缎这种花多。

·对帽子作了有趣探索

特别是帽子的问题，我们做了些很有趣的探索，得到一个关于帷帽结论。过去一直以为帷帽就是羃䍥，记载相传以为是白狄，或者东胡，胡人像中存在。这是笼统而言，其实一直到现在为止，到北齐北周，都没有发现全身障蔽的这种，发现的并不障蔽眼睛，像戴孝一样，

27

像观音都戴这么个东西，仅在俑上，在敦煌画上都没发现。

帷帽正式发现是在唐初墓地中。当时发现了一个比较尖的笠子，着下垂裙，大家不知是什么东西。原来汉朝以来，裙边我们现在讲是下垂，那时凡是下垂边缘的都叫裙，裙是个统称。现在新疆正式出土的一件俑，戴着斗笠，有网，按记载上判断就不行了，说流行于开元天宝年间，因为杨贵妃喜欢漂亮，她们姊妹靓妆露面，才把它取消，其实没有，一直到元朝还有。

后来我们知道有一种饰品叫"透额罗"。透是穿透的透，额是额头的额。元稹诗上提到刘采春，"谩裹常州透额罗"，但是透额罗什么样子，谁也不知道，成了一个抽象的名词。这就需要我们从文物上来解决问题了。敦煌壁画上有《乐廷环夫人行香图》，画的是开元天宝间的情景，两夫妇都穿着典型的唐朝一品命官命妇的有诰封的礼服，命妇大抱鬈，花花朵朵纹，一切同唐代的点批制度相合。这后面几个家属——中间有三个人有网子在额头，恰好就是这三个人能说明问题（图1-18）。好像是孤立的，但是不孤立，为什么呢？这个透额罗啊，很快就变了，到宋朝就变成了"渔婆勒子"，打渔婆戴的装饰，等级下降了，但一直被沿用下来，元朝人戏剧上用的就是这个装饰。到清朝这类装饰的地位又被提高了，康熙的妃子、雍正十二妃子、乾隆的皇后，一大半都在用。可能我的妈妈，可能在座各位同志的妈妈都戴过叫"勒子"的饰品，老太婆戴的，上面加个寿星，或加两片玉佛。不追究便罢，一追究就言之话长了，原来如此。有些没有了，有些又存在，各种不同的原因，后来变成了实用的装饰，就像清朝老太婆将

图1-18 唐敦煌壁画《乐廷环夫人行香图》家属部分
图中盛装妇女"钿钗礼衣",夫人随属均作家常打扮,
内中三人头着透额罗网巾。

透额罗变成一个实际的装饰品。像《金瓶梅》插图、《燕寝怡情图》,很多人戴起,不但普通人戴,皇帝妃子也戴,像《红楼梦》中十二金钗一个样子。传到我们母亲这一代,西南的乡下女人可能还戴。但是很多人不知道,这是从帷帽变成透额罗发展出来的,也是因为没有好事的人来从这问题上追究探索。

· 可以帮助我们解决文物年代判断问题

帷帽到宋代的另一个发展更有趣味。宋代讲究相生的花冠。同样是花冠，唐代、宋代的样子根本不同，可帮助我们解决文物年代判定问题。比如《簪花仕女图》大家都说是周昉的作品，这没问题，至少是官定啊！专家定的。但我们也可以提出异议：不是，这花是假的，头上戴的花是画蛇添足。这幅画可能是根据唐朝"贵妃纳凉图"这类旧图稿画成的。因为画画的人，很明显是不懂唐朝的制度，图中的簪花是宋朝人的罗帛花，而唐朝没有这种花冠，宋朝才有。根据唐、宋《宫中图》《听筝图》《纨扇仕女图》《倦绣图》等绘画，上头是元和时代的作品，《会乐图》也是元和时代的，花冠是崔莺莺时代花冠，都是小花朵套到头上的。宋朝讲究罗帛花，生色花，男的戴，女的也戴，出行也带。特别是《东京梦华录》中也提到戴花的问题，各种的，多半是插一把。看宋人《杂剧图》也好，《大驾卤簿图》也好，许多生色花都是将一把杂花戴到头上。按照记载上，簪花是有等级的，可是在画作中，这些花上看不出等级（图1-19）。

总而言之，从花冠这一点看，《簪花仕女图》不是唐代的作品。因为头上的装饰前面加了一个玉步摇，已经是完整的，还画着蛾翅眉，是典型的开元天宝装扮，这是没有问题的。同敦煌出土的绘画，接引菩萨上面有个女孩子，是一个样子。也同《乐廷环夫人行香图》中一女人一个样子。蛾翅眉像飞蛾翅膀的样子，加上义髻，那么大抵发饰就完整了，上面不应也再不能着花了，再着花就画蛇添足了。

还有一个证明这幅画不是唐朝的。唐朝人的项圈都是套在里面贴身佩戴的，很少套到衣服外面。这幅图上有一个女人，项圈不但套到衣服外面，还是个扁项圈，这个项圈到什么地方才能发现？只有到《大

图1-19 传唐周昉《簪花仕女图》（局部）

贵妇高髻、簪花、金玉步摇、蛾翅眉、披帛、轻容纱衣、长裙。其中花冠及衣服画法疑为宋人画品。

清会典图》上，特别是历史博物馆藏的《皇朝礼器式》中可以看到，就是皇亲国戚的女性有爵位才可以戴这种项圈，套到衣服外面。所以这幅画甚至可以说更晚一点，提到它加工的地方，甚至是清朝乾隆时好事者加上去的。

还有一个问题，就是衣服画得非常之好的，看去即如唐朝的轻容（薄纱织品）。衣服画得是很好，花纹却都是平铺的，衣服没有转折，唐朝人不可能这么画，他们非常懂曲折的。

从这几个问题看，这画稿子也可能是唐朝开元天宝，或稍晚时期周昉画的"贵妃纳凉图"的旧稿。但可以肯定的是，绘画的人不懂唐朝制度，已经够完整的画，画蛇添足地再加一朵花，而且画得是很写实的假花，唐朝不常见。所以我们从制度的角度探讨，也可能对当前相传有名的画提出新的问题。

按专家来看，特别是美术史专家有个习惯：这里皇帝有字嘛，有题的诗呀！还有有名的收藏，有皇帝的御宝在上面。实际上我在故宫丝绣组看到，许多相传是宋朝的刺绣，其实都不是，基本上全是一个模式。最容易看，看穿衣服不是。所以从衣服上搞问题，有很多问题。不仅光是画的问题，还有俑上，现在没有人从这方面探索。

· 可以知道一些公认的马镫结论是存在问题的

像外国人一讲到马镫的问题，我相信许多中国人还是相信这个结论，讲马镫，《世说新语》上提到谢玄有"玉贴镫"，还有封氏（北朝）墓挖的有两个木制的马镫。马镫产生于晋朝，实际上可能还要早。

有三个材料可以把它时间提前。一个是湖南省博物馆馆藏的西晋的青釉俑，上面两个马都有马镫，和我们推测的一样。早期的马镫是皮圈圈，皮制的马踏镫。

再者是石寨山（战国至汉代）出土的文物贮贝器（图 1-20），大家一般说是王莽时代的，贮贝器上面一个武士骑匹马，一群牛在底下，这个武士脚下分分明明踏的是一个镀金的马镫。时间再往上追溯，一个战国的刺虎镜子，错金银的，上面图案虽然看不太清楚，但是可以看到上面有一个圈圈，下面飘着三条带子，这个有可能也是马镫。所以马镫晚一些，也是西汉末就有，比英国专家在科技史上提到东晋才有马镫早几百年（图 1-21a、图 1-21b、图 1-21c、图 1-22a、图 1-22b）。

而且他们的另外一种说法，我们也有不同看法。提到马镫是草原民族的发明，这同事实也有距离。马镫这东西一定是为骑马方便，怕摔下来才有的，特别是马镫一个变成两个，更是因山地的需要。至于草原民族，到现在为止，蒙古民族小孩子也能抓住马鬃，顺势一爬就上去了，就像玩马技，一下就上去了。我记得一个外国人画了一位元朝的骑士，在《世界美术全集》元代篇上，他画的马镫就是用皮打个疙瘩，这是元朝起始的马镫，这是和事实相符的。所以我们不但从这里可以知道马镫，也可以知道问题。

· 从服装中探索历史细节和史料相印证

我们研究服装不是为了好看才搞，也不是为了演戏搞，我们可以探索许多历史细节，和史料互相印证。特别是我们去学习文物工作的

图1-20　云南石寨山出土的2000年前古滇国的贮贝器

图1-21a 北宋（临摹）《虢国夫人游春图》绢本(局部)
原为唐张萱画，宋徽宗赵佶重绘，反映唐开元天宝时期贵
族妇女闹装鞍马、奴仆随游的生活，可与杜甫诗《丽人
行》照应，此画故又题名《丽人行》。

图1-21b 《虢国夫人游春图》线图（局部）

图1-21c　北宋（临摹）唐 张萱　《虢国夫人游春图》（局部放大）

图1-22a　北宋（临摹）唐 张萱《虢国夫人游春图》绢本（局部）

图1-22b　《虢国夫人游春图》线图（局部）

同志，对这方面要充满兴趣。关心这些小事物，许多连专家都不能解决的问题，我们可以轻而易举地解决，因为提的都是证据，一切实事求是，唯物嘛！一方面可以补充历史文献所不够的，一方面可以丰富历史文献的内容。

因为《舆服志》作为文献资料是死的，《画论》也是按照旧的习惯书写，但新的方法可以发现新的结论，比如，《画论》最大的问题是南北宗，那都是根据董香光（董其昌）提的：把山水画放到王维、李思训，以至"荆关"——荆浩、关仝这个时代。按照我们现在得到的材料说，最晚把它放到西汉，是很有道理的，而且博山炉就是个证明。还有一个南北朝青石做的棺材，像宁万寿孝子棺、北齐的孝子棺……

博山炉发展下来变成充分地反映保存在孝子棺上的是北派山水，什么原因呢？北派山水它是由博山炉的千奇百怪演变而来的，也不是凭空出现的东西，是从《封禅书》来的，"海上三山"来的。它早期反映在砖刻上、石刻上，甚至于绸缎上。现在从金银错上、从博山炉上看。从金银错上还可以增加我们新的理解，就是这一派山水就包含了金碧山水在里面，因为它是错金。所以现在提到金碧山水是从这方面来的。专家会摇头笑话我们，但是我们拿材料摊出来，可能慢慢地他们会相信，还有一点道理（图1-23）。

南派的呢，也有的是。我们记得东汉晚期博山炉就简化了，没那么讲究了。历史博物馆存有许多博山炉，其实都是化缘来的，做起来方便，画点草儿在上面。所以过去南北宗的说法最需要推翻，其实也是最容易推翻的。单从《画论》上看，看不出来，从诗歌上看，早就

图1-23 博山炉又叫博山香炉等名，是汉晋时期民间常见的焚香所用的器具。传说因海上仙山——博山而得名，汉代盛传海上有蓬莱、博山、瀛洲三座仙山。

图1-24a 传唐画《明皇幸蜀图》
妇女戴帷帽，骑马出行，男子不似军旅，疑为
《蜀道行旅图》或《唐人游春山图》。

推翻了。余致山谈到屏风画，讲的就是山水画的，而且都是描写山水画的，至少比董香光（董其昌）的提法早。

现在有人说《明皇幸蜀图》是宋朝人画的，大家也提到，这是故宫博物院按照山水风格来定的，其实也可以提出不同的意见做参考。因为题字的这个人，不管他是徽宗也好，乾隆也好，就不知道这个时候就是没有帷帽。可是这幅画所有的女人戴的都是帷帽。它可能是开元天宝以前的景象，而且绝对不应该是《明皇幸蜀图》。我们读白居易的《长恨歌》都知道，"六军不发无奈何，宛转蛾眉马前死"。诗歌写的是"六军"，可这幅画上面都是商人，也许实际上本来就是《唐人游春山图》或《蜀道行旅图》，绝对不是《明皇幸蜀图》。这是无知的妄人题法，后人提的不管他是皇帝还是无知的大专家，总而言之，

图1-24b 传唐画《明皇幸蜀图》线图（局部）
妇女戴帷帽，骑马出行形象。

它不是《明皇幸蜀图》，这是可以肯定的。从这方面看来，我们从文物、从制度出发，做一些新的探索研究，不仅是解决服装的问题，还可以解决一系列的文物的制度、古代的绘画的问题（图 1-24a、图 1-24b）。

（摘自沈从文先生晚年在湖南的演讲）

· 历史绝对要重新写过了

这次我们去广州，主要是为周总理交办历史博物馆，编一本关于服装的历史书。因为我有这点常识，特别是我在绸缎上的常识多一点，就让我们来试一试。这样我就完全在一种试探中把这个工作进行下来。

那是 1964 年的事情了，只有一年多的时间，便完成了《中国古代服饰研究》的编写，因为当时对书的要求没有太多。

周总理出国的时候，常常按照各个国家的接待习惯，总要看历史博物馆，看服装博物馆，或者是看兵器博物馆。看的多半是十六世纪到十八世纪的文物，没有什么看头，但是礼貌上又非看不可。当然，有的地方也是搞得很好，总理就问文物局长王冶秋同志，我们中国是不是也可以搞一点这个东西，拿去送礼，是不是可以？王局长答应说：可以。

按照当时我们的体会，我们出土那么一大堆东西编撰成书，简直是不能设想的。以湖南为例，那就是打破了中国文化史的布局，历史绝对要重新写过了，文物的出土成果推翻了很多以前的想法，丰富了以前缺少的内容。

最近的这件事更是惊人了，河北的中山王墓，还加上信阳二号墓、湖南马王堆墓、江陵楚墓的发现，在世界上都是大事情。对我们这些学历史的，这些事就更是大事情了。我在这方面有点常识，当时就在做一些文字材料。齐燕铭先生是当时文化部副部长，他插一句嘴，说是我在做这方面工作。那么总理就说，那就交办他做吧。我因此就有机会得到历史博物馆的支持，给我拨了三个人，就开始来做服饰研究。

· 从挖掘的实物中补充不少历史知识

我记得是 1964 年的夏天，大热的天气！每天做几个说明，就这个题目做说明，不要求太多，要求太多我也做不到。从材料出发，按照次序来，比如说对于商朝的服饰。因为我们知道一个问题，历代的《舆服志》按说是记载服饰最多的书籍。中国这三千多年，二十五史，每一部史都有《舆服志》。谈到这个，有关礼服的记载还有《仪卫志》，有关音乐的记载《礼乐志》，有关军队的记载《兵志》，对士兵的组织谈得非常的充分。可是这些东西没有用处，因为挖出来的不是这个东西，怎么解释？所以我们现在的一个方法，就是从唯物出发，先把材料摊出来，就我们所理解的做一种解释，再来联系起来看问题。问题提出来了，不理解的拿文献来证明它，文献是这么说的，这个是这样说的，至少是先知道这个问题。文献说的多半属于礼仪的、礼节上的问题，实际上任何一代都不会是受礼仪所拘束的，总是突破了这个。他们有各种突破礼制的原因，钱多一点可以超过，吝啬一点也可以不足，希望子孙挥霍得多一点就埋得多一点，有各种各样的原因，往往就补充了不少历史知识。

我们本来是预备十年做十本书，使这个问题比较明确地得到解释，可是我的知识有限。但是在1964年年终，差不多一年的时间，就把第一本书的样本搞出来了。主要的贡献是来自美工人员，他们有几十年的经验。在书中，我解释了出土文物中的花纹和文献记载中的矛盾之处，给了我们什么启示，不决定于文献上说什么。幸好，我有一点杂知识，到博物馆久了好像半瓶醋，什么都不深入，但什么都要懂一点，特别是做说明员的这三十年的考验。因此，这样的常识上的习惯就引申得比较多。

这本书刚刚预备出版印刷，"文革"来了，当然就搁下来了。不仅是搁下来了，这本书稿还变成了歌颂帝王将相、才子佳人的"大毒草"。因此，我对支持我的齐燕铭先生感到十分抱歉，红卫兵把他绑起来到我们历史博物馆的小礼堂大骂了一天。红卫兵小将中间有知道我身体的人，晓得我心脏有病，就让我陪着批斗，绑到隔壁房子里听，整整骂了他一天。骂的人都不知道所以然，因为大多数人都没有看过这本书，大多数人也看不懂这本书，因为它写的专门问题呀，不是研究这方面的人怎么看得懂。比如说商朝，一共有三十多个人的样子，你摆到那儿，怎么知道它是毒草呢？它是按照挖出来的样子摆成的。那个是挖出来的实物，不能否定它的，所以就乱骂了，骂了一整天，上下午，七个多钟头，才把他放走了。所以一直到齐燕铭同志快去世，到全国政协谈话当间，我们碰到一起，他还问到过我这本书，说那本书怎么样，还有没有出来呀，结果他没看到这本书便不幸过世了。

这个时候我有机会见到了刘仰峤先生，当时他是社会科学院的副院长。他就把我调到社会科学院里来完成这本书，还帮我配了很好的人力还有物质条件，其中一个，就是挖马王堆的王㐨同志。可惜他今天有事情没有来，这个同志对马王堆的考古挖掘工作是非常有贡献的，他亲自把马王堆里老太太的衣服，一件一件地剥下来。因为他在科学院里做修复工作，做了二十年的考古服饰修复，现在在修这个。我想把他当正式助手（那时王㐨先生的调动手续还未办完），可是不行，科学院的工作也是很重要的，他在考古所只能做我一半的助手。事实上，因为我快到八十岁了，很快要把工作交到他的手上，他比我强。其次一个叫王亚蓉，这本书要是出来以后，小图大家看来要还满意，大部分是她的贡献。

　　我就是只做点说明，肯定是不能完美，会有错误的，不是这里就是那里。所以外面不知道具体情况，传言我很快就要完成一本什么了不得的专业书、服装书。那是没有具体知道这件事情，事实上是个很初步的尝试，实际上同我写小说一样，是试笔，一个试探性的工作。第一本创作就是试作、试笔，这样如果我再多活几年，可能还会有第二本、第三本出来。看样子恐怕希望不太大了，表面上看我还很好，各方面还很好，虽然有点心脏病，还算是对付得过去。因为老病了，事实上就像一个零件，尽管耐磨耐摔，但是零件绝对有毛病了，一不小心吧，就不办事了，这是必然的规律。这就是我这几十年的工作。

·还不仅是一个服装史

　　这次来，我们是先到广东去校正这本书中的图。这本书是在香港印刷的, 很大的一本书, 全是图, 说明文字几乎不是占主要部分。图呢, 充满了新鲜的问题, 是过去没有碰到过的。其实这个工作, 早应该有中国的专家学者来耐心来做, 一定比我做的好得多啊。不论是从美术方面说, 或者是从历史方面说, 还是从制度方面说, 我的知识都有限得很。这次能够完成, 主要是得到各方的, 像考古所、故宫、历史博物馆, 以及各方面私人朋友帮忙促成, 特别是我近身工作合作的同志, 帮的忙特别大 (图 1-25)。

这次我们把这个书初步校完, 知道还缺少对一些问题的深入研究, 因此特别到长沙来, 再来学习。因为楚墓上的问题特别多, 特别是马王堆墓, 出土的东西在世界上是了不得的事情, 在我们搞服装史上也是了不得的事情。像这个老太婆穿的衣服啊就是个大事情, 服装围绕而上, 谁都不知道为什么是这样的设计, 过去没人注意, 书上没提到过,

图1-25　沈从文夫妇 (前排中) 南下广州校对《中国古代服饰研究》时携友同游 (1981年)

提到也不知道问题在什么地方，在什么具体处。其实我历来搞丝绸的印染研究，什么时候有这样印花，这个材料早就知道了，估计是在秦汉之际。

我搞锦缎刺绣，锦缎刺绣我见到不少了。我曾经在故宫做了一年的丝绸顾问，它里面有四十多万绸缎，古代绸缎，外头都不知道的，各种各样的绸缎。我有机会看到一些材料，更加明白，现在长沙这份材料是更了不得！说明了很多问题，过去都不知道有没有。

还有，长沙不但出了这些锦缎刺绣，还出了两把扇子，其中一把是半规形的扇子，这个过去也不大知道。那么马王堆汉墓发掘报告，没提到这两把扇子的具体形状，就只讲挖掘了两把扇子，一把小的，一把大的。拿出来展览的时候，我才问我们的同志，这个东西是怎么说明它的？年轻同志不知道怎么说，报告上也没说清楚。我才把它理一理。从汉朝时开始，从二百多种汉朝石刻上一理，发现这个扇子并不特殊，它是从西汉到东汉末期，一直到三国，最通用的扇子。原来当时最通用的扇子只有半规形的，这个过去不知道，这种扇形出土后，我们从图像上发现、印证了它。

最近的发现更有趣味，就是我到嘉峪关外的敦煌去，从兰州博物馆看到嘉峪关外出土了一个魏晋之际的（俑），原来还有拿着扇子跳舞的，这是最新的一个材料。我就把它试着理一理，做了一个关于扇子的专题，才晓得扇子是怎么样子来的，中间有什么样的变化。这就像我们说一个笑话，马连良《空城计》拿的那个扇子太晚了。早期的扇子，例如诸葛亮拿的羽扇，应当是八个羽毛平列的一个扇子。

再就是这几十年我一面工作，一面又好事，就等于是开了一个修修补补的服务店，义务的服务店。凡是讲到服装的，讲到绸缎的，讲到地毯的，讲到烧瓷的，就来问问我们，我就按照我们博物院的研究制度，有三个义务：一定要为科研服务，为教学服务，为生产服务。我这三十年就在零碎的消耗中间"服务"掉了。

再就是工作上。现在看来，我得到了博物馆方面的负责同志同文化局的侯局长等各方面的支持，也看到了好多东西。但是我本来应当是把这工作完了，我才敢来拜会各方面文艺界的朋友。主要是因为怕一来呀，我也没什么话说，见面的时候，也怕劳累你们。

这些呢，就是我这三十年主要的工作，这工作一下子恐怕还不能摆脱，恐怕剩这几年还要用到服装研究上。因为什么呢？为这个工作打个底，还不仅是一个服装史，等于是物质文化史，我们要从具体的实物中间提出问题，在方法上面很可能为物质文化史的研究提供点便利。所以我一下恐怕还摆不脱。

（摘自沈从文先生晚年在湖南的演讲）

·《中国古代服饰研究》出版了

"文革"开始后不多久，这份待印图书稿，并没有经过什么人或根据内容得失认真具体分析，就被认为是鼓吹帝王将相、提倡才子佳人的"黑书毒草"。凡是曾经赞同过这书编写的部、局、馆中的主要负责人，都不免受到不同程度的冲击，我自然更难于幸免。于1969年冬我被下放到湖北咸宁湖泽地区，过着近于与世隔绝的生活。在一年多时间内，住处先后迁移六次，最后由鄂南迁到鄂西北角。我手边既无书籍又无其他资料，只能就记忆所及，把图稿中疏忽遗漏或多余处，一一用签条记下来，准备日后有机会时补改。1971年回到北京，听一老同事相告，这图稿经过新来的主任重新看过，认为还像个有分量的图书，许多提法都较新，印出来可供各方面参考。因此我把图稿取回，在极端恶劣的工作条件下，又换补了些新附图，文字也重新做了修改，约经过一个月，将稿件重新向上交去。可是从此即无下落。一搁又是四五年。其时恰在"十年浩劫"期间，这事看来也就十分平常，不足为奇了。

直到1978年5月，我调来中国社会科学院历史研究所，工作上得到社会科学院领导的全面支持，帮我解决了许多困难，且在人力、物力上给予了不少便利条件。遂在同年10月，组成一个小小工作班子，在较短的时间内，对本书图稿作了较大的修改补充。首先，我们尽可能地运用和增加许多新发现的文物资料，同时还改正、添写了不少原有的以及新的章节，使全书增至二十五万字左右，新绘插图一百五十余幅，于1979年1月增补完成，即交轻工业出版社印行。此后又联系了几家国内外出版社，几经周折，最后才交由商务印书馆香港分馆出版。

（摘自沈从文先生编著《中国古代服饰研究》后记）

第二章

追随沈从文先生工作

图2-1 沈从文在北京（1983年）

图2-2 沈从文（前左一）给北京人民艺术剧院介绍历史参考资料

相遇缘于对传统文化的喜爱

正如大家知道的，沈从文先生做中国古代服饰研究，与他新中国成立后的改行及他个人倾注的热情极为相关，但是由于那个时代的问题，耽误了沈老许多的工作，而在耽误与等待的时间里，沈老从未间断对文献、文物的阅读和琢磨（图2-1、图2-2）。

王㐀先生与我都不是最早跟随沈从文先生的助手，二十世纪六十年代的时候，沈先生就曾有过一套辅助他研究发表的绘图班子（那时历史博物馆给沈先生配的助手是陈大章、李之檀和范曾），将当时无法直接用照片表达清楚的文物，就在研究的基础上勾画出来，便于辅助文字的讲解。

王㐀先生与我参与了沈老调入中国社会科学院历史研究所后的"第二次"接续编撰《中国古代服饰研究》的工作，我们与沈先生的认识都可谓偶然，或许冥冥之中都是对传统文化的喜爱让我们得遇恩师沈从文（图2-3）。

图2-3　沈从文先生等人在湖南省博物馆前

　　沈先生晚年身体多病，王㐨与我还时常奔波在各个考古现场，不在北京，多数时间以书信形式向先生汇报工作情况。凤凰山发掘、马山楚墓大发现、法门寺佛舍利现世……这桩桩件件重大珍贵纺织文物的发现都让我们振奋愉悦。凡是我们在京，总拿着新出土文物的照片及研究工作的进展作为看望先生的"慰问品"，每逢这时先生的精准点评及讲述都使我们大受裨益（图2-4）。王㐨与我都不是考古的专业生，也非对中国服饰文化天生有造诣，我们与先生相伴多年，因为工作紧密相处，有幸不断被指点、引导、纠正，我们总算有些近朱而赤吧！王㐨先生的通达，我的执拗，终不负先生苦心，纺织考古的工作可以算是走上了真正以实践与文史相佐互证的道路。

　　王㐨先生和我虽不能与先生相匹，但也确实完成了一些先生未有涉足的工作。这些工作是为今人展现古代服饰文化的深厚，但是更要求具备一定的心力来坚持。作为考古现场的工作人员，行使着保护、完善的职责，使难以留存下来的文物保存下来。由于有机质纺织品文物多脆弱变质，现场稍有差池即毁坏或误导文化的方向，看到却拿不到为大罪。我不敢对别人妄加评论，只有时时自省，现今回想起来，应算问心无愧的。

沈先生的离去无疑是中国服饰研究的重大损失，王㐤先生与我虽未敢懈怠分秒地在一线工作，但研究与整理的工作却愈加繁重。香港商务馆的很多朋友因与我们熟识，也深知史与实的整理属于两种体系，需要有完全领会力的人或小组方可完成。他们害怕王㐤先生与我无法顾及史实相证的繁重工作，多次闲聊时均提出，让我们详尽记录发掘现场的大小事宜，哪怕将来我们未有时间，也可让熟读史著且钻研考古报告的人得到另一途径完善认识，使中国之服饰文化传承有多种途径（图 2-5）。

王㐤先生与沈老相识很久，他于 1958 年以志愿军身份复员，接受沈老的建议调来考古研究所，认真细致，勤学不辍。他主持复原首件金缕玉衣；首次在为阿尔巴尼亚修复《圣经》羊皮书的国际任务中，发明了桑蚕单丝绕网机；主持过多座出土纺织品文物墓葬的发掘；摄影方面也十分精通……王㐤先生是我在服饰、考古研究道路上的第二位老师（图 2-6）。

王㐤先生对我来说是一种回忆，对大家或是一种新的视角，希望能与大家共识王㐤先生的耐烦与细致，这就是考古人拥有的优秀品格。

时至今日，我也逾古稀之年，回首过往，沈先生熟通文史，深溺

图2-4　沈从文先生在家中与得力助手王㐨促膝交谈，
时值沈先生在世之最后时光。

图2-5　沈从文与王亚蓉在中国历史博物馆前（1975年）

图2-6 王予予（右）和同事在金牛山加固头盖骨文物

图2-7 《中国古代服饰研究》出版后，沈从文先生在家中与陈万雄（左一）、李祖泽（左二）、
王亚蓉（左三）、钟允之（右二）、徐友梅（右一）等人合影（1981年）。

文物，而王㐖先生与我则一次次与百千年前的生活亲近相惜，没有人生来就是全才，唯有不辍与耐烦的合力，方可使今人多少拥有些与千年厚蕴相望的能力（图 2-7）。

下面的文字记叙是王㐖先生和我与沈先生相识的情况。

王㐨：沈先生是我的人生启蒙老师

1953 年，朝鲜战争停战了，我请假想到北京来看看，收集一些资料，也许对文工团有用途。得到允许以后，我就到北京来。路上跟沈阳第一军医大学的几个学生遇到，结伴同行来到北京，军委政治部将我们安排在一个小客店里。我们先看了天坛，那里的建筑一下子就把我迷住了。那是我第一次到北京。这个古老的北京那个时候跟现在可不一样，城墙还在，东四牌楼、西四牌楼也在，东单、西单的牌楼没有了，拆到国子监去了。

·在故宫一个柜子讲两个小时

等到看故宫的时候，只剩下我一个人，他们都去看颐和园，看别的地方去了。我还看了历史博物馆。那是 1953 年的 7 月，我先看午门内朝房，就是清代官员上朝前等待的地方，东西两边长廊里面的房子。那里面布置的是从猿到人的社会发展史展览，西面布置的是历史出土文物。午门楼上展览一些非常可怕的东西，就是所谓的凌迟，千刀万剐的罪刑。是对那些造反的人、大逆不道的人，反对皇帝、侵犯到皇家利益的人才动用的刑具。那些刑具有两百多把刀子，青铜的，各种各样的，我简直不敢看，年轻人对死亡的残暴，恐惧情绪非常大，简直不能再多看一眼。

后来我从猿到人的展览中，看到小小的一颗白齿，说这是一个十三岁女孩上颚的臼齿。我惊奇得不得了，怎样能知道这是十三岁的女孩的牙齿，而且是十几万年前的呢？迷惑不解，觉得科学真是了不得，能知道这么多，知道那么久远的事情，算命先生那算什么？虽然是夏天，可是屋里挺凉快，冷冷清清，没有几个人在看。我出去先看东朝房，看过出来以后，我进到西朝房，觉得已经是下午或者是中午时分。

我刚一进门，一个穿着白衬衫的五十来岁的人就站起来，跟着我看，然后就跟我讲。我记得那是铜镜展柜，展的是唐宋的铜镜，有几十面，一个柜子。这一个柜子就给我讲了两三个小时，使我非常感动，我们约好了第二天再来看。就这样我用一个星期看完了这个西朝房，看东朝房只用了几小时。那个时候我有许多问题，对文物可以说一窍不通，这位讲解员就非常耐心给我讲，就像教幼儿园的孩子一样。

·他说他是沈从文

在这期间，我们每天中午就到劳动人民文化宫，就是原来的太庙，去吃一个面包、一只香蕉，算是中饭。吃完了饭说说话，他会问我朝鲜的战争情况和巴金到朝鲜的情况。巴金到朝鲜就在我们军里去体验生活的，梅兰芳我也遇到了。他带我到他家里去吃饭，好像是吃面条。那个时候看到先生的夫人，那么年轻，就像二十几岁一样，不怎么说话。先生就说：呀……妈妈，你快过来听一下巴金在朝鲜的情况。然后叫我讲朝鲜战争的一些情况，他说战争是个立体的，他也当过兵。

这下我更纳闷啦！我一直没有问陪我看展览的这么博学的一位

老先生是什么人、叫什么名字？越到后来越不好问，到分手的时候就非问不可。我说："这么多天你陪我，我一直张不开口问你尊姓大名。我非常感谢你花了这么多时间。"他说他是沈从文，我吃一大惊。

我在上海的时候，读过沈从文的小说，《湘西》那些。觉得这个人写很多野话，写得山川人物那么美，跟面前非常慈祥的一个老先生对不上，觉得他应该不是一个一张嘴能说狗杂种或者其他骂人的野话的人。哎呀，我当时呆着说不出话来，也不好多问，便作了非常恭敬的道别就回朝鲜了。

我一直在心里问，这是真的吗？怎么跟小说那么不一样？那个小说都是你编的故事吗？没有根据吗？都是瞎编出来的吗？一直想这样问他。

一直到 1979 年，我才有机会当面问问沈先生。我说，沈先生，我认识你的时候，觉得简直是一个谜，你这个人完全跟你的小说脱节。如果说文字写得很美，那是文如其人，可是那些故事那么野，那么浪漫，跟别人的那么不同，又吸引人又叫人觉得新鲜，这些文字让我以为你是一个荒唐人，就像那编荒唐故事的那种荒唐人说亲身经历！

·聆听天书

沈先生告诉我，他说做人要规矩，写小说要调皮，不调皮怎么能写成小说呢？这个说法把我心里一个从 1953 年到 1979 年这么长过程的谜解开了。

我跟沈先生就是有这么一点关系。受他的影响，此后每年我出差只要到北京，都去探望他，看他在做什么工作。他给我讲解一些重要展览，带我去听罗尔纲的《太平天国史》，在政协礼堂里听的，罗尔纲是他的学生。那时候讲解政治斗争，讲农民运动、农民革命最时髦。听完了以后，他说我们都是来听天书的。

还有一次是1954年或1955年，劳动人民文化宫办敦煌文化展览，做一些假的洞窟，把临摹的壁画贴在里面展览。那个时候沈先生给彭真等老同志当讲解员。我去了以后，又陪我专门看了一次，我很感动。我看到他对工农兵讲解也是充满了热情，和对领导人这样尊贵的人的敬意一样，都是那么充满热情。但是沈老给不同的人讲解深度不一样，给那些高级领导人能讲到历史上的国家大事去，他们主持国家政务的人能够领会得到一些问题，其中包含着治理国家的许多喻义；跟我们讲，深入浅出；给普通工人讲，也可以讲得很白话。沈先生他一生都是这样。特别是对年轻人，那些做工艺美术的人，或者电影，或者戏剧，需要用到古代服装花纹、道具这些东西的时候，他都充满热心地给他们讲，人送走后，再写一封十几页的信，可以叫人更明白知道那些内容，因为他那湘西的口音怕别人听不懂。他讲到忘神的时候，声音就非常低，美极啦，充满了丝丝的热情，赞美劳动，赞美生命。

· 修复玉衣

受他的影响，我每次回来都去购买一些小的刺绣文物，对丝绸文物也产生了兴趣。1953年沈先生就写了《中国织金锦缎的历史发展》在《新建设》上发表，一万多字，他在文章中提出许多新问题，是别人没有研究过的领域。沈从文先生还给许多文物命名、定名。比如玉衣，我们到 1968 年才从满城汉墓挖出一件完整的玉衣，过去都被盗墓的挖出来卖了，这些零零散散的长方形玉片，四个角有孔，在历史博物馆展出的时候就说是古牌式玉片。沈从文就在文章里说这个东西可能是玉衣，历史上的金缕玉衣。他的判断、预见，十多年以后就得到证实。他对中国古代这些杂七杂八的工艺、文物了解颇多，有丰富的知识，不然也做不出这个判断。

我前面说到了，历史博物馆有些河北省刘安意墓出土的玉片，他们叫古牌式玉片。沈先生早说到可能是玉衣，我想到这个问题，就赶快查相关信息，便去问沈先生。他告诉我《汉书·霍光传》里面有相似的注解，我就去查对，想把它复原起来。以前学习的内容、沈先生的教导都在实践当中用到，等我恢复好这件玉衣的时候，郭沫若来看，他就为我鼓掌，一面鼓掌一面说，伟大、伟大！他当然说的是玉衣，不是说我了，我也对郭老笑一笑。郭老出来跟我握握手。

（摘自张婉仪女士整理的王㐨先生口述）

王亚蓉：沈先生带我走进充实难忘的人生

　　沈先生的书从 1978 年交由香港商务印书馆出版后，无论是李祖泽先生、陈万雄先生还是张倩仪、张婉仪女士都与我们结下了深厚的友谊，且经常催促我们把研究成果总结和整理起来。而我和王㐨先生总是觉得资料不全，工作还不到位，不敢懈怠，不敢妄言。

　　这本纪念的小书中，关于王㐨先生的文字多由张婉仪女士整理，录制的时候王先生已被肾病折磨多年，张婉仪女士给了他录音设备，希望对那些年的工作整理出一些想法，王㐨先生自己则说："人老了，有许多想法变得很可笑，我是个一生对任何人不大谈自己生活情况的人，特别是工作的得失，不想谈。做这工作的人非常多，都做得相当出色，我不过是其中之一，没有什么特别突出的地方，也许我自己也不大认识。可是到了我这个年龄，身体状况这样，好像又希望有一个人知道一下，所以谈谈情况。"因着这样的情况，所以留下些文字，后面的一些内容也来源于此。

　　而我则更是宁可多听多做，总不敢多说些什么，自觉与二位先生实在相差很远。但十多年前，李祖泽先生与陈万雄先生因为纪念沈先生诞辰一百周年来找我，希望无论如何也要写些文字。我想，虽然自己确实不足，但对先生的感激却无半分虚假，与先生的缘分更是让我受益终生，所以有了下面的一些文字。

· 1973 年先生带我走进充实难忘的人生

在"抓革命促生产的大好形势"里，我百无聊赖地连续多日泡在北京图书馆柏林寺分馆查阅资料，为设计我的小猫、小狗、美术人形……寻些感悟。那时我是个设计玩偶的美工。二十世纪七十年代图书馆是门可罗雀的处所，终日寥寥几人。"姑娘！你来查什么呀？怎不抓革命去啊！"这天，多日相邻阅书的清癯长者突然向我发问。交谈一会儿，老先生告诉我他是中国人民大学中文系的杨纤如教授，看见这时候年轻人还看书他感到非常高兴："我有一位老朋友，他会有极多的形象资料。如果你信得过我老头子，把你的电话告诉我，如果他愿意，我带你去拜访他！"

我边抄写通讯电话边问："您能告诉我他是谁吗？"

"沈从文！"

"他会见我吗？"巧的是我学生时代有位老师曾介绍我看过《边城》，这是我非常非常喜欢的作品。

一个风和日丽的下午，在杨老的引荐下我拜见了沈先生。握过沈先生的手，见过沈先生的面，只能用惊讶来表达我的感觉。先生的手柔若无骨，先生的神气温和睿智，一种从来没有过的体会，使我顿生敬慕，感到遇见了奇人。当天先生按我的工作需求选借给我好几幅可作参考资料的货郎担图、婴戏图……并指点我应从传统中学习。

到家之后感想更多。记得杨纤如先生带我敲开东堂子胡同那间没有光亮的房门，只见先生鼻口间还留有未揩净的鼻血，写字台上亮着

台灯，放着毛笔和正修改的文稿。我打量这间十二三平米的小屋，架
上是书，桌上是书，地上堆的还是书。四壁凡身手能够到的地方全贴
满图片和字条，让我惊讶的是屋中占着很大位置、显眼的一张双人床
上堆的也全是书。一个这么拥挤的大书堆坊。曾听杨教授讲沈先生多
次被抄家，这劫后拥塞能理解，可这怎么睡觉和生活呀！望着屋中和
老友谈天满脸布满灿烂微笑的沈先生，我的无知让我无法理解，他竟
能如此快乐地讲述他的工作（图 2-8）。

随着对先生的认识加深，随着先生的教诲，随着先生介绍我相识
的王𬀩先生的帮助，我才逐步开始对沈先生略知一二，理解一二。

图2-8 沈从文夫妇由王亚蓉陪伴在杭州（1979 年）

·追随沈先生工作

我求教的次数多了，和沈先生交谈的也多了，知道"文革"中他因所著的《中国古代服饰研究》被定为歌颂帝王将相、才子佳人的"大毒草"而被批斗、抄家。这是奉周恩来总理嘱托而编写的，作为国家赠礼的书。知道先生1949年后无奈改行，也体会到先生担心对二十多年新开辟的领域再次面临无所适从的心境。"不管怎说，搞出来对年轻人以后会有用的！"就这样，他不在乎这种逆境，认准的路一往无前往下走，当好一个合格公民是他给自己定的目标，他对国家的明天充满希望。

沈先生是用事事物物的形象来具体研究历史的。"文革"前是历史博物馆的陈大章、李之檀、范曾协助他完成工作，"文革"开始后，种种主客观的因由，他们都忙自己的去了。从干校返京的沈先生工作困难随即增多，我这个学绘画出身的自觉能力不够，沈先生鼓励我："试试吧！"于是我就从河北三盘山出土的西汉错金银铜车马器（银伞铤）上的六只狗熊开始摹绘，开启了我追随沈先生的学习生涯。为工作便利，先生想把我调到身边工作，在征得历史博物馆的默许后，我想尽办法才得到原单位批准可以调动（在二十世纪八十年代以前工作要服从组织分配，一个人毕业后分配到的工作一般都是终身制的，若不服从，后果是难设想的）。历史博物馆在审查了我的工作能力后，决定破格录用。政审后就在我上班前，原历史博物馆保管部主任李石英先生跟我谈话告知："同意调你到博物馆，但是不能跟沈先生一起工作，

你工笔画画得不错，以后就在馆里摹古画吧！”我选择了拒绝，我不能让老人寒心。拒绝调进历史博物馆，我把自己变成了悬空人物，原单位已停薪停职，没工作在当时是难以想象的，但这一段也是我辅助沈先生工作进展顺利的时期，《熊经鸟伸》《扇子的应用与衍进》……都是这时期完成的。有半年时间沈先生每月个人资助我二十元钱，帮我解决生活问题。实不得已，沈先生请王孖先生帮我调进了中国社会科学院考古研究所，我除了协助沈先生绘图以外，从 1975 年 8 月，又开始了我从事至今的纺织品、服饰的纺织考古发掘、保护修复与研究工作（图 2-9）。

图2-9　河北定州出土西汉错金银伞铤上（太极、舞动）熊形象摹绘

记得 1974 年夏季天气极闷热。7 月酷暑中我竟发起了高烧，午后昏睡中，听到被婆母盘问的客人说话口音怎么像沈先生，爬起来一看，真是他老人家，下午两点烈日当空，他脸红涨涨地，满头汗珠，右手还挎着个四川细竹篾编的篮子。笨拙的我光顾落泪，竟忘掉接过那沉甸甸的篮子。我今天未到东堂子胡同去，沈先生猜度我是病倒了，带来那么多水果、维他命 C 和鱼肝油……穿北京东城、西城跑到海淀区来看我。沈先生到来，我才知道原来汪曾祺先生只和我家隔一条马路，对面几可相望，且和我家先生是同事。也就是那一次沈先生和汪先生来过我家，也就是从那一天起我发愿，今后绝不再缺勤。后来调进考古所，我和王予每天下班后都准点到达东堂子胡同沈家那间小屋，像从事第二职业一样。《中国古代服饰研究》中先生指导我画的三四百幅小图，多完成在这一时期。

那些年沈先生常带我去故宫武英殿、历史博物馆或民族文化宫……看展览和查阅资料，每天挤公共汽车，我常因为帮沈先生找座位而挨批评，沈先生说："别人工作一天了很累，你不准打扰人家，我习惯了，没关系。"我陪沈先生收集资料，也认识了许多工作上的朋友，使我以后的工作受益匪浅。

· 先生对"文革"遭遇只字不提

1975 年夏的一天，沈先生又带我到历史博物馆查资料，在二楼美工组那走廊似的工作室，看见一个人正在画诸葛亮像，先生过来他没有言声，先生就说："不要照这刻本上摹，这巾不大对。你是代表国家博物馆在画，要研究一下当时'纶巾'的式样……"不料，那人说：
"你不要在这指指点点，你那套行不通了！"那人背靠旧沙发，跷着
二郎腿上下抖动着，夹着香烟的左手冲沈先生边点戳着边说……一副
桀骜不驯的模样。先生气得面红耳赤，我搀扶着他的手臂觉得他在发
抖。先生无言地盯视着那人。看着那副玩世不恭的冷面，我拖着先生
朝前走："您怎能跟这不懂事的人真生气，他是谁呀？"

"F。"

这就是我和 F 先生的第一次见面。我知道当年他因恃才傲物、狂
放不羁，毕业分配被发往边塞。作为美院的毕业生，他为了前途，用
心用信，使得从不求人的沈先生为了他，去找美院的老朋友求情，
未果。沈先生又借服饰图录课题的机会，要 F 夫妇到自己身边协助工
作，最后历史博物馆费尽周折地终于把他调给了沈先生，F 夫妇留在
了京城。与 F 晤面目睹的那场面，我痛彻地感觉他就像我儿时即知道
的向东郭先生求救的那条中山狼。我为先生委屈，我看着先生多日都
恢复不过来的情绪难过。迫于某些缘故，F 在文章上辩解说没有这回事。
"文革"那段不正常时段过后，他也跟人讲过：我和沈先生只是思想
认识的分歧……但无论怎样，也抹不去沈先生心头的阴影，他再不愿
提这个人。我佩服 F 的聪明和才学，但总也挥不去他当面羞辱沈先生
的恶劣影像。借这篇小文我替沈先生述说这个经历，为鸣不平。人在
任何时候有些事情都是不该忘却的。

我因办理工作调动认识了中国社会科学院副院长刘仰峤先生（原
高等教育部副部长）。在交往中，我和王㐨先生经常选一些沈先生研

究的各种物质文化史小专题给他介绍，譬如《扇子的应用与衍进》《熊经鸟伸》《狮子在中国》……仰峤先生尤其感兴趣的是西汉医学家华佗所倡导的人模仿虎、鹿、熊、猿、鸟的动作和姿态来活动，以增强体质、防治疾病的"五禽戏"。这种健身导引术，即吐故纳新的"熊经"，反映在西汉壁画、画像石、铜镜、金银错器物上，沈先生通过对这些"熊"的各种姿态排列进行比较研究，具体形象地介绍了这种古代的体育文化。记得仰峤先生边看边有兴致地模仿，说："像太极拳，这研究太重要了，有意义……"这样，自1975年始，他逐渐知道了沈先生工作境遇的不利以及沈先生所开展的研究工作的重要性。所以越来越关心沈先生的工作与生活，后来留下了沈先生部分研究专题图文，要正式和胡乔木（当时任中国社会科学院院长）谈谈，看能不能设法给沈先生创造更好的工作条件。

时值"文革"末期，社科院的科研条件也困难，"先请菩萨后立庙"是当时社科院发掘优秀科研人员的抢救人才政策。终于，1978年，沈从文先生正式调入中国社会科学院，胡乔木、刘仰峤二位领导让沈先生提出工作要求和生活上的困难，院里可以帮忙解决，沈先生只提了两条：

一、望将王㐨、王亚蓉调到身边协助工作；

二、找个地方集中整理出版周总理嘱托编写的《古代服饰图录》（这是在历史博物馆时的定名）。

沈先生对自己家中因"文革"遭遇的种种困难只字不提。他曾说过，"个人的小事怎能提"。

·任何困苦磨难都犹如过客

沈先生在"文革"期间遭遇七次抄家，住房被历史博物馆没收，分给了一个工人住。在北京东城区东堂子胡同原住处保留一间小屋，成了沈先生的工作室和宿舍。沈夫人从五七干校回来无处安身，由作家协会在人民美术出版社相邻的小羊宜宾胡同（原小羊尾巴胡同）找了一间小东房（不足十平方米），拥挤不堪。小房子内住着沈夫人和两位小孙女（大儿子沈龙朱住集体宿舍，大媳妇在南方水电站工作，二儿子沈虎雏夫妇均迁出，在四川三线的工厂，两个孙小姐只能随奶奶），当时沈家就是这样的居住条件。1975 年一友人要去找自称是沈先生学生的江青，当着我和王㐨的面被沈先生坚决回绝，当时的形势，我们着实又为他捏一把汗。

沈家的两间小屋相距一公里多，中国人讲究安度晚年，可先生却从七十岁被发往五七干校，返京后，每日为了吃饭和工作奔波于两个小屋间。沈先生的规律是在东堂子书堆中工作，晚上把床上的书往上码一码就睡觉，中午十二点回小羊宜宾吃饭，饭后挎一竹篮子将晚饭带回东堂子。当年我常常加入沈先生奔走吃饭的旅程，没少吃沈夫人烧的可口饭菜。小胡同交通也是挺乱的，自行车来回穿梭。有一回在先生回去吃饭的路上，一年轻人骑车从后边撞得沈先生一个趔趄差点摔倒，反过来那小伙子回头还来了一句："这大岁数了，不在家待着，出来干吗！"天理何在！面对不正常的时代里非正常的人，想一想这位情感世界细腻丰富的大家他的精神感受吧！

　　任何困苦磨难都犹如过客，沈先生的快乐也很动人，在那种处境下，他还总担心王予和我的健康，常常未下班我就接到先生的电话："到这儿来吃饭，有好东西！""好东西"除了是沈夫人的小炒，还有沈先生自己做的红烧肉、红烧猪脚。沈先生烧的肉味道很好，肉烂烂的，口味不咸，还略带甜味。知道王予吃东西较细，他事先声明："放心，我收拾洗得干净极了！味道好不好？""好！好！""那就再给你这一块！"不爱吃油腻的王予看着肉皮上竖着的小毛（沈先生眼不好，哪能看得那样细致），只得边大口吞吃着边说："够了，够了，不能再吃了。"记得一次在沈夫人住处吃饭，一道笋干炖排骨，我们直夸味道好，等沈夫人转身去取饭时，先生悄悄告诉我们："要不是我偷偷抓了一把糖放锅里，哪会这好吃！"然后像小孩一样神秘地微笑着……那几年的工作虽紧张辛苦，可快乐充实。

　　沈家的条件没有地方接待客人，社科院为了面子，沈先生接待外宾时都借用院里的一间会客室或饭店的一个房间，后来时局宽松了些，沈先生也忙得跑不起了。他有一张坐了多年的旧藤椅铺了垫子，总是请客人坐，屋里没地方，院里沈夫人种植的小花园旁常是沈先生待客的首选处所。现在有许多朋友见面谈起来，仍忘不掉和沈先生在那小花园旁谈话的记忆。俗话说，是金子放在哪里都发光，一点儿不假。想起沈先生讲的"文革"中在历史博物馆的遭遇，更是与众不同，有人问到时他说："还好呀！起码领导们信得过我的人品，派我去打扫女厕所……有的时候分派到院子拔草，看到小花开得那么漂亮，天空那么晴朗，外边喊天喊地的（历史博物馆就在天安门广场），有多少该干的事呀！真是小孩子胡闹！"先生没有诉苦的习惯，我觉得他总是站在很高的地方，清醒地看待那些过激行为。当我们被一些让人不平或困惑的事干扰得情绪不好时，沈先生常轻轻地谈："这不去管它吧！要看到我们做的是大事，多少人在研究中国文化，我们得想着对世界作战，我们不能输掉，尤其是日本人，多少人在研究中国文化。"我和王㐨先生常常被先生比得自惭形秽，可又充满了动力地去走下一步。我是幸福的，在好多同龄人无所事事地种花、养鱼、革命的时候，我得遇恩师，得遇王㐨先生，带着我走进充实难忘的人生，使我成为对国家还有点用的人。

· 先生一生走的这条路着实不易

社科院在北京西郊友谊宾馆给沈先生租了两套公寓房，使多难的《中国古代服饰研究》（书名由"古代服饰图录"变更）最后得到一个安定的整理处所。沈先生讲，在书未成稿之前，有一次宴会上，沈先生与郭沫若先生邻座，谈到这本书，郭老主动说："我给你写个序言吧！"并很快就送过来了，序言成于书稿之前，郭老未看过书稿。许多人不明缘由，总是问为什么序言和内容不符，这就是原因。沈先生理解郭老是用这个方式表示点歉意吧！

《中国古代服饰研究》一书也是命途多舛，1964 年受命，原计划编写十部，1965 年二百幅图及说明的试点本完稿。沈先生这部书选的是历代争论较多、问题较多的题目，他以新的视角和观点进行阐述，提出了很多新看法、新见解。北京轻工业出版社承印，打出了十部样稿送审。谁知"文革"来了，《中国古代服饰研究》物殃及人，沈从文先生因之被斗争，即批斗文化部副部长齐燕铭先生时为之陪斗。新账老账又算一遍，藏书被七分钱一公斤卖掉，与徐志摩、胡适、胡也频等人积攒了五十余年的信件被焚毁"消毒"。

现在想想沈先生的经历真是坎坷，他走出凤凰城是因为追求，也因迫于生计，几十年就是拿着支笔奋斗，讨生活，是个刚直不阿的苗民，用文字诉尽底层船工、纤夫、妓女及苦难的苗民、军士……为生活的血泪挣扎与屈辱。在《战国策》杂志上，沈先生文章直指蒋介石是人不是神，给国民党的种种腐败层层地剥皮。不跟国民党去台湾，结果还被下了个"桃红色"的定语。他自认为不懂政治，不愿参加任何党派、学派，用一支正义之笔凭良心说实话、写实事，所以常被排挤和怨怼。新中国成立以后，他又被定为中国文学史上的反动作家，开明书店等又将他的存书全部烧掉了，还毁掉了版型。国民党也下令他的书永不开禁，1981 年台湾盗印他的《中国古代服饰研究》一书时，不仅删去了他的名字，郭老序言也被删掉了。让人起敬的是，先生竟在夹缝中又闯出一片新天地，可又有几个人能理解他的苦乐啊！先生一生走的这条路着实不易啊！"文革"中沈先生对老朋友诉说："台湾当局说我帮了共产党的忙，是反动文人，禁止出版我的书；批斗会上又说我是反共老手，我简直里外不是人……"想想沈先生若没有头上的箍咒，在轻松的心态下，凭沈从文先生这永远拥抱自己工作不放的人，几十年间他会为人类文化留下更多更多。

· 沈先生最快慰的事是讲述湖南那山那水

《中国古代服饰研究》增补完稿后，原北京轻工业出版社所制玻璃版已不可用。出版社的阮波女士仍立意出版，考虑出版的几重难度，出版社一边和我们谈，一边又和日本讲谈社洽谈合作出版的事。那时刚刚允许与外方合作出版，轻工业出版社希望与日本讲谈社合作，沈先生不同意，遂让我取回稿件，又交与前来联络的人民美术出版社的詹惠娟交流，没过多久，了解到他们又将再与日本乃至美国谈合作出版。周总理嘱托的一本书，为什么中国人自己不能印出来呢！沈先生命我再次从人民美术出版社撤回稿件后，他提笔写信给社科院梅益秘书长（此时刘仰峤先生已过世），把此书的出版事宜做了汇报，并请领导关心。很快，商务印书馆香港分馆的李祖泽先生亲自到北京，商谈出版的各项事宜。李先生的承印、安顿，让《中国古代服饰研究》的出版变成那些年以来沈先生最为快慰的事。从那以后，李先生及他的同事都成了我们交往颇深的朋友，后来为纪念沈先生从事文学创作六十周年，香港商务印书馆陈万雄先生还组织出版了《龙凤艺术》的增订本。

沈先生夫妇、王㐨和我以及商务印书馆的编辑，在香港商务驻广州办事处进行了《中国古代服饰研究》最后的校对工作，花费了一个多月时间。沈先生抽空还到中山大学拜访老友商承祚和容庚先生，三位耄耋智者欢愉的会面很让人感动，就是那天商先生还为这本书题写了书名。

· 他们如此美丽

用温文尔雅形容沈夫人张兆和是最恰当不过了。沈夫人终日忙着照料沈先生的三餐和两位孙小姐，人很消瘦，总是不停地劳作着，一方小屋永远是整洁的。夏天屋前的方寸土地被她安排得总是花朵常驻：玫瑰、月季、扁竹……这里是沈家"花园"，沈先生除了夸奖夫人烧菜的厨艺，这小小花园也常在客人面前受到称赞。院里这美丽的东南小角，也是沈夫人对先生的一份关爱。她不辞辛苦地营造美丽，创造乐趣。

沈先生的脑筋永远为他研究的各专题在转动，半天不见，就会看到桌上、壁上又增添了好多小条，"这个 ××× 有用""这个给 ×× 参考""这个新材料待补充"……工作之外，好多年轻人和生产部门都被他惦记着，难怪东堂子胡同住沈先生隔壁的李大妈经常说沈先生是"红烧毛巾"。冬日沈先生自己打好洗脸水，把毛巾放火炉上温一温，忽然想起什么又回屋写上了，写顺了手，他就忘掉毛巾还在火炉边，常被闻到味道的李大妈在外面打门提醒。沈先生在东堂子犒劳我们的时候，常是筷子夹着一块排骨或是其他什么菜的和我们讲话，可是他往往举了很长时间忘记放到嘴里，又送回盘里，起身去给我拿书，常常得提醒他："您先吃饭！您先吃饭吧！"

时间久了，会碰到沈先生谈到丝绸，谈到纶巾……尤其是讲到凤凰，说着说着，他声音越说越轻，右手食指轻点着，最后稍加重点儿语气的一句湘西话"美极了"结束一段话，那就是先生讲述得最神往的时候，好像高声宣讲就要破坏什么。遇到他这种神往状态的时候，我们从不打断，不明白，以后再细细问他，弄懂以后就会知道难怪他这么专注，譬如他给我们讲述湘西那山、那水……谈刺绣，说色彩……

· 七十年岁月先生仍有不泯童心

1978 年夏天，我和王㐨到承德避暑山庄内工作，住进两山之间“松树沟”山间别墅中国社会科学院考古所内蒙古工作队工作站。那地方有两座 1949 年左右国民党要员废弃的洋房，年久失修但结构漂亮，做工作站已是很堂皇了。酷暑时节，我们请沈老夫妇也来休养一段。同时，为了补偿因常年劳碌而缺少对孩子关照的歉疚，也为了让孩子有机会接触沈爷爷、沈奶奶，王㐨先生的女儿王丹（十一岁），我的女儿王洋（七岁）也被带来了，这是我女儿对小时候最不能忘怀的时光，二十多年过去了，还会听她谈起那段在承德避暑山庄的日子。

那时我们每天四五点天一亮就起床登山，沈先生夫妇、我和王㐨及两家的孩子，还有考古所冯振会的儿子、白荣金的儿子，都常常是我们这支登山队的成员。野花、草坪、露水和带松树香气的空气包围着我们。为防滑也为打蛇，我们人手一根树棍，孩子们当耍物，大人当拐杖，两位老人快乐极了。老爷爷是小鬼们的最爱，玩着玩着，爷爷的两只耳朵上、口袋里、手上都是被他们随手采集的野花占满。我们和张先生走着谈着，“小八路，扛起枪……”一阵歌声传来，孩子们手中的树棍都当成枪扛着，排队走着唱着，那走在最后的七十多岁的老爷爷也扛着枪张着嘴和着。当我们走近时，突然听到被孩子们围

图2-10 "为什么长尾巴长在头上了？"沈从文与孩子们登长城，拽着王洋的头发笑道，右为沈先生外孙女刘兰（1979年）。

着的爷爷嘴里流出各种鸟儿动听的叫声。真没想到沈先生还有这好的口技。我明白了，那是沈先生少小逃学时，湘西的山林教给他的。难得的悠闲，难得的伙伴，沈先生一定又回到了他快乐的童年。我想，沈先生通鸟语，小时候水中鱼儿的谈话他一定也能听到或想象，谁又能想到经历了七十年的岁月，先生仍有不泯童心（图2-10）。

当时，人多房间少，那些天我带着女儿和爷爷奶奶住一间大屋。有一天停电，我躺在床上，突然被女儿猛地拽起，她惊讶地指着爷爷告诉我："妈妈你看，爷爷怎能把牙拿下来了！"我一看原来是沈先生要休息正在卸下他的假牙，爷爷和我都乐坏了。爷爷笑过之后，便即兴给她讲了一个拿下牙咬人的故事。那天，我那宝贝女儿就是听着爷爷的故事，甜甜地睡着的。那时她太小了，哪里知道给她说故事的人是多么的了不起。她长大以后，知道爷爷的事情越多，就越发珍惜她那几天的经历。

· 合上了那双洞悉一切的眼睛

好多人都问我沈先生那本《中国古代服饰研究》，为什么分说明图和插图，用起来多麻烦，统一编号多好！这是沈先生为了一份纪念而坚持的。他很看重周恩来总理的这份嘱托。因为"文革"前二百幅图和图说，排版后打印了十份样书，曾送总理审阅过，书遭劫后的再出版，沈先生无论如何要保留这个体例不变，说是总理看过。后来新补充的材料只能以插图的形式存在了，沈老用自己的方式念着总理。书出版后，他签名送给邓颖超一本，以寄对故人的思念。听到总理逝世时，他因悲痛眼底出血，不能视物，好长时间才恢复过来。

外交部礼宾司通过社科院购了十部《中国古代服饰研究》，作为礼品，在电视上我看到胡耀邦主席访日时送给日本天皇一本，实现了总理的一番心愿。送给美国尼克松前总统和英国伊丽莎白女王各一本……中国社会科学院授予这部大书"中国社会科学研究著作一等奖"。可惜的是种种原因让沈先生没有时间完成他的计划。他累了，他走了。

1988年5月10日傍晚，在工作室的我和王㐨突然接到沈夫人电话："快来，沈先生心脏不舒服！"我们赶到时，沈先生躺在床上，沈夫人已经通知了急救中心，也通知了龙朱和虎雏。沈夫人的妹夫心脏病

图2-11 沈从文夫妇与王亚蓉在北京友谊宾馆内

专家刚要回去，沈夫人送妹夫下楼说，再等一下急救车。先生人很清醒，对我们说："心脏痛，我好冷！"王㐨握着先生的双手，我握着他的双脚，真是冰凉冰凉的。"您别急，急救车马上就到。"先生静静地看着他喜爱的王㐨，好像轻轻的有个笑意，慢慢合上了那双洞悉一切的眼睛（图 2-11）。

· 在物质文化史的研究领域贡献非凡

"要耐烦！认真！""一切不孤立，凡事有联系。""为人民服务！古为今用。"这就是从始至终，沈先生教诲我们的工作原则和工作方法。本着这种原则，先生在物质文化史的研究领域贡献非凡。凭着对古代文献和杂书笔记的功底，凭着曾过目的几十万件丝绸、玉器、雕琢之骨、角、牙器等古物的鉴赏能力，沈先生在二十世纪五十年代末即开始物质文化史的研究，有许多预见性推论在后来的几十年中不断地被新出土的文物证实。

譬如，1958年中国历史博物馆建馆时，沈先生在历史博物馆看到一堆带孔的小方玉片，据他推测这是汉代服饰的一种，应是金缕玉衣。这种葬服二十多年后，在河北满城考古发掘中被挖出来了，跟他推测的一样。

再如，关于玻璃的问题，他始终坚持中国有玻璃。他不是凭空说的，根据出土的琉璃和釉陶，他推测中国应该有玻璃。中国的陶瓷那么早就被发明了，这给冶金提供了高温技术，高温下有机的无机的矿石，有机的东西化合了，以后釉陶的生产发展起来了。沈先生认为，中国有生产平板玻璃的条件，但为什么没发展起来呢？是因为中国的纸张太好了，丝绸太好了，用它们糊窗户透明度够了，保温性和透气性都好，而且方便得很。这些东西的应用发展限制了平板玻璃的形成。沈先生在1962年就发表了这个看法。原来考古研究所夏鼐所长认为玻璃是西方传过来的，在中国没有挖到。这两位好朋友在这个问题上是有争论的。夏先生是考古专家，治学态度是：不是挖到的东西、传世的东西不算数；沈先生总是有依据地综合性地推论，认为这个东西应该有。后来随着考古研究领域的研究手段不断进步，通过对中西方玻璃的化学分析，夏所长也改变了看法，化学分析中国的玻璃含铅较高，铅玻璃是主体，这是与冶金技术相关的，外国的玻璃是钠玻璃，完全是两条发展系统。

还有关于织金织物的看法。从传世和出土文物系统看，原来较一致的意见是织金物始于宋元，沈先生二十世纪六十年代谈《织金锦》就已讲到，织金锦应始于汉唐。果然，1987年我们参加唐代法门寺地宫发掘，即出土有武则天供奉给释迦牟尼佛的织金锦袈裟，纬线全是捻金丝，捻金线的直径投影宽只有0.1毫米，且含金量很高，纺织制造技术已达到极高的水平。新出土的文物，再次证实了沈先生的推断。当时我和王㐨第一时间向他表示了祝贺。

提到沈先生和夏先生，这对朋友很有意思。在学术上他们互相关注着，彼此的文章都能熟记。夏先生比沈先生年轻，有时去看望沈先生，遇到过他们的会面。夏先生一口极不易懂的温州普通话，沈先生只会讲湘西话，他们两人你说你的，我说我的，哈哈笑着，快乐无比。夏先生走后，我问沈先生："您听懂夏先生说的什么吗？""听不懂！"两位老先生就是这样的心神交汇。有一次夏先生的话沈先生可是听懂了，那是沈先生调到中国社会科学院两年后。有一天沈先生告诉我："夏先生刚刚走，他不高兴了，他来了就跟我说，沈先生你不够朋友！你挖走了王亚蓉，还要挖王㐨。说完就走了。"当时院里同意沈先生提出的调我和王㐨给他做助手，考古所是先把我调给了沈先生，王㐨算借调工作。他因工作关系，有许多不便之处，在王㐨的坚持下，隔了很长时间他才正式调进历史所。但实际上，王㐨也是在1978年跟沈先生一起工作的，耽搁调动只是因为夏先生舍不得放。不得不放时，才跑到老朋友那儿发两句牢骚。

沈先生几十年一贯倡导文物研究要为生产服务，从二十世纪五十年代他自己携故宫精美丝绸文物下江南给都锦生（杭州著名织锦厂家）

等织锦生产厂展讲，给中央美院、中央工艺美院学生讲课。亲自指导烧制建国瓷，指导景德镇的陶瓷设计，注重对青年人培养提携。沈先生八十寿辰时，中国社会科学院胡绳院长到他家中祝寿，进门就告诉他："沈先生，你还是我上北京大学的保人呢！""我不记得啦！"原来几十年前沈先生帮助过的共产党人，我们院长就是其一。

· 中国需要更多的沈从文

沈先生博闻强记，我们遇到困难向先生求教，他会指点你去查什么书，第几卷哪个章节，准没错！他超常的记忆和敏锐的观察力令人惊异。有一回沈先生带我们在历史博物馆看一幅皇家出行仪仗队画《大驾卤簿图》（图2-12），我们认真看了许久。这是个残卷还有二千多个人物，回来后沈先生问："你们看第七方队，前排人腰间佩的物件是什么？"白问！我们谁也答不出。于是沈先生为我们讲解第几方队头戴什么、手执什么，以及身上佩件是什么，一连串说了好多。王予一一记录，抽空去核对了，完全无误。我们不能说没认真看，可先生这种超凡的形象记忆是谁也比不了的！过目的那么多文物都印在他脑海里，我觉得在他脑中的文物准能不停地自己再排列组合，不然他怎么能开发出那么多耐人寻味的各式研究专题。

他赞同毛主席提倡的"古为今用"和"为人民服务"，并且几十年默默地身体力行，做着贡献。他说："中国服饰文化和各种服饰艺术太伟大了，现在的社会生活里好的东西，中国的元素越来越少了，十几亿人都着洋装，不对啊！"所以一方面他勉励能接触到的青年学

图2-12　宋代画作《大驾卤簿图》

真实地绘出皇帝前往南郊祭拜天地时，采用最高规格
的皇家仪仗——大驾卤簿仪仗队的盛况。

者、生产设计人员，要向传统学习，一面不停地在研究过程中，发现适合的参考资料，分发给他认为需要的生产设计单位。他无职无权，但是一直在为自己国家的兴旺尽力。他常说的一句话是："爱国不是嘴上说的，爱国是具体的，每个人都尽力努力，国家自然会好的。"他无限热爱自己的国家，忠于他的事业。

1982 年我参加发掘一个被沈先生誉为"丝绸宝库"的湖北江陵马山一号楚墓。新出土的锦绣文物彻底改写了过去学界的认知。过去学者们认为：战国的织锦和纹样以小几何纹为主，纺织技术程度远低于汉代。这次出土的丝绸纹样中有 181 厘米长的花纹单位，纹样设计恢宏瑰丽、奔放无羁，设计艺术可谓既抽象又具象。

· 沈先生提倡"古为今用"

在考古工作中不断出现的远古文物使我有时感到今不如昔的痛，也使我逐步理解沈先生为什么别无旁骛地提倡古为今用。于是，我以马山楚墓为标本开始致力于对楚服饰衣物的研究复织工作。从 1983 年到 1990 年终于完成了第一批的复原复织工作，这其中的辛酸与经验不便在此乱写。1985 年时试制品就得到了沈先生的具体指点与鼓励，告诉我服饰研究必须多方面努力做，才有实际意义，只印些书，纸上谈兵效果不大。我的这次成果，在 1991 年湖北江陵举办的第一次中国国际服饰研讨会上发表，获得很大的成功。其中复原复织的 N10 彩绣凤鸟纹锦衣，因绣工太细致、精美，整件衣服平铺在一块展板上放在地下，为了能看得更清楚，日本、韩国、中国台湾地区……那么多学者教授围着衣服跪了一圈观看，荆州博物馆的彭浩先生说："这真是五体投地。"真的，这些知名学者为中国古老的服饰文化而折服。

北京大学新建的赛柯勒博物馆开幕的时候，美国著名华裔学者张光直教授看了复织制品说："不错！你知道你开展的工作叫什么吗？""不知道！""这叫在服饰文化领域开展的实验考古学研究。实验考古学源于美国。美国人研究石器时，即选用与古人相同的材料，让现代人用古人的方法再做一次，然后用它去实践自身的各种功用，以得到实在的结论。过去那种推论性的研究有许多出入，用现代人的头脑和眼光去推断远古社会误差是难免的。你开展这项工作很重要，要坚持做下去。"

沈先生指引我走向传统学习的工作方法，即与实验考古学的方法相一致。他是中国服饰文化研究的奠基人。不少人搞不懂沈从文先生研究服饰文化从何时开始，他生在灵山秀水的凤凰古城，长在苗人花花朵朵的氛围中，潜移默化的影响加上他超凡的形象记忆和身历几个重大历史交叉时期的选择，这位大山里走出的湘西人凭着不屈的性格和拼搏奋斗，在新旧文学革命的洪流中留下那么多不朽的篇章。"被迫"改行后，又在新旧社会交叉的洪流中，十年如一日地在历史博物馆以展室说明员的身份，加速自己对古文物的方方面面学习和成长，通过几十年的努力，他又为自己和后人开创了物质文化史研究的新天地。若评述沈先生，除著名文学家的称号外，还应称作"文物历史学家"。历史学有依文献研究为主的历史学家，有依考古研究为主的文物历史学家，沈从文先生是以文物为基础，用文献及杂书笔记做比较的唯物法，加上他充满思索的文学家头脑和手笔来进行研究的，也应称为"形象历史学家"。这是我和李之檀先生在凤凰古城参加"沈从文先生百年诞辰国际学术研讨会"时，认为评价沈先生后半生的研究和贡献，这应是较准确的。来自十几个国家二百多名沈从文的研究者都只是研究他的文学著作，对于他所从事的近半个世纪的关于中国物质文化史的研究，需要更多的关注研究和继承，否则难称为"沈从文研究专家"。中国需要更多的沈从文，以及沿着他所开创的这条新路走下去的人。

（摘自王亚蓉先生《回忆沈先生》）

第三章

东周、战国出土的服饰纺织品文物

江西靖安东周大墓
——将中国纺织实物链的时间轴再次向前推进

东周靖安大墓位于江西靖安县水口乡李洲坳。这座大墓埋葬了四十七具棺木，距今约2500年的春秋中晚期的文物，具有重大的文物保护和历史价值，是迄今我国发现的时代最早、结构最为奇特、埋葬棺木最多的一坑多棺型墓葬。葬墓中出土了大量的文物，其中以纺织品文物的出土最具特色，出土的三百件纺织品文物织造精湛，是我国目前发现的最早的纺织品实物资料，特别是有经密高达240支每厘米的高级朱染织物，足可以改写我国的纺织织造史，开启了纺织文化研究的新篇章（图3-1）。

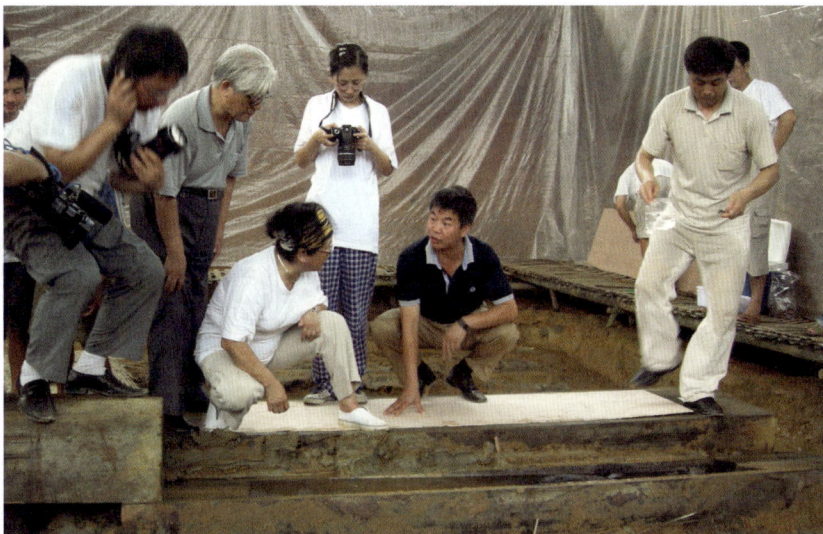

图3-1 挖掘现场

· 亲自见证了 2500 年前的织物实体

2007 年，我接受国家文物局专家组的建议，带队参加了后来被评为当年十大考古发现的"江西靖安东周大墓"的纺织品发掘保护。该墓葬是东周时期很特别的一个土坑竖穴墓，墓内一侧葬有紧密排列成三组的四十七具棺木，其中可鉴性别的人骨经人类学家朱虹教授鉴定均为女性，年龄从十五岁到二十五岁不等（图 3-2、图 3-3、图 3-4）。

这一墓葬对于纺织文化的实证积累意义极其重大，但其发掘保护的难度却更加让人生畏。因为丝织品文物属有机质蛋白类文物，极难保存。墓葬千千万万，可以说起始时座座均有丝织品衣物，但后来丝织文物得以保存稍好的却可能为千分之几。

丝织品文物因地层埋葬受到各种污染、微生物及尸身水化分解诸

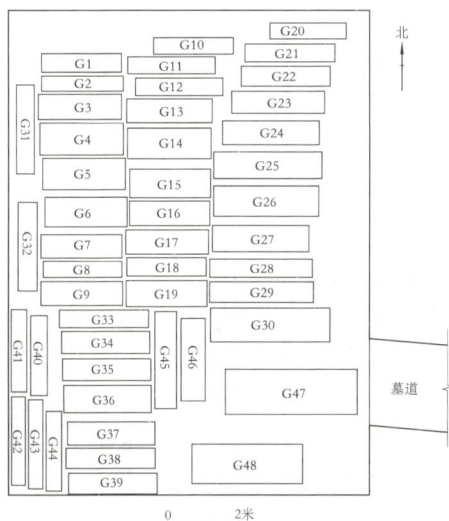

图3-2　墓葬底部木棺　　图3-3　墓葬底部木棺摆放状态
平面分布图　　　　　　　图3-4　位于墓道口处的主棺G29

侵蚀，出土丝织品的物理性和化学性都随着这些因素变化不定。多数墓葬中的织品因而褪色，不可碰触甚至粉化。靖安墓虽然年代久远，但因入葬时处置密封手段较好，且地理环境等因素的机缘，使我们得以见到这批大约 2500 年前的织物实体。它们是精美的，但最为可贵的是，它们将中国纺织实物链的时间轴再次向前推进了。处于南方高湿条件下的靖安墓，除却入葬处置的多种封闭手段之外，潮湿的地理环境使得每具棺木都浸满积水。这在一定程度上保护了丝织物少受微生物的侵蚀，但对发掘现场的起取保护工作却提出了极高的要求。依我要求，在墓葬旁建立了临时保护清理工作室。

第六号棺它虽然密封很严，但是毕竟2500多年了，也有非常多泥沙，大的沙砾有绿豆那么大，小的有小米那么大。这些纺织品泡了2500多年，非常非常糟，纺织品的分子之间连接的那些键都溶掉了，所以做起来非常难，绝对不能用手触。这是我四十多年来做的最难的一个墓。因为纺织品对紫外线和风沙都很忌讳，所以当时我们在墓地旁边借了一个非常大的粮库，用十台立式空调，把温度降到16-18摄氏度再进行清理。

靖安东周墓有两种装葬形式。一个是把尸体穿好以后用竹席包裹好放棺材里头；另外一个就是用丝织品方孔纱包裹。六号棺最后产出了像丝织品的东西，因为它不能拿走，现场就用做大棚的塑料布围了这么一个水池子。

如果直接倒水，丝织品就全都冲散了。所以我们在这个角上放了一块海绵，通过海绵把水慢慢地渗进去。大家都拿手拍水，就像超声波似的，把泥涤荡出来。一直换了六七十次水，水才变清。变清了以后，出现了颜色。它是四幅拼的一个裹尸布，每一个幅边都在，拼合的针脚也都在。这是这么多年，在棺内得到的最大的一件纺织品。

·两千多年前最早的织锦竟然是 240 支纱，今天都做不到

即便如此，仍需对每具棺木进行现场虹吸，去除多余棺液，起吊工作也十分小心。现场的工作繁杂忙碌，必须谨小慎微，任何一个环节处置不当，均有可能造成重大损失。现场的其他工作人员均无纺织品起取保护的经验，但仅以肉眼即可分辨的难度和脆弱易损状况，大

93

家都尤为谨慎。过程的忙碌不提，欣慰的是每天都有新的发现：清理六号棺时发现了黑红似漆器般的精美几何纹锦，它是该批出土文物中精度最好的一件。

当时粘在棺壁上，黑红色的，我以为是漆片，因为这群棺也出过。我用手一触，红的地方化了，漆片不可能化。后来用比较高倍的放大镜一看，它有织纹，而且是彩色几何纹的。我说可了不得，发现最早的织锦了。

我们在现场数密度，我所有的博士、硕士学生都上去了，每个人数一遍，最保守的数字，每厘米有240条经线，也就是说一毫米就有24根。其经线密度竟然达到每厘米240根，也就是说每毫米内要排列24根经线，这是何等的神奇！两千多年前的先民究竟如何将养蚕、缫丝、织造等各个环节都一丝不苟地完成，才能达到如此的精度！其技艺水平的高超不言而喻（图3-5、图3-6、图3-7、图3-8、图3-9、图3-10）。

有人问我，王老师，你有什么感觉？我说，我的感觉今不如昔。我就讲为什么，现在一般讲纺织品，100支纱就是很密的了，240根现在织不了。而且它是经线起花的，就叫经锦，现在经锦的织机已经没有了。2500多年前有这么高的工艺，我们实在想象不到。

接着北京大学的及时检测数据告诉我们，织物的材质是真丝与麻，红色的颜料是朱砂。在整理中则又发现了狩猎纹锦，找到了新的刺绣工艺，裹尸用的是四幅拼缝的方孔纱（长188厘米、宽150厘米）……后来经过几年的试织研究，我们把这三种织锦都做出来了，狩猎纹锦非常地薄。

图3-5　文保人员现场提取纺织品，在临时清洗池中，
手掌轻拍水，震荡出织品内泥浆。

　　这个墓葬的特别与谜题，与其纺织品出土的精湛一样耐人寻味：
那么多女孩同葬一墓，十几具尸骨成色独特，外表乌黑，内部翠绿，
且呈柱状晶体相簇相交之状，硬度极高，与空气接触后，十多分钟内
晶体迅速变成茶晶色，硬度不变……但是墓葬的发掘、保护是一项极
需耐烦的工作，能忍耐寂寞，不厌其烦，才能将文物尽可能较好地保
护和稳定下来。

　　靖安这四十七具棺材里，每一具都有随葬品。随葬品都放在一个
竹筒里，有方的有圆的，葬的都是特别精细的纺织工具。后来我们估
计这可能跟兵马俑一样，是个随葬墓，可能是一个纺织工坊整体随葬
了。因为这么多人，没有见一个首饰，可见这些人身份不高，绝对不
可能是一群妻妾。这些都是她们身上穿的衣服，就因为她们是织女，
所以可以自己奢侈一下。

图3-6　G30出土的方孔纱

图3-7　织锦出土状况

图3-8　清洗后的织锦

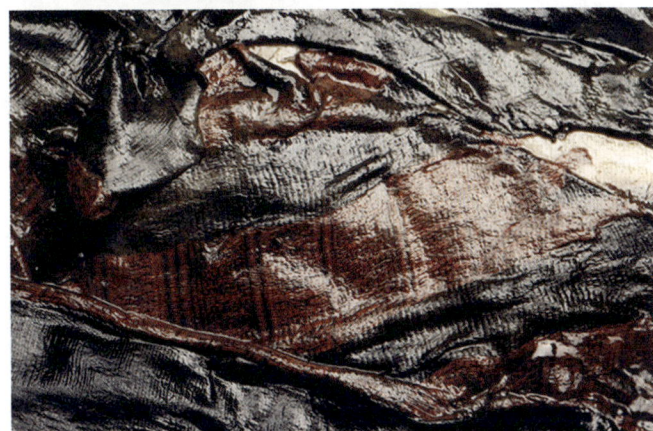

图3-9　G26出土的织锦

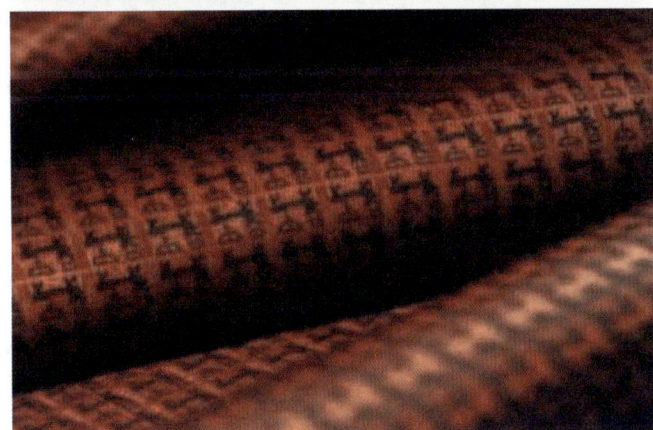

图3-10　狩猎文锦复织品

· 对纺织品的抢救保护工作的紧要性

保存和记录下这些原始信息是我们考古人的工作与责任，也是给更多的人得以了解和研究历史的凭借。

我从事了几十年的纺织考古专项实践，深切地感受到考古工作的责任与艰辛，百后难遇的纺织品现世是运气，能将发现的织品完好地保存下来，供亿万无法进入现场的人们去研究和学习，却是分外难得。有人会说，你们运气真好，有名气的纺织品文物好像都出自你们手中，可我却要说，纺织品文物的出土，其本身没有什么太大的不同，能够真正保留下来并让世人认知，它的价值才会显现出来。

以靖安的东周墓为例，虽然发掘保护的工作尚未结束，已经显现并被影像记录下来的一些信息就为研究提供了许多的实证。如墓葬中显示，这些东周女性穿着的长袍是右衽，在领缘、袖缘上有特别镶拼的刺绣缘边，两袖有很大的圆角袖胡……

靖安东周墓之所以能入选 2007 年的十大考古发现，其重要的原因就是这些目前最早的纺织品文物的大量发掘面世，这批丝织品品种繁多，技艺精湛。若沈先生还健在，他必欣喜于我们又打开了春秋时期丝织品宝库，可是有心人或许会问，为何这些文物的实物还未面世？事总要人为。王㐨先生与我所经历的墓葬或是保护工作从未敢有一丝懈怠，谨小慎微地争取得到最佳的成果。在外人看来，我们的手中未有失败的工作，我们经手的文物也确乎不断丰富着中国纺织文物的实物链条，看起来我们总算是幸运的。可实际上，不谈其他纺织品墓葬的得失，单就靖安这一处，我们虽尽心竭力不敢松懈现场文物的工作，但却让我眼睁睁地看着它可能会"被抹灭"，真是五内俱焚。

2009年，靖安东周墓第一阶段的抢救清理工作刚进尾声，最为重要的是对难以处置的纺织品文物进一步清理保护尚未正式开始，那么紧张的工作居然被硬性喊停了。我只得采取唯一可行的保护措施，对文物进行临时保存，总想着不能因为不让我工作而让文物有损。不曾想这个"临时"居然持续了近三年，期间没有进行研究，仅凭我当时在现场拍摄的图片做了些所谓的复制，真正的文物却被持续地"临时"搁置着。2011年，国家级考古、保护界专家现场会召开，认为仍然需完成最重要的五具棺木中纺织品文物的清理工作。再次报批的方案仍由我来完成，可棺木离开地下已有三年，没有了密闭的埋葬环境，未获及时抢救的脆弱衣物怎受得了这样的消磨？我认真了，耐烦了，有缘得见埋葬了两千多年的宝物，当时是那么的快乐与欣慰。已近古稀的我拼命侍候着它们，那么多年轻的双手陪着我一起不计寒暑、毫无保护地浸入清理尸身所需的2℃的水中，我们却只是感觉到幸福与责任。如今，我的自责与郁结比任何时候都要强烈，我想或许正是我还不够努力，还有那么多人对纺织品的抢救保护工作的紧要性与责任感一知半解，才导致了这个遗憾的发生。靖安的工作，我会带着学生们继续尽力去补救。同时，对于纺织考古的总结与整理，对于服饰文化的研究与拓展，我会更加地不遗余力。或许，大多数的人已经错过了与这批东周纺织品文物的"美"与"震撼"交流的机会，但我必将以自己所剩下的全部心力与时间去让下一个"靖安"得以保全，不让我切身所痛之事再有机会发生。曾经的我有信心让大家在展柜中看到文物的实证，现如今希望通过这些影像与大家共同经历祖先带给我们的震撼，也再次与大家共同警醒。"耐烦"与"认真"，不仅是沈从文先生、王㐨先生的品格，是他们对待工作的要求，同时也是从事任何工作与学习的必备精神。希望这些经验能让大家产生共鸣，为我们的文化保护与传承创造真正和谐、美好的未来。

湖北江陵马山一号楚墓出土的战国丝织品
——打开战国的丝绸宝藏

在相当长的历史时期里，中国古丝绸一直"存在"于文献古籍之中，仅仅只是在零星的考古发掘中闪现华丽高贵的身影。直到1982年，湖北荆州马山战国楚墓的横空出世，才让楚国丝绸的绝世风采穿越两千多年的历史烟尘，真实、灵动地全面展现在我们面前。马山一号楚墓中出土的丝织品，种类繁多、色彩斑斓，几乎涵盖了东周时期除了缎组织之外的全部中国丝织品类，是一座名副其实的战国丝绸宝库，也是我国考古史上对东周丝织品的一次最为集中的重大发现。

根据墓中文物可推断这个墓葬属于战国中晚期，距今约两千三百多年，因为荆州属于战国时期楚国王都——郢都的核心区，所以这个墓葬是一座地道的楚墓。墓中文物均体现了楚国当时的手工艺水平，尤其是楚国的丝织业，已经具有极高水平。其神秘诡谲的丝织品纹饰，体现了楚人重巫蛊、信鬼神的独特审美观，云气、凤鸟更是楚文化的典型符号，浪漫情怀下的布局，最能代表荆风楚韵（图3-11）。

·战国社会上层形成巨大的服饰奢侈消费：衣必文绣

中国的丝绸自古享誉世界，这不仅见诸古文献之记载，近几十年的考古发掘也不断为中国辉煌的古代服饰文化提供实证，研究和继承中国的服饰文化变得更迫切、更需要，也更有条件了。纸寿千年，绢寿八百，纺织考古"千年难遇一墓，千墓难得一衣"，能够保存下来的纺织文物都是极其珍贵的考古材料，江陵马山一号楚墓出土的众多丝织文物，为我们提供了认识和研究楚国服饰文化的重要实证，墓中出土的衣、袍，作为目前中国发现的最早的长袍实物，是中国传统女性服饰的最典型代表，其研究价值不可估量。遗憾的是，在后世出土的服饰中再无此类结构的袖裆结构发现。

春秋战国时期，经济各方面都在发生重大变革。以丝麻为原材料的纺织业生产空前繁荣起来，高级丝绸加工工艺技术的提高更是突飞猛进。社会上层已形成一个巨大的奢侈消费集团，衣必文绣自不待言，即使宫室狗马亦多有身披锦绣的。文献记述各国间的礼尚往来，以及为解决政治问题，使用美锦文绣耗资可观。战争请盟求和竟也使用大量的纺织刺绣的生产者——执针、织纴的工奴和"女工妾"作为贿赂（《左传》成公二年载，楚人伐鲁；《国语·晋语七》载，晋人伐郑）。社会各方面在这种风气下，高级丝绸的消费量急剧增长，促使这一时期官营、私营纺织刺绣生产的规模日益扩大，产品的精美新奇都达到了前所未有的水平。

这座墓葬在湖北省荆州江陵县马山公社砖瓦厂内，出土了一批珍

图3-11　马山一号出土的镜衣凤鸟花卉纹绣纹样

贵的战国中晚期（约公元前 340—前 278 年）纺织文物。

此墓共有袍、衣、裙、袴、衾等衣物三十五件，丝织品种包括绢、绨、纱、罗、绮、锦、丝、绦、编组、刺绣和针织等十一大类，在工艺技术和装饰艺术等方面都具有典型的代表性，堪称战国丝织文物之精华。墓主为女性，身长约 160 厘米，死亡年龄在 40—45 岁间。根据墓葬形制及随葬品等级，死者身份应该是士阶层中等级较高者。

·独特的殓衣次序和葬式：十三层衣衾包裹

墓主棺内大部分空间被衣衾和衣衾包裹充塞：衣衾分上下两层，单独置于衣衾包裹之上；整个衣衾包裹由十三层衣衾裹成，包括衾类四件，袍、衣、裙、袴类九件。除最外面四层衾、绵外，内面随葬的衣服均以半穿的形式裹在身上。

第五层 N8 深黄绢面绵袍、第六层 N9 龙凤虎纹绣单衣的衣领均与头端平齐，下摆冲向脚端，袍里向上平置于内层衣衾之下。包裹时先将两侧衣襟各向内对折，左侧衣襟覆于内层衣襟上，右侧衣襟盖于左侧衣襟上，两袖与衣身未缝合，分放于脚端、衣襟处。第七层 N10 凤鸟花卉纹绣浅黄绢面绵袍，领在脚端，两侧衣襟内折后，左襟左袖复盖于右襟右袖之上。此中殓衣次序依次往返至第十二层，第十三层为锦衣和单裙合成。衣衾包裹之内为穿着袍衣的墓主骨架，袍衣由外到内共穿着袍、衣、裙、袴等共五件，脚蹬土黄绦面麻鞋。

此墓的装殓方式还有两点值得关注：墓主双臂伸直置于腹部上方，并用组带于肘部捆系。双手的拇指和双脚拇指则被朱红色组带上下两

图3-12　墓主葬制中系结手足和手臂的组带样式

端的套扣分别系住，组带连系于腹部。《仪礼·士丧礼》记载："商祝掩，瑱，设幎目；乃屦，綦结于跗，连絇。"意为在掩、瑱、幎目等完成后，用组带将墓主的两足捆绕，并在足背处系结，防止两足外坼（图3-12）。

马王堆汉墓墓主的双臂用酱色丝带系结于腹部，丝带下方连结青丝履，系缚于足背。甘肃武威磨嘴子四十八号汉墓的两具尸体则用三道丝带分别从臂、手、小腿处捆系。尽管三个墓葬中捆系墓主身体的部位各有不同，与《仪礼》中的记载也略有出入，但其目的应都是为了固定墓主身体各部位的位置，确保殓葬、移动棺木的过程中尸身保持较好的仪态。

马山墓主两手掌中各握"握手"一个：用一条长25厘米、宽9

厘米夹层绢巾,中部裹上丝绵,卷成长条状,加以缝合。近中部的两侧处用一根组带系住,并从绢巾缝合处穿过。深棕色绢面,深黄色绢里,舞人动物纹锦缘。《释名·释丧制》有:"握,以物著尸手中,使握之也。"《仪礼·既夕礼》:"设握,里亲肤,系钩中指,结于掔。"马山楚墓墓主手握"握手",左手中指还套入握手上两端相连的组带中,与《仪礼》中记载的"系钩中指"一致。马王堆墓主则是双手握内盛香草的绣花绢面香囊,尺寸比马山墓中的握手小近一半。

· 用蚕丝织物祈求"破茧化蝶"

《荀子·礼论》:"丧礼者,以生者饰死者也,大象其生,以送其死也,故如死如生,如亡如存。"墓葬是思想意识指导下的产物,是封建宗法制度与丧葬礼仪制度的表现,墓地的形制与规模、随葬品的种类与数量充分体现了古人"敬天法祖"的思想意识。因对逝者有着"死者为大""事死如生"的观念,古人把逝者生前的生活物品随葬在棺墓中,保证其在另一个世界能继续享用。又因蚕结茧后会破茧化蝶,象征生命轮回不息,早期的贵族阶层用蚕丝织物将逝者包缚起来,祈求去世后能够裹以升天至极乐世界。这样的丧葬习俗使得当时的纺织品能够随墓主进入棺椁中从而保存至今,重现于世。丧葬制度加之亲人哀思厚葬,才使我们有机会目睹近三千年前的这批楚国衣装。也得益于棺木恰好埋藏在白膏泥底层内且密封得非常好,旁边的马山二号墓,因密封稍差,纺织物就荡然无存。

这也让我们有机会更直观地了解到先秦时期楚地贵族完备的衣衾

制度、独特的丧葬习俗、高超的丝织技艺水平，以及墓主人身份等级和地位。这座楚国贵族墓葬，其衣衾、饰物和敛葬方式在许多方面与周礼葬制有共通之处，与汉地儒家古文献的记载相吻合，但同时也保留了一些独特的地方性习俗，体现出战国楚地贵族墓葬独有的特色。

· 两千多年前的中国"毕加索"设计

1988 年，我和王㐨先生在伦敦整理、拍摄大英博物馆馆藏的手书文献，这是斯坦因一百多年前从敦煌藏经洞带回的写经，背面的唐诗、医方、地亩册等反映了唐代各种社会生活。在这一年的工作中，应英方邀请在剑桥、牛津、伦敦等大学和博物馆做了多场关于中国纺织考古的现场发掘与研究内容的讲座。

有一次，我在博物馆详细介绍了荆州马山楚墓出土的楚国衣式与纹样时说，有两条 S 形的龙凤相对，凤嘴衔着龙的尾巴，龙好像在扭曲挣扎。而且在这批纹样里，所有的纹样都是凤占上风，不是凤咬着龙尾就是脚踩着龙。

下图的领子方块里是一驾马车，还有车厢、车轮，前边是奔马。穿蓝衣服的是驭手，赶车的，黄衣服的正在搭弓射箭，后边还插着旌旗（图 3-13a）。

菱形里面，一个大兽中箭倒地还在回头张望，这边奔跑一只鹿。下面这个几何纹的菱形里面，一个人拧着身子，右手持长箭，左手拿着一个盾牌跟老虎在拼搏。另一个菱形里边，一个人跪在地下，右手拿着个匕首跟豹子在搏斗，旁边还有一条小猎狗（图 3-13b）。

图3-13a　荆州马山楚墓出土的衣物领子纹样

图3-13b

　　在6.8厘米宽17厘米长的一个单位上，把古代贵族们上林苑搏虎豹狩猎的场景给表现出来了。这个副领，一个绣工要绣七个多月。当时沈先生说，讲古代帝王奢靡用了很多形容词，你不如就举这么一个例子。

　　英国维多利亚和阿尔伯特博物馆（V&A）的丝绸与服饰研究专

家维里蒂·威尔逊（Verity Wilson）教授感慨道："看到这么多优雅神秘的纹样，这是中国两千多年前的毕加索设计的，尤其是两千多年前的中国人就应用平面的剪裁，做出了立裁的效果，很了不起……"当我从外国专家口中听到这样的肯定，作为纺织考古人，我非常激动，也为我们中国的服饰文化感到骄傲！

中国古代服饰款式（形制）

·上衣下裳或衣裳连属 —— 深衣制

中国古代服装款式从剪裁方式上可以分为"上衣下裳"和"衣裳连属"两种形制。郑玄《礼记》有："深衣，连衣裳而纯之以采者。"孔颖达疏："以余服则上衣下裳不相连，此深衣衣裳相连，被体深邃，故谓之深衣。"作为衣裳连属成衣的服装形制，深衣产生于周代以前，是对中国传统上衣下裳服饰形制的革新。

N10绵袍及同墓出土其他衣、袍在裁剪时，把上衣与下裳分开来裁，在腰线处缝合为一体，与中国上古深衣形制"连衣裳而纯之以采者"的结构相一致，而且不同幅、不通缝，以示尊重祖宗的法度。且在领、袖、襟、底摆等衣缘均用刺绣、织锦饰边，证明古代文献中"衣作绣锦为缘"制度的真实性。但在服装的具体形制、尺寸上，马山墓中出土衣袍大多掩足被土，交领直裾，"深衣三袪，缝齐倍要"。因此虽然在形制上保留了上古深衣服饰文化的核心内容，以示尊祖承古，但对具体结构又进行了改良和发展，使其更适合当世当地

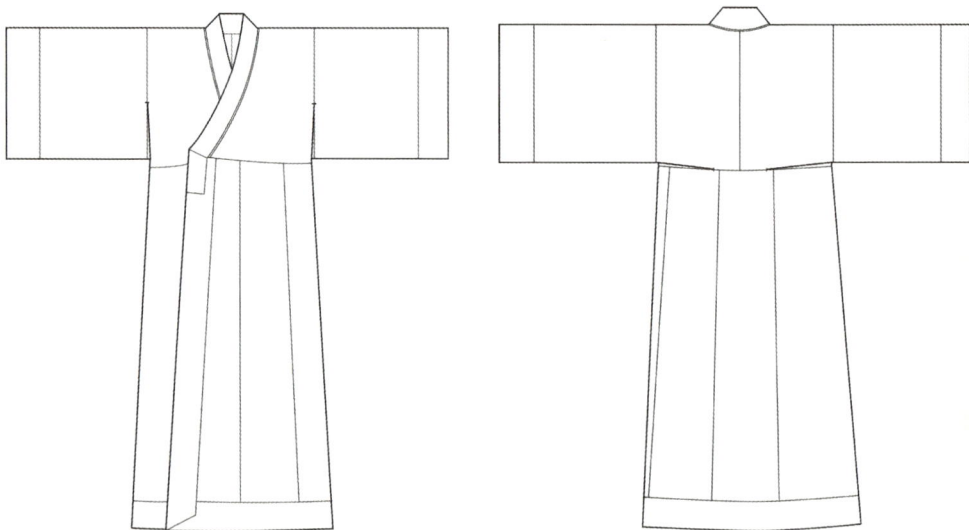

图3-14　N10绵衣裁剪图正、背面

的着装礼俗（图3-14）。

　　过去多认为中国衣裳的剪裁方式，只有传统的平面剪裁。平片的裁，平片的缝，宽博舒适，但穿着时，肩腋前后多折，不甚附体。而战国楚墓出土衣服却是平面剪裁产生立体效果的较早例证，也就是平面中国式的剪裁、平面拼缝表现出立裁效果。关于腋下嵌片的具体称谓，前辈学者多有研究。如沈从文先生认为此腋下的嵌片是《礼记·玉藻》等古文献深衣制度中提到的"衽"，即汉代人所谓的"小要（腰）"。

　　服装的表现形态包括服装裁剪缝制完成后的二维形态，以及人体穿着后展现的三维形态。西方服饰造型手法强调对人体的彰显与塑形，将服装按照复杂的人体结构需求分解成若干个不规则的布片，通过布片的组合来塑造理想的服装造型，欧洲十三世纪已经有了通过插片使衣袖立体化的造型手段。

中国则与西方截然不同，几千年来，中国传统服饰造型手法一直坚持着"完整性"的思考原则，衣片平铺时通过衣身"水平的通肩袖线"和"垂直的前后中线"相交，形成经典的"十字形平面结构"。但这个结构并非完全是二维的，马山楚墓出土衣袍一律作交领、右衽、直裾、上衣下裳连成一体的深衣制。"衣作绣，锦为缘"，马山楚墓这种衣裳平面加嵌的改变衣衫穿着形态的模式，平铺时完全平整的衣裳设计状态，比欧洲早了近一千五百年左右。表达中国服饰动态相对平服，仪态端庄的仪礼之大美。

对马山楚墓的丝绸衣物的实践复织研究

·实验复织研究的几种形式

复制品的通常概念是依照文物原件制作一件外观与之相同的、可供展览陈列的替代品，但这是一般的复制品。从实际经验来看，复制品主要有以下几种形式：

1. 早期文物"现状的复制"品：即按文物出土后看到的样子，质感、色调、纹饰、残缺形状以及文物久经埋藏的历史风貌特征，着意如实表现，做得水平高的可以乱真。选用的复制材料与工艺，可以与文物一致也可以不同，重在追求表面酷似。例如：用石膏翻模复制铜、骨、陶器，用涂料仿作表面色泽。复制突出的重点是造型、尺寸、纹饰、色调外观与原件一样。这种复制品是展览、观察的普通替代品，因直接取模于文物本体，也具有一定的科研价值。

2. 文物现状与复原相结合的复制品：这种复制品不是折中，也不是各一半，而是侧重现状或文物原貌的复制方法，复制时要照顾到文物现状与原貌的协调性。

3. 文物的实验考古学方法研究——纺织品文物的"复原复织品"：这是一种有实物依据及可信的文献资料，经过研究恢复文物的造型、纹饰、色彩、结构，并使之完整化，再现文物历史原貌的研究复织方法。这种研究方法是我们对出土纺织文物的实际形态、工艺技术及生产力水平、美学价值和历史地位有更深入的研究后再现纺织文物原始形态的方法。"复原复织"的基本要素，是精准选用与文物相同的材料，还要应用当时古人的工艺方法、掌握纺织文物的各种质料和参数织作条件进行复织成品。"复原复织"是以综合研究和科学实验为基础，恢复文物本来面貌、质量与工艺技术的研究成果。

为了对战国服饰的研究工作有一些切合实际的认知，在对文物进行直观分析之后，我们选择了马山楚墓的几件实物标本，试做"复原复织"实验研究，作为具体研究的一种形式来探索古代的各种加工工艺，以期再现楚国服饰的历史原貌。通过对文物的探索研究,有依据的，最接近实物本来感观效果体现衣物原有的华贵壮美，以及染、织、绣的技艺水平重新表现出来。我认为这是研究古代服饰织造、设计、剪裁等最好的科研手段。

· 复原研究 N7 : 对龙对凤纹绣衾（大被）

绣衾长 220 厘米，宽 207 厘米，衾上缘正中有一个深 20 厘米、

霓裳

和我们的
纺织考古之路

人民文学

尤人文

大国

出版社

霓
裳

和
我
们
的
纺
织
考
古
之
路

人民文学

宽 40 厘米的方形凹口。上缘"被识"为彩条纹绮，衾背面三边镶有飞凤纹绣饰，衾面由五幅刺绣对龙对凤纹匹料拼缝而成（图 3-15、图 3-16）。

衾被原件现在保留下来的色彩感觉较少、较灰暗，经过两千多年地下埋藏及棺内液体的浸溶，色彩褪变很多，但某些局部叠压部位或反面，仍保有部分较鲜亮的残存色彩。这次的复原件就是依照当年我们参加马山墓发掘时，对刚刚出土的织物保存较鲜亮部位的颜色，现场观察寻找用色规律，摹绘色标所记录的色彩复原的。共有六种颜色：深蓝、天青、绛紫、金黄、深黄、牙白。刺绣工艺为锁绣针法，刺绣技法上原件能较明显地分辨出是由多人刺绣而成，刺绣针码的大小、宽窄及纹线的处理手法略不相同，共性中表现出个性，复原时按最典型工艺做了统一规定，每 1 厘米绣 8 针，每个锁绣圈套 1.25 毫米，宽 0.7 毫米（图 3-17、图 3-18）。

因当地气候大环境应为多雨潮湿的，衾被为保暖养生而特别设计的被头形制。即被头正中设凹口，这种形制比现代长方形被型能更好地保暖肩部。其形制于先秦文献中未见记载，沈从文先生曾撰文介绍江陵楚墓丝绸，指出此被或即稍后文献中所说"鸳衾"。

被面刺绣纹样为串枝对龙对凤纹，不仅刺绣工艺精湛，纹样单位之大也是出土丝绸文物纹饰中前所未有的。图案设色重对比，通体以冷色调为主，典雅抒情。一个花纹单位是由四对凤，三对龙纹构成，左右对称，花纹纵向以植物枝蔓作串连，上部轴线处用个三角形花纹合总牵串两列龙凤，形成一个 181 厘米长的大单位纹样。图案设计及

113

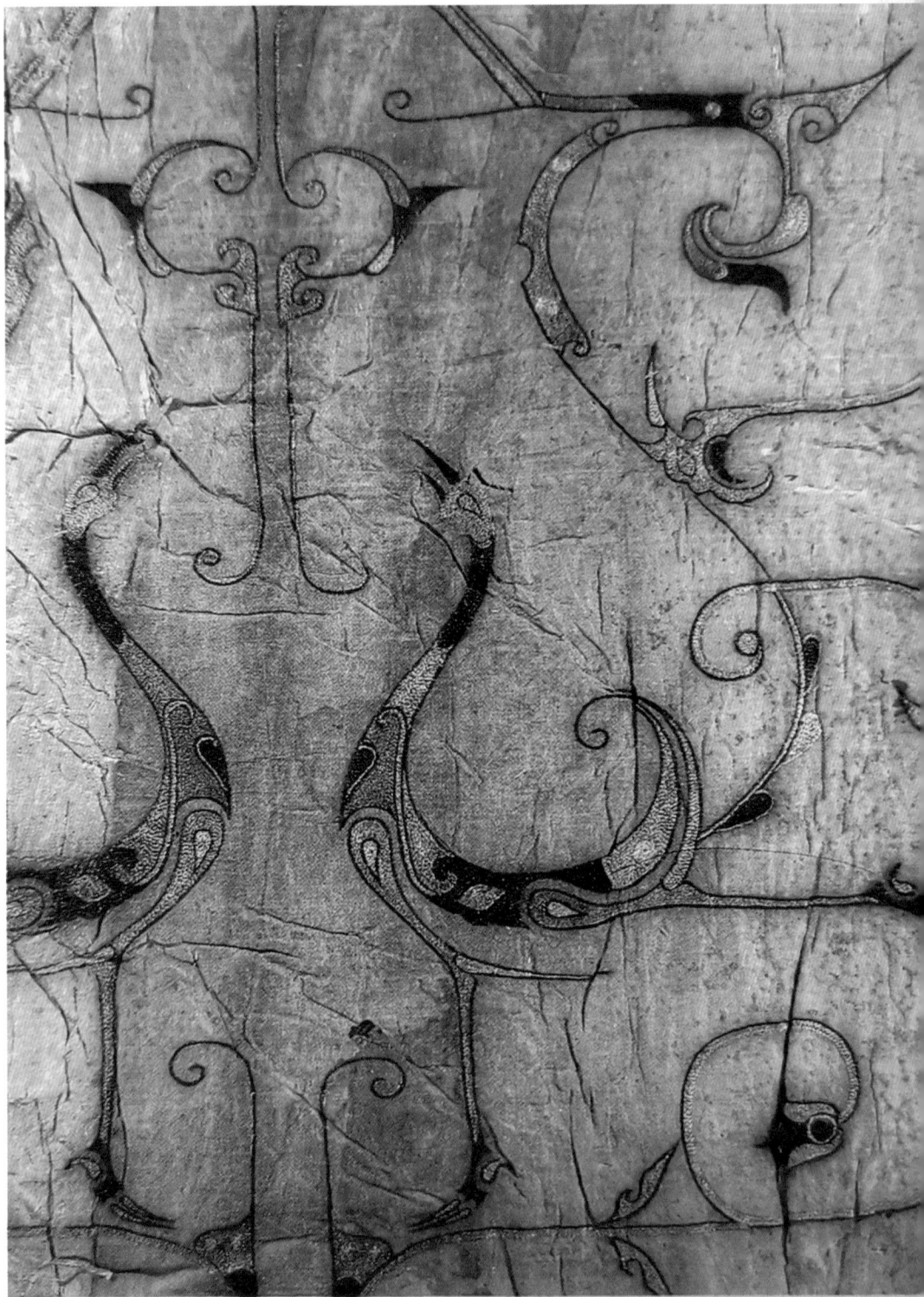

图3-15　N7（面）对龙对凤纹绣　凤鸟纹（局部）

0 ___5厘米

图3-16 N7（面）对龙对凤纹绣纹样线图

图3-17　N7（内缘）飞凤纹绣（局部）

图3-18　N7（内缘）飞凤纹绣纹样线图

设色水平极高，凤与龙的造形既写实又抽象。其中一对龙凤纹仅各有一足一尾，由一线相牵与一凤体相连，而另一对凤，则只有一羽一爪，以中腰一线与上部龙纹合身。此外龙身凤距，凤身而龙爪的例子也可互见，艺术构想大胆而充满幻想，情韵绵密，格律谨严。

· 复原研究 N10：凤鸟花卉纹绣绵衣

这是马山一号楚墓内棺出土的第十件彩绣绵衣，绵衣两袖平直，袖展 158 厘米，身长 165 厘米。上衣正裁四片，"下裳"由九片拼缝，襟、摆锦缘宽 9 厘米。这件绣衣，乃此墓绣衣中最为精绝的一件，每厘米绣有 10 个锁绣圈套，每个圈套长 1 毫米，丝纹挺括利落，精美无比。绣纹为正面鸟像，两翅平开直身而立作起舞状，头上冠羽有如华盖，两侧垂悬如流苏，神秘庄严使人联想到古代盛饰的女巫。两翅上曲部分复作两鸟头形状，其一更生出花枝向上漫卷至顶反倒垂挂下长长的三穗花串，似战国组缨陆离玉佩之状。呈现出楚文化纹饰设计与设色的神秘情趣魅力（图 3-19、图 3-20、图 3-21、图 3-22）。

· 彩绣田猎纹饰带

这件绵衣，衣缘为特别织造的马山楚墓 C 形大菱纹锦。绵衣领缘内外均附有钉缝在上面的纹饰精美的绘制的窄带，类似现今的护领或男士们使用的各色领带。这件衣服或是一种礼服类服饰，但内外均为简单稀疏的钉固，针距在 4—5 毫米，大约当时楚人也要应时节随时更换。

衣领上的这种窄带，马山楚墓出土有四种，以 N10 衣领外侧钉附的饰带最精美。

在方寸之地做出一幅楚贵族田猎场面，工艺之精湛不可想象，仅用绛、黄、蓝、棕四色便造成如此富丽效果，尤以翠蓝色为最漂亮。复制这条领，绣工难在针法非常细密，耗用工时数量惊人。

1. 先用合股丝线平织一带，织造密度平均为每平方厘米经线 32.6 根，纬线 18 根。带宽 6.8 厘米，共排列经线 222 根。

2. 织带完成，将其染成深褐色，再按意匠图纹饰绕经线纬向纳绣花纹。这种绣法表面看非常像纬线显花的织锦，但比纬锦花纹遮盖力强，纹线纯净鲜明。由于在带上满地做绣，过去我们误认为是一种特殊的"绕经纬花织锦"，直到最近研究复织 N10 绣衣需织造这条领带结花本时，一接触实践才发现，这种所谓"绕经纬花织锦"是绝难在织机上提花织造的。反转而探求其他方法，实践证明它是一种特别的刺绣技法——绕经纳绣针法的作品。刺绣时，采用这种纳绣工艺，要求绣工有极好的眼力，数着布丝一针不错地绣，一个单位纹样大约要绣 30 个工作日。完成这一条绣领则需大半年时间，不说设计者的智巧和艺术价值，仅劳动量就令人惊骇。

3. 就绣带外观而言，它酷似织锦，胜似织锦，但到底不是织锦。如果这种刺绣工艺要有一个命名，可称为"纳缕绣"或"纳锦绣"。王充《论衡·程材篇》提到"纳缕之工，不能织锦"。这段文字应是刺绣与织锦的比较，可以作为命名的参证（图 3-23、图 3-24、图 3-25、图 3-26）。

图3-19　N10凤鸟花卉纹绣浅黄绢面绵衣出土状态

图 3-20　N10 凤鸟花卉纹绣浅黄绢面绵衣正面闭合双展袖（复织绵衣）

图3-21　N10 凤鸟花卉纹绣纹样（局部）

0 ├──────┤ 10厘米

图3-22　N10凤鸟花卉纹绣纹样线图（局部）

图3-23　N10（领子）龙凤纹绦之一

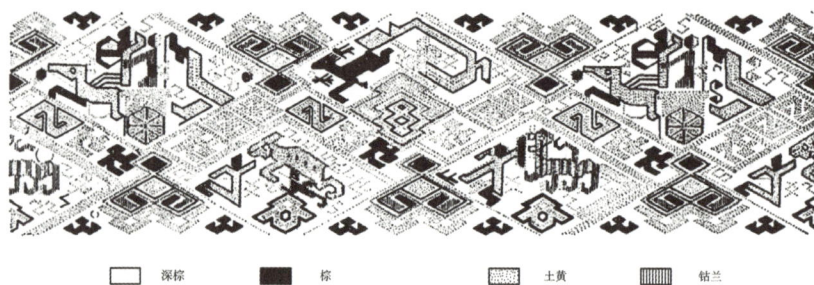

	深棕		棕		土黄		钴兰

图3-24　N10 纬线起花花绦纹样

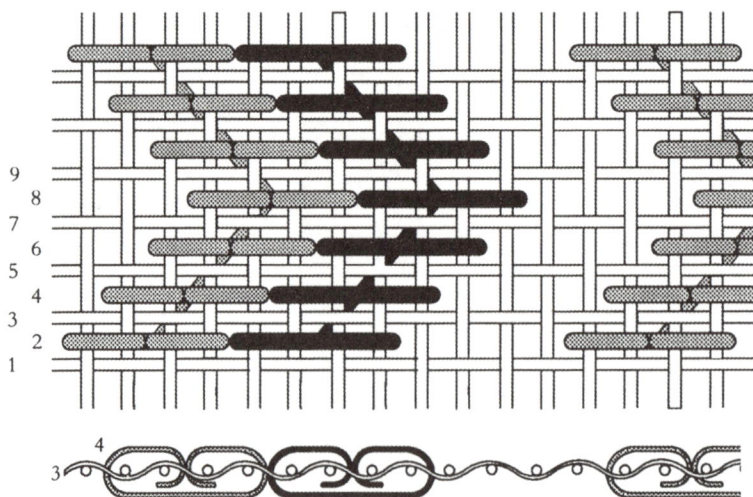

图3-25　N10 纬线起花花绦的组织结构图B型

图3-26　N10（领子）龙凤纹绦复织图正、背面

·复原研究 N9：龙凤虎纹绣单衣

这件虎纹绣单衣是尸身包裹的第六层（即九道带子以内从外到内的第六层）总编号为N9，出土时衣身、衣袖分别放置在尸身上，未缝制成衣，现复原件依N13形制完成，原绣地四绞素罗用绢料代替，因为织罗的技术已经失传，只能选用替代品。

绣衣两袖平直，袖展274厘米，身长175厘米，长袖敛口，"下裳"五片拼缝，襟缘宽12厘米，领缘宽4厘米。

绣纹为一只旋转飞舞的凤凰，双翅、爪尾下各压着两条扭摆挣扎的龙和一只引颈怒吼的虎，又抽象又神肖地勾画出一组凤虎龙相搏场面，整件绣衣由76组纹饰组成，高雅壮美。特别是图案中两两相对的虎，周身由朱墨二色绣作旋转条纹，斑斓彪炳威猛而秀美，可说是虎虎生风的一件杰作。

图案单位纹样不大，以一凤二龙一虎组成一方形图案单位，仅金钟花形凤冠突破方形甩出搭压在别个单位的虎尾上，成了图案间相互

图3-27 N9单衣龙凤虎纹绣纹样复织图

图3-28   N9单衣龙凤虎纹绣纹样线图

图3-29　N9单衣龙凤虎纹绣出土状况

图3-30　N9单衣龙凤虎纹绣（局部）

嵌合勾连的纽带。凤鸟两翼一字张开，压在方形图案单位的对角线上，这是很巧妙的设计。花纹单位左右反转，上下平移，整个图案布局又为之一变，由凤展翅造成的大斜线，把图案拼联出一个大菱形联合单位纹样，两虎并立其间，平添无限生机（图3-27、图3-28、图3-29、图3-30）。

· 复原研究 N2：龙凤大花纹彩绣衾

N2绣衾原件是由刺绣匹料零头拼缀成被面的（绣衾由二十五片零绣料拼成），故花纹不完整，但色彩保存较好，辉煌壮丽的艺术效果仍然光芒四溢，不可掩蔽。首先摹绘拼对复原了纹样和色彩。再彩绣复制出匹料的原貌，更见出设计布局的大派和雄浑气势。

纹样以龙凤为主题，左右对称，但设色两边相反。以花纹密集形式构成长方形块面，形成一个轴对称的大花纹单位，高78厘米、宽45厘米。在对称轴一侧花纹展示一大龙居上，体态状如游蛇，盘曲呈"弓"形。龙巨口细尾，张牙舞爪，上颚夸张地向前伸展，头上有冠角，身长达96厘米，其间攀附一条小凤，卷首回身与之呼应。下部为一只长冠曲颈修身卷尾的大凤，作凌空飞逐之状。翼下则一妖媚幼龙依傍相随，凤喙衔着龙尾，龙作扭曲挣扎状，如此一幅情景，使画面充满生命的活力，洋溢着世情味和戏剧性。其中寓意跟后世"龙凤呈祥"帝后象征一类可能不相干（图3-31、图3-32、图3-33、图3-34）。

纹样的中上部骑轴线设一花树，花树上端两龙首相拱处，嵌个鲜明金黄涡轮纹，若这是代表太阳，花纹设意或与《山海经》中所说："九日居下枝，一日居上枝"的扶桑树故事相关联。图案原件可分辨色彩

图3-31　N2（面）蟠龙飞凤纹绣和舞凤逐龙纹绣出土全衣

图3-32　N2（面）蟠龙飞凤纹绣和舞凤逐龙纹绣（局部）

六七种之多，古代在染色工艺上必相当考究，至今仍显得深沉、明快，旧里透新合色关系极佳。

复原马山墓两件绣衣，并对同出的各式衣物的研究，使我们有机会对战国服饰的设计、剪裁及印染织绣装饰技艺获得了一些新的认识。我想就染色工艺和设计剪裁结构两个方面发表些粗浅看法。

这次丝绸文物的复原研究工作中，N10 田猎纹纳绣饰带的绣花线都是用植物染料染色的。N9 虎纹的朱红绣线是用矿物颜料朱砂着色的。王㐨先生 1973 年以来在这方面进行了多种实验，解决了朱砂染色的技术难题，并首先应用到这次马山楚墓复原复制刺绣品中。矿物朱砂染色是一种特殊着色方式，采用天然卵黄乳化剂与黏合剂——熟桐油混调，再加研磨得极细的朱砂颜料制成色浆，以揉染法着色。用朱砂量之大也超出一般人的想象，丝绸与朱砂大致的重量比例为 1:1。即一公斤丝绸得使用一公斤朱砂着染，甚至高饱和的涂染着色可达 1:3。工艺流程时间也是比较长的。其他色彩，以田猎纹绣领为例：丝带本身先经铁媒染处理，再用黄花松树皮和苏木液套染，"钴蓝"为青黛染成，"黄"为栀子染色，"棕"为黄花松树皮染色，是用不同的媒染法、不同的浸染次数染得的。

图3-33　N2 蟠龙飞凤纹绣（对龙对凤绣纹样）色彩复原图

图3-34 N2 蟠龙飞凤纹绣（对龙对凤纹绣纹样）线图

第四章

汉代出土的服饰纺织品文物

长沙马王堆一号汉墓出土的丝织品
——跨越两千年的见面

"北有兵马俑，南有马王堆"，被称为新中国建国以来纺织文物里程碑式考古发现的马王堆一号西汉墓，是二十世纪惊动世界的重大考古发现。因为在这里不仅出土了一具两千年前的女尸，更为重要的是出土了三千多件珍贵文物，这些文物生动具体地揭示了汉代"文景之治"时期政治、经济、科学、军事、文化艺术等方面的发展水平，马王堆文化成为西汉文明的形象缩影。

在马王堆发掘的珍稀文物中，有帛画帛图九幅，而那幅被称为"卦象图"的帛画，到目前为止还没人破译出它的真正内涵。在马王堆三号墓出土的十二万字帛书，

图4-1　这是最著名的素纱襌衣。这么一件长衣服，领缘和袖缘是起绒圈锦，身子是素纱。这素纱轻薄到什么程度？四层摞在一起可以透出报纸的文字。尤其它的重量是惊世的，当时一共出了两件，一件48克，另外一件49克，都不到一两，当时在世界上非常轰动。

是继汉代发现的孔府壁中书、晋代发现的汲冢竹书、清末发现的敦煌经卷之后的又一次重大古文献发现，对中国文献学和中国学术史的研究具有极重要的价值和意义（图4-1）。

· 参与发掘马王堆汉墓

1972年湖南长沙马王堆发现了一座西汉古墓（西汉初期，公元前202—前141年）。当地要求上级部门派人去，当时许多考古学家都在湖北五七干校，不能回来。我因为正留在北京做阿尔巴尼亚羊皮书的修复工作，所以，很幸运得到这个机会，被国家文物局和考古所派到长沙。当时一共去了两个人，就是我和搭档白荣金同志。

白荣金大刀阔斧，敢想敢干，有时是粗略一点；我则有点太细太拘限。两个人配合起来，一个急性子，一个慢性子，倒是可各自发挥所长。他弥补我犹豫的短处，我补充他不足的地方。马王堆是我第一次主持考古挖掘工作，因为当时我是技术室副主任，算是领导。白荣金是我专业上的老师，但我又是他职级上的领导，他也挺尊重我。实际上我是被迫上来主持这项工作的，因为那么多专家都不在北京。

· 拍照留住历史原貌

1972年4月14日，我们到达长沙，当地工作人员开始拆椁板，让我们看棺椁里的情况。先打开北面那几块盖板，露出一个边箱（就是棺材四周四个放随葬品的木槽子），里边放了很多随葬品，简直和汉代送葬的场面一样，原封不动地摆在里面。后来我们得知中国的文献非常可信，按文献记载一比对，确认这就是按汉代丧葬制度随葬的，表现得非常具体。因此，儒家这一套规矩是很可信的，有些东西单看文字不好理解，但是看到实物就明白了。

当时我是第一次正式参加清理一个墓，我按照《考古学基础》（由裴文中、夏鼐等老一辈考古学专家编写的教材）的指导，认真地清理。一层一层地拍照，总平面图我非要拍抓到最好。考古一定要发表总平面图，就是刚打开墓时看到的样貌。如果这个整体的原貌你不报道，别人将来永远看不到，那就是我的失职，对不起祖先，也对不起当代和后代。

当时博物馆也没有条件，我为了把原貌拍照好，就请了外单位图片社的人，他们有好的德国 Linhof（林哈夫）相机。我把相机架在墓顶上，一层一层地拍摄，拍到墓底为止，同时也会用小相机下去照一些局部。

· 分层提取棺液

接受这项工作时，他们便通知我说气体样已经采不到了，开馆后，我对棺内水样各种黏稠的液体结晶都取了标本。

现场采的标本都是有用的，比如毛发，我很快把它们包上，取下来保护。因为兴趣使然，我对杂一点的知识，像冶金、医学、陶瓷、丝绸、漆工业都懂一点，哪怕是自己做不了的工作，也知道应该送到哪个领域去做检测。我做阿尔巴尼亚羊皮《圣经》的时候，跟全国七八十个单位打过交道，对科技的情报比较灵、比较准，关系也比较密切，知道每个化验室都在进行什么工作，哪些黏合剂在进行实验，哪些能成功，哪些会失败。

我知道一些专业知识，比如硒不能装到玻璃瓶里，要装到塑料瓶里，不然就会附着到玻璃瓶上，不容易再化验出来，氟这一类也是这样。所以我分别装了许多棺液。分层取得的棺液，一式两份，一份交出去分析，一份自己保存着，将来也许需要作对照。因为我消毒非常严格，封闭得也好，这些液体到现在都没有发霉。这都是修复阿尔巴尼亚羊皮书时得到的知识。

在发掘过程中出土的水果、鸡、鸭、鱼比较多。特别是水果，种类繁多，有杨梅、藕，成箱的梅子、李子。根据这些随葬的东西，我首先考虑这是不是女性的墓。

· 外行毁文物

挖这个墓时，有一位领导权力相当大，但却是个外行。他说："挖了这么多天，老王，我们花了这么多钱，没有出金子、银子、铜器、镜子、衣服，净是箱子、漆器这些东西。"我也不好跟他解释。

拆墓中棺椁时，椁中一共有四层棺，开到第三层的时候，发现了一幅帛画扣放在上面。那天夜里我就跟这位领导说："我给你道喜，你花两万块钱挖这个墓，就算什么也没有挖到，得了这张画，就是无价之宝，这是最大的一张帛画。过去我们知道那个汉帛画，只有不足一平方米，这个有 2 米多高，很宽的一幅（图 4 -2、图 4 -3），不得了。"

图4-2 长沙马王堆一号汉墓出土的帛画（湖南省博物馆藏），
包含许多故事，分天上、人间、地下三个部分。

图4-3　湖南长沙马王堆一号汉墓帛画中部墓主人及侍从像

　　现场我们说好了，一张画扣在棺上，反面朝上，谁也不要急着看，免得弄坏了它，把它完整地取回去再想办法。我们根据大小，做了盒子，用竹帘的棍慢慢地把它卷进去，再衬上塑料，完整地把它抬回（博物馆）去。结果回去之后，一个搞美术的忍不住给翻过来看，有些地方就破碎了。墓里还有放在箅子里的杨梅，打开来看还是紫红色的，再拿出来看已经变成深紫色的了。当时我们没有彩色胶片，无法记录色彩，看了看表，仅十七秒，它就从紫红色又变成黑色了。我赶快把它封起来，并嘱咐：不动它，不倒水，回家也别动，去找彩色胶片来拍照。结果回去后这个领导就让他下面的人给倒出来洗了，结果光剩下一堆杨梅核。不懂业务真是太可怕了。

·三小时取完白膏泥

有一个副馆长叫侯良，原是戏剧学院的书记，也是一个河南红旗渠的老干部。这个人了不起，他善于学习，各种会议都参加，听各方面的意见。他本来不懂一些考古的问题，后来变成内行人，到中国历史博物馆做报告，受到好多专家夸奖，他后来也成了专家，写了不少文章。

侯良就是湖南方面派来亲自主持领导这次发掘工作的。他全身心投入，当时还患有肝炎，带着病日夜不停地工作。我们做完部分工作后，就提出要拆掉椁板，把内部的棺材吊出去。这个椁的四面有60多厘米厚的白膏泥，椁板有3—4米长，宽也有2米多，可以说一车多的白膏泥。从12米深坑里，要把白膏泥拿出去，四边只有20—30厘米宽的一个泥巴台子做成的梯子，困难是相当大的。

我们想先去休息，请他们揭取白膏泥，取完了，我们好工作。问他要多少时间清理。我想总得要七八个小时吧，他告诉我三个小时就可以弄出。我夜里12点醒了，起来一看，哎呀，他带领二十几个女孩子运出白膏泥，满身满脸都是泥浆，头顶着装有白膏泥的筐，就是用了三个小时，把白膏泥给用头顶出去了。这让我很感动，我去叫摄像人员赶快来拍这个历史镜头。他说这个对劳动人民形象不好。受时代影响，他不敢拍，怕拍了侮辱劳动人民。我说我们自己留着也好，不往外放。他仍然没有拍，很可惜。那种奉献精神真是了不得。我们要用这种精神工作，我想什么都能做得到。

· 摇头拔杆吊椁板

清完白膏泥后，我们开始往外吊椁板。不能用起重机来吊，起重机本身的重量压在那 12 米深墓坑角上会导致塌方的。我们就用土法，用摇头拔杆，吊一个杆子用人来手摇钢丝绳吊板，请汽车厂的吊装工人连夜用手摇。有一天，八个人都打瞌睡，机轮磕趴（就是走一个齿轮把它卡住那块东西）忽然跳起来了，椁板从 12 米的高空落到 8 米才刹住，就在我们头顶上，再往下一点，我们就成了泥。

我直扬着头看那椁板掉下来，忘记自己在想什么，大概都手足无措了。当时只有我和白荣金在地下清理最后的痕迹，等到我们两个人把椁板吊上去，要出去的时候，一个墓坑角因为没有东西支持，长时间受土方堆在上面的压力，就滑下来塌方了。

· 细说千年女尸出土

4 月 28、29 日，马王堆发掘出来的棺材，就调到长沙的博物馆去了，我们想在室内做修复工作。墓葬内东西保护得这么好，我们估计会挖掘出尸体，所以预先要了五吨冰，冰着棺材。当时，我们已经几天几夜没睡，想先休息一下，第二天醒来再工作，但是，到 10 点多，我们就被人唤醒，汽车来了，接我们到博物馆去，说首长们决定今天必须打开棺材，要看一下情况。

因为听说这里面有可能有人，他们要看看千年前的棺材里面是不是真有人，这个所谓"总理夫人"是不是个漂亮的女子？这下可打乱了我们的安排,我压力非常大。因为我认为棺材内的丝绸比尸体重要,尸体当然也是重要文物,可是尸体上有两千年前的丝绸,是什么样子的衣服,谁也没有见过。过去都认为东汉才有丝,我在满城找出织锦以后,就认为西汉有织锦。

满城只是第一步确认,现在这个汉文帝时期长沙相利仓夫人的墓,是公元前164年或前165年的,这次出土的服饰非常重要。这一箱子里还有一整件的衣服(我们当时还不知道有整件衣服),不一定能取到,只想有丝绸就了不得了,就在这棺材里面,但没办法拿出来。我看那些省领导夫人们都站在墓口像合唱团一样,拿香水毛巾捂着鼻子看着我们。在灯光照耀下必须把这个老太太给撤出来。

于是我采取磨洋工的办法,提出五种开馆方案,请他们批示。他们也不耐烦了,说就先开一个窗户吧。

其中一个方案是在面部这个地方开一个窗看看。其实手术刀开到下面,有一层觉得挺硬,划不动。当然我不是用力划,只是轻轻划,这丝绸用手一摸就像香烟灰泡湿了,跟泥巴一样。

我在面部开了20厘米见方的一块,把这一层取下来编好了号,当时想,将来就是衣服取出来了也可以再补回去。这个时候取下来的东西由文物保护所的王丹华同志领着人把它们打开,一层一层地点与面都拍了照。刚取出来的颜色是最好的、最漂亮的(图4-4、图4-5)。

但是有一层就像用灰色的塑料布包着一样,揭不开,也切不动。我们想不出办法来,这几天头脑中一片糨糊,没有办法来切割了。于是我们先把棺材里的棺液都取出来倒在一个大玻璃缸里面,地上流着

图4-4　湖南长沙马王堆一号汉墓出土"信期绣"锦缘绵袍

图4-5　湖南长沙马王堆一号汉墓出土印花敷彩纱绵袍

酱油汤一样颜色的水，奇臭无比。那时都快 5 月了，过两天就是五一劳动节，长沙很热，夫人们都穿着凉鞋。他们就说："等下一次再来看看吧。"回去以后，他们的鞋踩到家里，那臭味就洗不干净，以后再也不来了。

我们先把一个领导说服了，跟他汇报清楚，他带头不来参观我们开棺，我们才能安心做工作，该怎么办就怎么办。

· 冰架子撤水

就这样，在五一劳动节，我们把老太太从棺里侧着身撤出来了。当时我的意见是把棺材全拆开，让这一捆包裹着的尸体包完完全全托在棺底板上，我们有五个面可以工作。但是现场条件不允许，无奈我们只有把棺材侧过来，插进一块三夹板，把尸身拖出来。其实这样一拖，尸包就散了，因为尸包一点强度都没有，比豆腐还要嫩。包里面有大量的水，拿出来以后，我们让水慢慢流掉，用冰架起来，天天冰着它，等水分撤掉以后再做工作。

这个时候我去检查尸体，发现脚端上有一个裂缝，用探针探了一下，发现有一个灰白色的地方，就像一个大米粒那样颜色。我以为那是骨头，于是找一个探针在每个灰白色的地方卯一针，结果很钝，我按了一下，有弹性，哎呀这是肉啊。我心里就更有数了，这可能是一个尸体，是不是全，不敢说。于是赶忙做了冰架子（把冰打碎了分装成袋，再造一个架子）放在老太太的尸身上部冰着她。等到水撤了以后，把她身上捆包的二十三件衣服编好号，切成块取下来，押到地下，然后把老太太露出来，再慢慢取出来。

· 取丝绸残块

我们摸索搞到什么时候可以打开这些衣服？测算一下：丝绸含水量是 600%——就是 600 克的丝绸，等取到手把它干燥，只有 100 克！含水量这么大。刚取出的丝绸就像泥浆一样，无论如何拿不到任何东西，拿到都是泥浆，需等到将干未干时才可以一层层揭开。

我们有了经验以后，先取到大块，然后分成两层，两层再分成四层，不断地一分为二。我们一切做法都是为防霉，早些清理完整的衣服也是在防霉，用麝香草酚及各种方法来控制、通风，保护这包东西也是这样。5 月里长沙已经热到 40℃，室内 36℃，要防霉，甚至防止生蛆，确实是份艰巨的工作。

这种层层揭开的方法，导致四百平方米的屋里臭气熏天，臭到工人都觉得受不了。很多人都觉得，这么多破烂都留着它干什么。我们还有马王堆三号墓需要挖，是她儿子的墓，里面可能有更好的古物。我不赞成丢掉这些东西，这些小片跟任何博物馆去交换东西，或者给其他博物馆当标本，都是无价之宝。可是，他们不相信，包括很熟悉业务的副馆长，当时都没有这个认识，一起劝我："老王，咱们不要这么多了，寄希望于三号墓吧，这个太臭了，而且顾不过来。"

· 有时不保护是最佳保护法

他们有点顾不过来，就安排我们几个人去毛主席的家乡韶山参观。

我们不能不去，不去毛主席家乡参观在当时看来是政治态度不端正。参观完回来一看，巴掌这么大的残块丝绸，都被倒入厕所里去了，我后悔不及。我没能说服他们，碎片丝绸都被工人给丢了，直接丢到菜地的厕所里去，棺液也都倒掉了，因此棺液的重量就无法计算了。这是我无法控制的局面。

后来我们逐件逐件揭开，展开了很多东西，他们终于觉得那些碎片的重要了。丝绸小片总数在一千多件，不算那些没记数的。我亲自动手做过清理、整理的，有二百六十多件，包括整件的衣服，然后又对每件文物做了详细的修复计划，也培养了四五个文物修复人才。就算我离开了，这四五个人一起，可以照常工作（图4-6、图4-7、图4-8）。

这次发掘清理工作让我从完全没有知识，到对文物，对战国丝绸、两汉丝绸能够有一些经验，从揭取到保护存放的箱子、柜子和封装，都有一套处理保护的方法。我得出的结论是：不保护是最好的保护方法。这句话好像极端一点，意思是说尽量采取只把它架起来，封闭起来，展平理好，不要往上涂什么东西，只要让它自行干燥，也不要去压它以免开裂，就可以把东西保存下来。除非万不得已，有一天它变得非常脆弱，要风化、粉化，那时候再处理。保管有不同的方法，后人也许会想出一些更好的办法，有更好的条件来做这项工作。

· 我工作对国家是尽责任了

我做这件工作可以说对国家尽心尽责了，我家庭发生危机照样要上火车到长沙，做我应该做的工作。家庭方面我还可以用心来维护，

图4-6　湖南长沙马王堆一号汉墓出土单裙

图4-7　湖南长沙马王堆一号汉墓出土规矩纹起毛锦

图4-8　湖南长沙马王堆一号汉墓出土手套、青丝履、夹袜

但是这些东西保护刻不容缓，到了下次又要长霉了。如果长霉，便会把染料吃掉一部分（因为染料是蛋白质），这个文物的品质就降等级了；如果再严重一点，它的菌丝体钻到纤维下面，文物就彻底受到破坏。我有一种责任感：这个工作是我做的，我就有责任做好它。如果不是我做的，我不知道，也就没有办法。既然我有责任，不去做是我的罪咎，我就是抱着这种心态完成我的工作。

长沙给我留下了很好的印象，我们后来帮助沈从文先生做服饰研究工作的时候，长沙博物馆（现湖南省博物馆）对我们简直是毫无保留，让我们自由照相，给我们提供资料，比本地的工作人员还放手。这是需要协作、合作的事情，也是共赢的事情，我们真心诚意地帮助别人，别人也真心诚意地帮助我们。

我在那里留下十几万字的资料，第一手的资料都留在博物馆了。后来有些文章我让年轻人来写，因为他们不赶快拿出文章的话，职称、工资、待遇都受到制约。他们开始不会写，但写写就打开局面了。陈国安这个跟我一起学起来的男孩，现在也有五六十岁了，他是保管部的主任，文章已经写得很好了，我也很高兴有这么一个人在那里保护这批文物，将来他一定会做出成绩来的。

我觉得自己做的第二件有意义的事情就是马王堆这件工作，这为后来我做马山楚墓、唐代法门寺，以及其他墓的丝绸考古工作都奠定了基础。

（摘自张婉仪女士整理的王㐨先生口述）

· 大年三十徘徊在荆州街头

1982 年初，我和王㐨先生参与了湖北省江陵马山一号楚墓发掘工作。楚墓是在当地砖瓦厂取生产用土时偶然发现的。荆州地区博物馆清理此墓时，发现有完整的绢制棺罩。当时战国时代丝织品，只在湖北、湖南出土过一些零星的绢织物、锦织物、针织物、编织物等残片，且数量有限。那时人们对战国丝织品的认识只是有着小花回的几何纹锦，是零零星星的出土实物。若能将此棺罩完整起取，将是一重大收获。当时荆州主持考古工作的张绪球、彭浩等先生异常慎重，直接请中国社会科学院考古所所长夏鼐先生支持。

受夏先生之命，腊月二十七，王㐨先生和我立即启程赴湖北江陵。那年春节我们是在荆州度过的，还经历了一个大年夜饿肚子的趣事。

接近年关我们到达荆州，考古同行和当地领导十分热情，使一贯被沈夫人戏称为"克己复礼"的王㐨兄大为不安。年三十，为了不打扰朋友家的欢乐团聚，我们坚辞了一切邀请，决定到饭馆吃年夜饭。哪里想到，静谧小城的年俗是三十午后全部停业关张，都回家过年。

那天晚上，我和王㐨，终于听到了从远处传来的叫卖声，循声找到了挑着竹扁担卖藕丸子的小贩。扁担一头担着竹篓，篓内装着一应食物；另一头高挑着马灯，炭火炉上坐着的油锅还冒着泡泡。这稀奇的食担瞬间使王先生兴奋无比。他一声吩咐，我们立刻画图、照相、访问。很快一份图文并茂的乡俗资料就形成了。小贩是个独居老人，在年三十晚上有两个外乡人对他的生意这么感兴趣、这么夸奖他，他感到十分开心。我想这美好的夜晚也会让他难忘怀吧。最后想到我们还饿着肚子，老人很客气，非送我们一包藕丸子不可。王予先生加倍付了钱，我们心满意足告别了老人。当回到宾馆享用丸子时就傻眼了。原来我们光顾着拍照、谈话，带回来的丸子馅是生冷的……而今，故人远去，每每思及心里依然酸楚。

　·马山一号楚墓现场开棺与否的争论

　　为了绢制棺罩我们来到了荆州。因为怕丝织品在阳光下受损，也怕围观人多影响工作，博物馆就在一个漆黑寒冷的冬夜由一个连的解放军战士来围圈警戒防护，开始了紧张的文物起取。王予先生在墓下指挥，我则蹲在墓口逐一拍照记录：夹纻胎漆耳杯、头戴假发的美丽着衣木俑、光彩如新的铜器、黑红细篾编织的便面扇……这些精美的物品让我们激动了一夜。

　　当晨曦露白；棺上椁板取出后，我们看见棺上依古风摆葬的竹枝，这是当时的一种葬俗。我们一打开时，竹子就跟新摘的似的，是绿的，瞬间由绿色转呈枯黄，仿佛看着它生长——发育——死亡的脚步，神奇的变幻不可思议。这是考古人才有的眼福（图4-9）。

　　棺罩在大家细心呵护下完整地取出后，开棺关键的时刻到了。王予先生指挥将棺盖一头慢慢掀起时，我的眼睛立刻亮起来。无限美丽！待我想看清具体有什么之时，只听王予声音异样地命令："快盖上！"他也兴奋过了头，声音都变了。接着他说："完好的满棺锦绣，现场不能开棺！"荆州博物馆的考古工作人员担心运输途中会将棺内

图4-9　打开椁板，摆葬的竹枝瞬间变黄。

丝织文物晃碎。前不久凤凰山一六七号墓出现了这类情况：他们小心翼翼将棺运回博物馆后，开棺一看，当初精美的丝织品，由于途中轻微的颤晃，在棺液中成了碎片。王㐨先生是中国考古界著名的纺织品文物保护专家，他四面敲着棺木，凭经验断定这棺内丝织品饱含水分但没有积液，若在野外开棺，紫外线及风沙会严重伤害丝织品文物，且提取丝织品需要时间较长。都是为了文物的安全，我们和当地博物馆人员各持己见，于是一场现场开棺与否的学术经验的争论当即开始了。直到两个多小时后，在王㐨的有力坚持下，荆州市文化局长甚至直白地问我："你能告诉我王先生的话可信度有多大？"我坦诚地回答："请相信他，王㐨一贯谨慎，有十成把握的事他只会说八成，为了文物，一定相信他！"听完后文化局长高声说："我做主了，运回博物馆清！"湖北电影制片厂的摄影师张剑辉听后跳上吉普车："王㐨！文物出了问题，我到北京告你！"在他的吼声中，棺材被慢慢起吊回运。王先生无奈地笑笑说："张先生因为不能立刻拍到这罕见之宝，可以理解。"

博物馆的一间大厅里，棺盖徐徐除去，棺内毫发无损。这时王㐨先生悬着的心才归了位。"王工我服了！"张剑辉再次发自内心的感叹。从此这个直筒子的湖北人和我们成了莫逆之交，直至他故去。

历来人们调侃考古工作：考古，考古，连蒙带唬。但无论如何谁也没有蒙到这座墓的纺织品清理，需要若干张面积为长 3 米、宽 2.5 米的工作台。考古人员因时限缘故必须具备极强的应变能力。情急之下，水泥地面铺上板子、衬布就是工作台，我们拿个小垫子跪着干，干着干着就忘了移动垫子，有时候觉得多长几只手都不够用。几十天

时间，我们在工作台之间爬来爬去，膝盖起了茧，身体也冻木了。王
先生从此落下个毛病，每到冬天膝关节就疼。

（摘自王亚蓉先生《马山一号楚墓工作趣事几件》）

河北满城汉墓金缕玉衣

1968年5月解放军某部在河北满城进行一项工程时，意外打开了一座沉睡已久的千年古墓——满城汉墓。墓主人是中山靖王刘胜及其妻窦绾。刘胜是汉景帝刘启之子、汉武帝异母兄，汉武帝鉴于景帝时"七国之乱"的教训，对诸侯王势力都非常忌惮，于是刘胜也非常听话地做了一个安安分分的臣子，朝廷之事概不过问，转为享乐。公元前113年，刘胜去世，终年五十三岁，葬于保定市满城区陵山。

满城汉墓中共出土文物一万余件，珍贵文物四千多件，如举世闻名的金缕玉衣、长信宫灯（"中华第一灯"）、错金银博山炉、朱雀衔环杯等（图4-10）。

· 满城汉墓金缕玉衣

"金玉在九窍，则死人为之不朽"，汉代人认为玉是"山岳精英"，将玉置于人的九窍，人的精气不会外泄，就能使尸骨不腐，可求来世再生。因此，金缕玉衣制作精良，极尽奢华，仅中山靖王刘胜所享用的这件金缕玉衣，便使用了2498片玉片，约1100克金丝，金丝含金量高达96%。据估计，一件中等体型的玉衣约等于当时一百户中等人

图4-10　以宫女跪坐执灯为造型，灯体中空，灯灰可以
通过宫女右臂沉积于其体内，体现环保理念，被誉为
"中华第一灯"。

家的家产总和。

金缕玉衣并非人人皆可享用，仅有皇帝及部分近臣的玉衣可以用金线缕结，其他贵族使用银线与铜线编造，普通百姓则根本无权享用这种丧葬殓服。汉代之后，金缕玉衣动辄上千的玉片，与价值不菲的金线，引诱心怀不轨的人频繁盗墓。“汉氏诸陵无不发掘，至乃烧取玉匣（玉衣）金缕，骸骨并尽”（出自《三国志·魏文帝本纪》），魏文帝曹丕下令禁止使用玉衣，玉衣就此绝迹于世。

当年中科院考古所的发掘工作在全国来讲，可以说科学性比较强，揭取物品现场特别注意层次的完整和关系的连结，尽量保持古代入葬的面貌，为后期修复工作创造好条件。别人取回来的金缕玉衣由我来主持修复，王㐨和蒋中义、白荣金几个人承担实际的修复工作。玉衣能修复成功，王振江同志现场揭取的工作很重要，揭取得非常完整，编号编得很好，白荣金同志也是这样。

我有一个优点，就是对技术型的东西观察比较深入。在修复的时候，我看到有些玉片，表面上是一个长方形板状的条，但四个边的断面不垂直，我想它一定是因为造型才这样设计，该圆起来，或者该转折，才有这种必要，不然就没有这必要这么费功了。所以他们把金丝、玉片拼摆成一个平片之后，我晚上就把它重新装置起来，结果变成一个立体的造型。拿人的胸脯来说，两块胸肌都要不同地隆起来，下腹肌到小腹的这一面也要隆起来，大腿和小肚子接合一段即腹股沟都表现出来，臀部两边形状都要表现，拳头的那些骨骼起棱，就是那个手套也是立体的（图 4-11、图 4-12）。

图4-11 中山靖王刘胜金缕玉衣

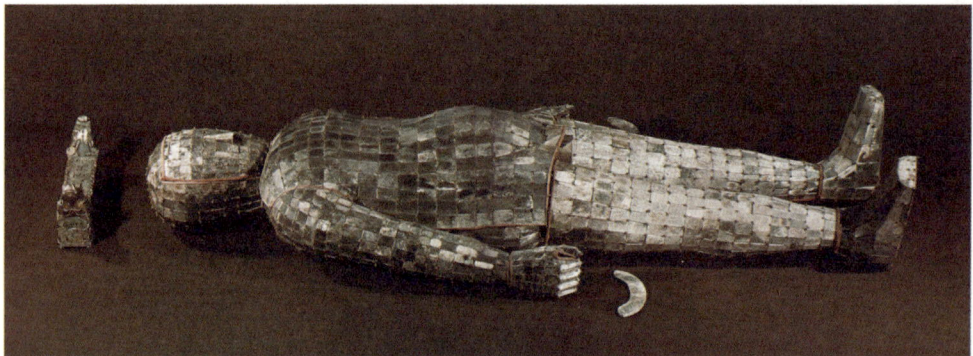

图4-12 中山靖王妃金缕玉衣

· 刘胜下葬时玉衣是穿错的

这件工作我做的时候比较仔细。"文革"时期不让我做政治工作，说我属于修正主义，没有资格做政治工作。所以做业务工作反而发挥出我的能力来了。有一天郭沫若来看我复原好的金缕玉衣。因为这是全国第一件被恢复成原来样子的玉衣。这件玉衣在古代属于"东园匠"作，就是东园秘器。玉衣本是为皇帝家族的人去世时做的，皇族死了，报到中央,中央发一件给他。领回玉衣后家人也不知道怎么穿。玉衣在刘胜墓里出土的时候,背部那一片在上面,肚子那一片压在下面,都搞反了,腿上的拼缝应该缝在底下,腿肚子跟大腿都是立体的,根据体形来做的,可能是做玉衣的时候先用木头做一个人的模型,再把玉片子都对好,才做出来。刘胜下葬时,玉衣是穿错的,大概很少有人知道怎么穿。我们做完这件工作算是"第一次在研究的基础上复原了汉代玉衣的真实样貌"(图 4-13)。

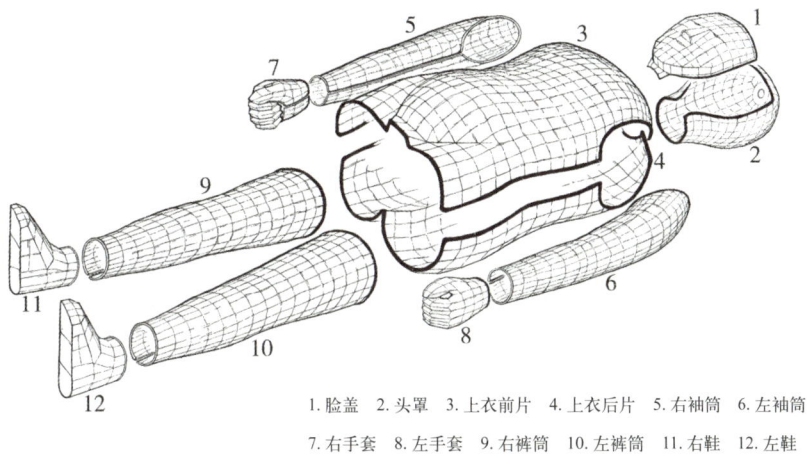

1. 脸盖　2. 头罩　3. 上衣前片　4. 上衣后片　5. 右袖筒　6. 左袖筒
7. 右手套　8. 左手套　9. 右裤筒　10. 左裤筒　11. 右鞋　12. 左鞋

图4-13 刘胜金缕玉衣结构图

北京老山汉墓出土的刺绣荒帷

老山汉墓是北京地区最大的西汉墓之一，为汉代诸侯王级圹木椁墓，墓室由墓道、甬道、椁室、黄肠题凑等组成，中部置二椁三棺，墓主为中年女性。

墓室早年被盗，但是仍出土有漆器、玉器、铁器、陶器、纺织品等珍贵文物，其中出土的漆案和纺织品——锁绣尤为珍贵，是北京地区汉代重大考古成果，也是探讨西汉时期幽燕文化的重要物质实证，墓中出土的这些精美文物，从另一个层面折射出两千年前北京地区的社会生活。

· 第一次公共考古经典案例

2000 年元宵节过了没几天，中国社会科学院考古研究所的老所长徐苹芳给我交代了一个任务："最近不要出京，万一呢！"

他说的万一，是北京市石景山区老山驾校环形公路东南段路北山坡上正在进行的老山汉墓发掘。一旦遇到丝织品怎么处理，作为丝织品修复专家，我随时要去现场指导。

这座墓是公安部门破获一起盗掘古墓案时发现的，是自 1956 年昌平明十三陵定陵和 1974 年丰台大葆台西汉墓之后，北京再次有"大墓"露脸（图 4-14）。

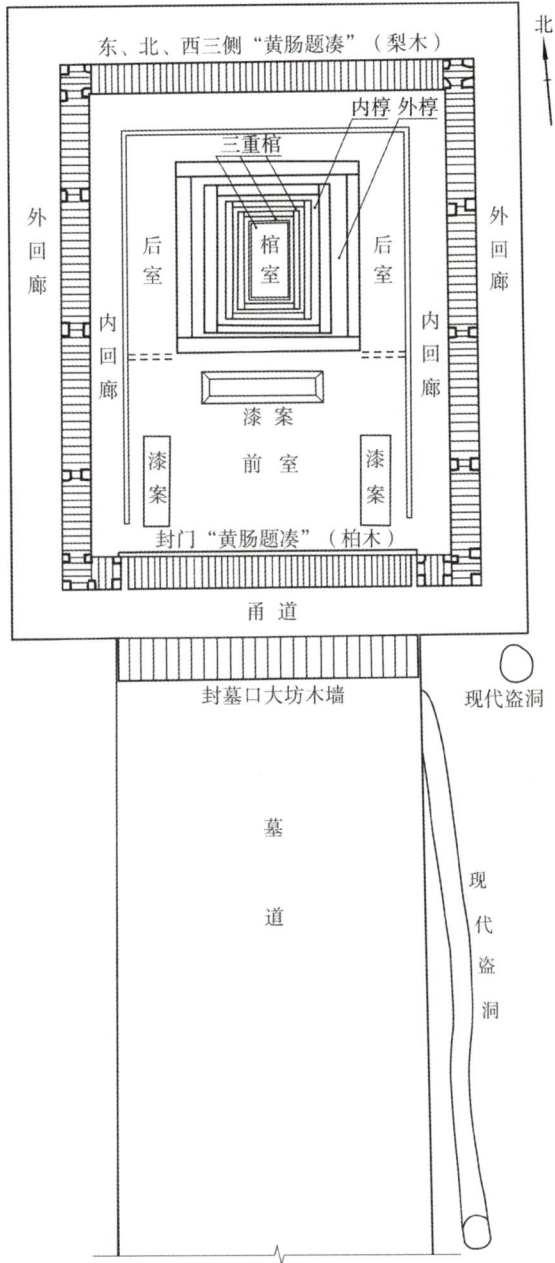

北

东、北、西三侧"黄肠题凑"（梨木）

内椁 外椁

三重棺

后室　棺室　后室

外回廊　内回廊　内回廊　外回廊

漆案

漆案　前室　漆案

封门"黄肠题凑"（柏木）

甬道

封墓口大坊木墙

现代盗洞

墓道

现代盗洞

图4-14　老山汉墓平面图（线图）

更难得的是，中央电视台第一次转播考古发掘现场。一时，这座墓成了很多北京人茶余饭后的谈资，谁都能点评两句。领了命的我跟大家伙儿一样，也是透过屏幕看到了这样的画面：墓室已坍塌，棺木严重挤压。专家直言："汉墓封闭后的百年内就已经坍塌了。"

我心里说不出的感觉。一方面松了口气，应该不会有任务了。因为这是北方，天气半年干、半年湿，墓又是被盗过的，丝织品、纸张等有机类文物，几乎没有生存下来的机会。但更多的是惋惜。

不过这些丝毫没有影响墓葬的热度，报纸版面几乎天天都或多或少有消息登载。老山汉墓发掘现场负责人、北京文物研究所副所长王武钰不得不经常出来辟谣。比如"开棺"直播是误传；"便房"不是厕所，是一种墓制结构（图 4-15）。

突然一天夜里，我接到了电话。大概内容是，墓葬清理过程中，工作人员发现坍塌棺板分开的一层和二层间夹着一层丝织品。

"怎么办？怎么处理？"对方问得急赤白脸。

我说："既然打开了，就把上面棺板翻过来，先拿用水润湿了的宣纸蒙在表面，然后用塑料布包上，一定要保湿，一定要避光。"

· 织绣中的上品

第二天一早，我和助手谷守英即赶到工地，首先揭开塑料布查看纺织品的情况，庆幸的是在塑料布的蒙盖下，纺织品未受外界干扰。由于露天现场没有揭取的条件，临时在墓旁搭建一间木板房，开始丝织品的抢救性揭取保护，也开启了四年漫长的修复工作。

图4-15　老山汉墓墓棺和周围铺板

当初抬起上层棺板时，因为是夜间，而且不知两块棺板间夹有丝织品。这件刺绣文物是荒帷的顶饰，织物已造成撕裂性残损损坏，上下被撕裂成无数碎片；当时丝织品已相当干燥，损伤较严重。一开始看到纺织品绣花上都是朱红，以为是朱线绣，我特别兴奋。但是认真观察，原来朱红色是棺板内髹的红漆压蹭绣线上造成，由于棺木早年坍塌时，强压侵染在绣纹上的油染色彩，导致丝织品的绣线被压染成红色。再观察绣花纹为锁绣工艺绣制，绣工精美匀整，为织绣中的上品，这为北方众多精美的汉代绣品中又增添一精彩的新品种（图 4-16、图 4-17、图 4-18）。

纺织品出土时因墓室棺椁垮塌太久，数吨重的棺板长久紧压，将内棺荒帷顶部绣线紧紧嵌压在两层棺板内。在清理过程中，抬起外棺，荒帷顶饰刺绣再次被强力撕裂，导致内外棺顶均粘连无数荒帷残绣片。荒帷四周的绢垂饰，细薄的绢已难以提取，贴在棺板四壁上。因绢缘细薄，要剥取完整极为困难，也难以拼成形，故而观察考虑依出土的实际情况，将四缘保存在中棺板四壁上，中间绣件印痕不清除，连同棺壁板一同保护处理，残绣片揭取清洗处理拼对封装保存（图 4-19）。

我们观察织物发现其埋葬初期已经遭虫蛀，因墓内阴暗潮湿，一些俗称"鼠妇"（别名潮虫子、地虱婆）的尸体也因棺垮塌时，强压干枯保留在绣面上，还有棺上的铜柿蒂纹饰体、圆形铜饰件压毁造成的孔洞使绣面缺损。因此这件荒帷顶绣件清理修复过程漫长、难度很大：上下两层棺板残绣片的揭取困难；各种污染物如虫尸、红油漆、霉渍的清洗不方便；众多残片也不好拼对（图 4-20、图 4-21）。

图4-16 撕裂状态的丝织品（局部）

图4-17 棺板上有红漆附着的残损丝织品

图4-18　粘满外棺椁盖板红漆的丝织品（局部）

图4-19　王亚蓉和首都博物馆同事对经过保护的丝织品进行揭取

图4-20　虫蛀和霉变的丝织品残品（局部）

图4-21　王亚蓉和同事在修复、拼接丝织品

　　二十多年前的工作条件局促，清洗工作整体在北京辽金元城垣博物馆库房内完成，历时四年。整件荒帷最终得以在首都博物馆开幕展上面世，这也算纺织考古人为迎北京奥运会做的一份贡献吧（图4-22、图4-23）。

图4-22　修复完成的荒帷刺绣纹样全图

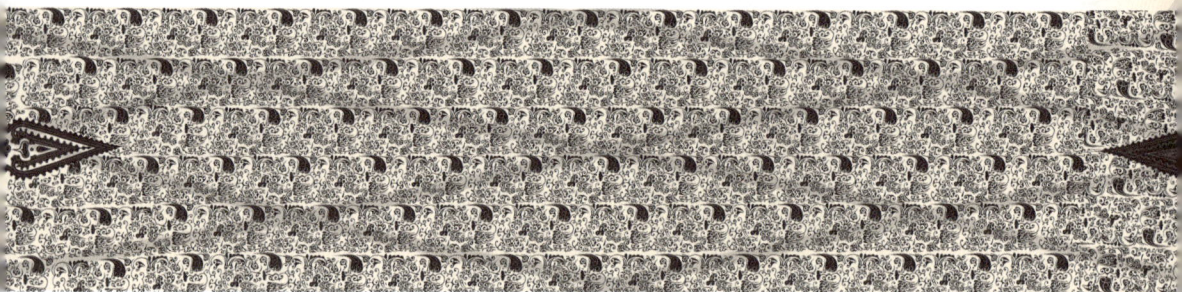

图4-23　荒帷刺绣纹样线图

170

北京大葆台西汉墓出土的纺织品文物
——"锦绣纂组害女红者也"

北京大葆台西汉墓是距今两千多年前西汉广阳顷王刘建墓。墓葬最出名的莫过于"黄肠题凑","黄肠"为黄心柏木,"题凑"指纵向堆放的方式,即设在陵寝棺椁外,四周用去皮黄色柏木心堆垒而成的木墙结构,它在战国时期就已经出现,一直是天子专用的最高规格的墓葬制式。发掘之前一直只闻其名,不见其身,大葆台西汉墓首次证实了"黄肠题凑"葬制的真实存在,被界定为重大考古发现。

另一重大发现是车马殉葬真迹,墓道内随葬有三辆车,十一匹马,乃实用真车真马,为研究西汉葬制提供了宝贵的资料。

墓葬内有东西两座墓室,东为一号墓,是西汉燕王(或广阳王)刘建的陵墓,西为二号墓,是其王后的陵寝。该墓因早年被盗,随葬品大部分遗失,但仍有陶、铜器、铁器、玉器、丝织品等四百余件文物出土,其中不少是价值很高的精品(图4-24、图4-25)。

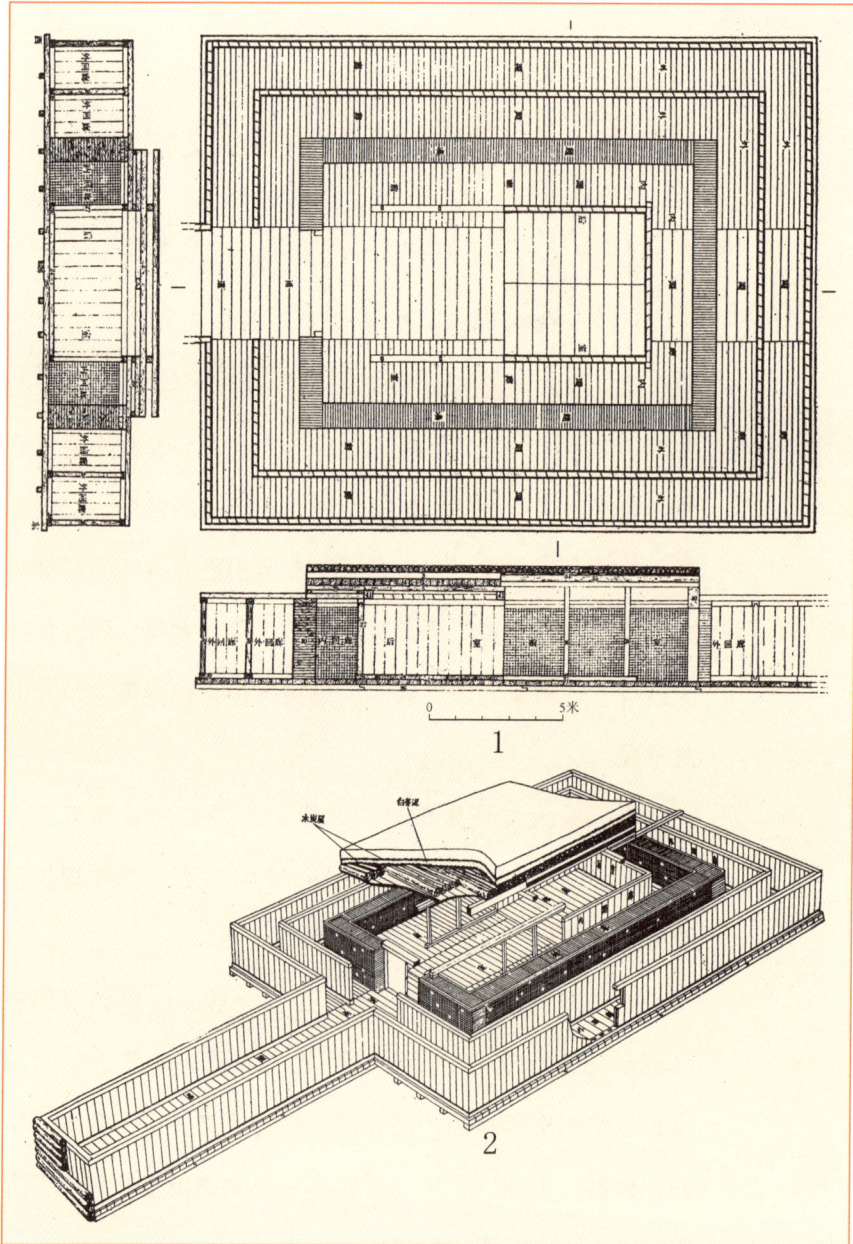

图4-24　墓室平面与透视图

图4-25 一号墓墓道的三辆马车

一、大葆台汉墓出土的复式"纂组"

·"组"是用于表示冠服等级，区分尊卑的标志

"组"是中国古代的一种特殊的经编，战国、两汉墓葬屡有发现，属于只有经线的编织物。用经线互相穿编，编出不同的花式，其特点为斜网格穿编结构，这种结构具有很大的变形和还原性能。单层的组，在满城汉墓、长沙马王堆汉墓、武威汉墓以及朝鲜乐浪汉墓中都有发现。编出花纹的组，在江陵马山一号楚墓、马王堆汉墓、凤凰山汉墓中也出土了有多种不同花色的实物。

据文献记载，周秦两汉以来多用"组带"裹发、系冠或悬系印璧杂珮作穗饰；组也多作铜镜、官印的纽系；更具有代表性的是，组又是官印的代称，"去官"谓之"解组"。过去由于实物少见，对编组的结构及编织工艺了解不多。1974年大葆台汉墓虽出土了少量纺织品，但其中漆纱冠附着的组带实物的发现，为我们提供了研究古代复式纂组编织工艺的实物资料。

大葆台汉墓（西汉晚期，公元前82—前44年）出土的这段双层结构的组带，编制得非常匀净工整，因为出土时和漆纱冠残片相毗连，同时出于棺内，无疑就是冠上的附属物——组缨。所谓"缨"，就是系冠的带子，这在战国秦汉出土的人物绘塑形象中多有反应，史籍中有关服饰制度、社会生活的描述上也常提及。许慎《说文解字》称："组，绶属。其小者以为冕缨。"《礼记·玉藻》也记述："始冠缁布冠，

自诸侯下达，冠而敝之可也。玄冠朱组缨，天子之冠也。缁布冠
缋矮，诸侯之冠也。玄冠丹组缨，诸侯之齐冠也。玄冠綦组缨，士之
齐冠也。缟冠玄武，子姓之冠也。缟冠素纰，既祥之冠也。垂矮五寸，
惰游之士也，玄冠缟武，不齿之服也。居冠属武，自天子下达，有事
然后矮。五十不散送，亲没不髦，大帛不矮。衣冠紫矮，自鲁桓公始也。"
汉代大体本于旧制，这种冠缨的使用与墓主身份是相当的。组缨作为
冠系，无论如何拴系转折，因其格眼及边缘在应用时，因此结构入特
殊应用时均不会产生褶皱，能最大程度保持庄严。

由于组用于表示冠服等级，是区分尊卑的标志，所以又有许多历
史事件与它有些瓜葛。如孔子的弟子子路，临死前被人以戈断缨，他
说："君子死，冠不免。"（《左传》）意为，君子到死，衣冠整齐。"昔
者楚庄王鲜冠组缨，绛衣博袍，以治其国"（《墨子》）；楚庄王宴群臣，
"不绝冠缨者不欢"（《说苑》）；秦王子婴投降"素车白马，系颈以组"
（《史记·高祖本纪》）等等，都可窥见复式组带的制作异常精工讲究，
在服饰制度、社会生活中占有重要地位。

·初见汉代复式纂组

这次出土的漆纱冠残片呈棕黑色，施涂的漆膜富有光泽。初见之
下，仿佛是用角质薄板精工打孔做出来的，它表面平滑，漆纱格眼方正，
直观很像由平纹织物加工制成。据在漆纱组织点上所做显微切片观察，
漆膜中包埋的织物为纂组结构（图 4-26、图 4-27），编结方法是以两根
合股（双头）的经线，相互垂直交穿编结而完成的。由于这种组织结

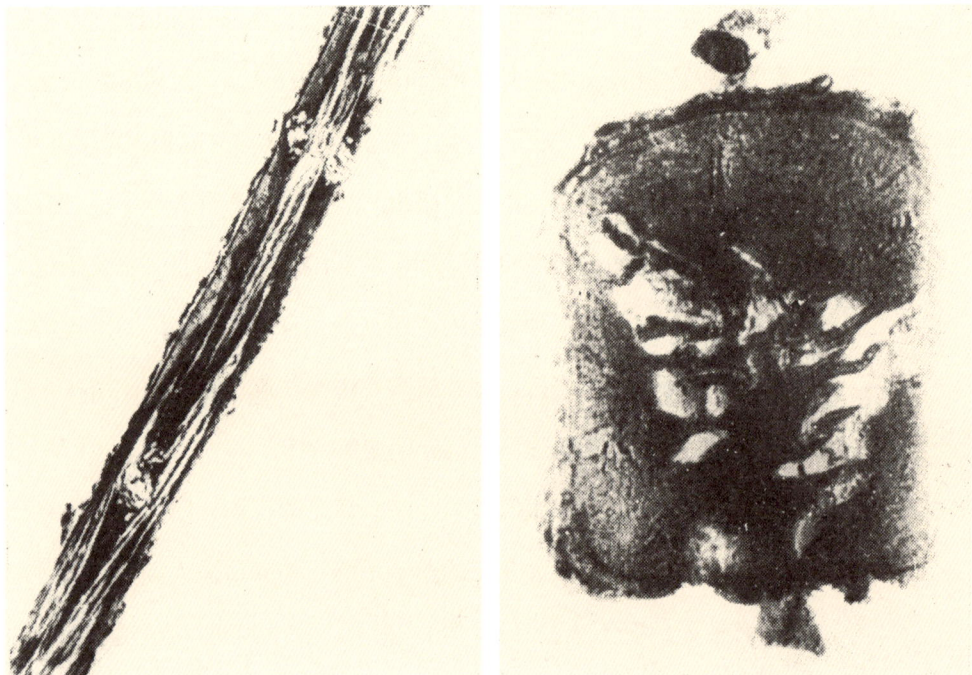

图4-26、图4-27　大葆台汉墓出土纂组结构漆纱组织断面影像

构具有极好的格眼变形性能，如果把编好的成品，蒙贴到制冠模具（盔头）上，可通过织物变形与冠体完全贴服而无绉褶。再经过特别的涂漆处置，孔眼不堵不糊、光洁均匀，等漆膜干燥适度后，再碾压平整，最后定型制成漆纱冠。这种所称的漆纱，非织机上织造的方目纱或罗纱，而是最基本的经编组织编造完成，古时又称为纚、纵，以表示与经纬纺织物的区别。

　　和大葆台漆纱冠同期出土的还有绑在一起的经编组带残段。丝的纤维已呈碳化状态，外观为铁锈色，仅有一小段保存稍好（图4-28）。组带宽约1.1厘米，残长5厘米，通体编作斜格，格眼为正八边形，

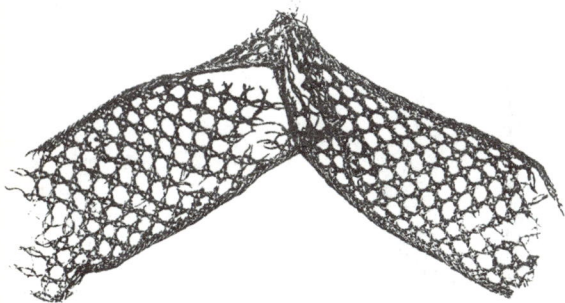

图4-28 大葆台汉墓出土冠缨组带

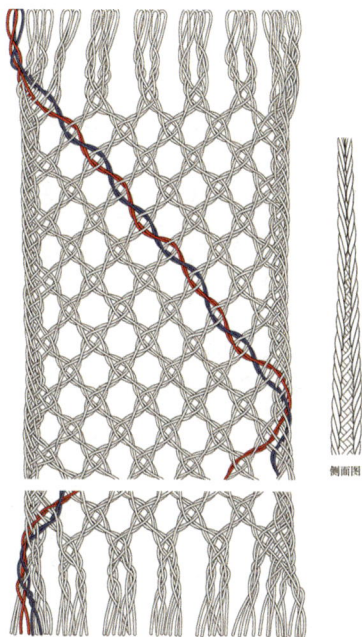

图4-29 大葆台汉墓出土冠缨组带结构正、侧面图

孔径 1.3—1.5 毫米。每根丝线为 Z 向（反手）捻的合股线，直径 0.15 毫米左右。其格眼组织结构为双层，十分清晰，正反显示不同形态，格眼是应用纂组工艺编成的复式组带形式的典型特征（图4-29）。

· 通过双目显微镜观察编结

为了认识这种编织物的结构及编结工艺，我们通过双目显微镜的反复观察，进行了编结实践，编织效果与文物编织工艺高度吻合，对其有了基本的了解后复编完成。复编实物可以看出正、反面编织形态的明显区别，也可看出平展状态下的松紧变化（图4-30、图4-31）。

大葆台出土的组带的经线共有 56 个单头，实际上每两个单头乃是一根弱捻的合股线（每米约 500 个捻回，Z 向），总数为 28 根合股线，

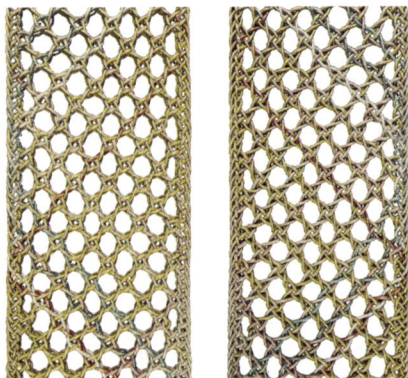

图4-30　1974年编组带正、背、侧面局部放大图　　　　　　　　　图4-31　新编组带正面平展和拉拽图示意

分作甲乙两组折转45°后，沿相互垂直方向逐步交穿编结。经线的配置，甲组为13根合股线，又以2根为1对排列。其中左侧组边占用2.5对（5根），中间部分4对（8根），向右45°斜编；乙组为15根，右组边也占2.5对，中间5对10根，向左斜编。因2组经线不等，故幅面上形成横向4.5个格眼，现将具体编结工艺例述如下：

1. 格眼部分

穿编时，甲组的1对经线（甲A、B），首先自行交穿，乙组的经线（乙a、b）亦同。然后乙b与甲B、A交穿，甲A与乙a，再甲B与乙a交穿，最后甲A、B，乙a、b再自穿，形成编结点，如示意图（图4-32）。每个结点都是由4根合股经线，交穿构成双层马莲垛花纹，正面作右旋形、结构显得紧密，背面左旋形，较为松放。

2. 组边缘编穿工艺

为保持格眼和组带长度的稳定，以适应使用的要求，编组带的时候，在带的两侧边缘，要做多项工艺穿编处理。边用5根合股经线编织，有规律地甩出一根经线参与格眼部分的编结，同时也引进编结格眼的一组经线来补偿，按此往复，始终保持着 5 根经线进行边组织的互相穿编。组边形成了可开合的双层结构，这种双层可变的特殊处置，正是组带应用时，保证组带横竖纤拉均不受阻的特殊结构。这是因参与编结的经线捻向统一，编穿叠压关系一致的缘故。

以右边为例，它的穿编方法可见示意图（图 4-33）。左组边则相反，要用套编法编结，两条边组织如两条绳索般，控制着组的幅面。

（1）将组边的五根双股线，自外向内编为 1-5 号演示。（2）首先将 2、3 放拈不使打绞，把 1 从 2、3 中穿过。其次把 4 从 5 中穿过，5 的根部有绞。（3）图②动作后，股线的位置编为 2、3、1、5、4。（4）将 5 再穿过 1，注意：1 始终保持分股状态不打绞。（5）一个编扣动作

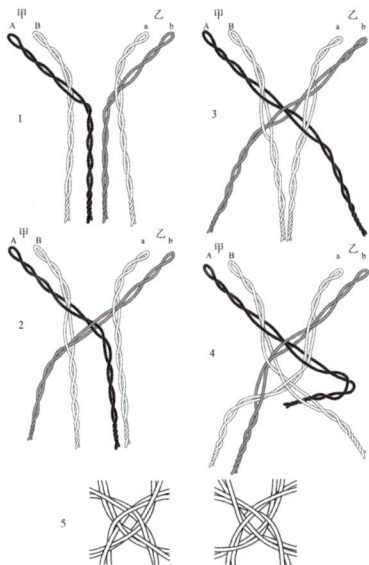

图4-32　大葆台汉墓出土冠缨组带格眼编结示意图　　图4-33　冠缨组带组边编结示意图

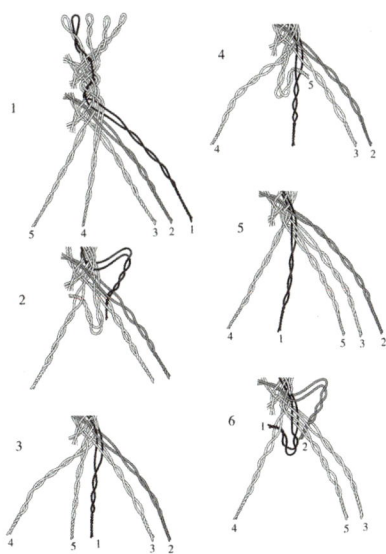

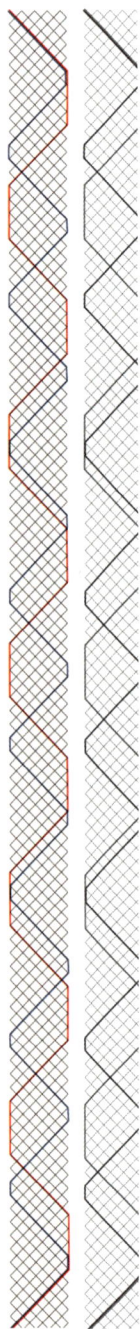

图4-34 冠缨组带经丝走向循环示意图

完成之后，股线的位置变化。2 处于最外，成为第一根，3 处于第二根的位置……（6）2 开始新的一扣，依次类推进行编结。

3. 经线的走向

相邻两根合股经线，在编结过程中并非始终都是同行的。例如：甲组，A、B 两根经线由左边开始并行，当编到右侧需同时参与右组边编结，但 A 在纵向编过一个格眼距离，便折向对边一侧，与它并行的是从右边组织中甩出的另一根经线，而 B 却要编过 4 个格眼距离才返折向左编结。因而它们的运行轨迹显出不同的"波长"，当 A 经过 16 个转折，B 经 10 个转折后，AB 才又重并成一对经线参与编结，各自都占据了纵向 98 个格眼长度，构成一个反转对称的循环（图 4-34）。

4. 古人是如何编"组"的——"锦绣纂组害女红者也"

纂组的编线适宜用生丝制成，因生丝挺爽顺滑，编结时易于拾找和穿编。编得成品以后，根据需要或生坯使用，或再经脱胶练熟、染色等处理。

（1）编结时，每一根经线前端似乎应有一根针（或黏结加固成尖状），才利于穿编，否则会造成经线的相互纠缠，不利于操作。实践中的做法，是把经线的下端（双头）散开的地方,梳理使其略呈尖细,浸蘸胶水捻作"引头",长可 2—3 厘米,晾干成为硬棒,表面再上一次蜡,以防吸湿回软。办法省便简练,作用与针无异,确无经线屢乱的弊端,最后,丝胶可在煮练时脱除掉。

(2) 编结过程中不需任何工具,只需要把适当长度的合股经线,在起始初,形成套扣地穿入一根小木棍或径直用绳串起挂住,就可以穿编了。而且可随时随手辍作,不受限制。

(3) 组带的开头和结尾,可把各对经线互相穿套数扣编作流苏。

(4) 按试验估计,编结这种组带,加上准备工作,每厘米快手也要 2—3 小时,若编结长 60 厘米（汉制二尺半多）,至少十天半月才能完成。人工力之大可想而知。史称"锦绣纂组害女红者也",正反映了这种情况。

比较而言,纂组织物的基本特点,在于这种穿编结构具有很大的变形性,成品纵横方向的尺寸都是不稳定的,但又可以恢复格眼的正确形状,绝无平织纱"并丝起柳"的纰病。因而适应各种形体的束裹装潢。马王堆一号汉墓的组,便是这种标准组带的代表（图 4-35、图 4-36）。至于大葆台汉墓这件复式组带,却是一般纂组的特殊形式。它以保持稳定长度和格眼形状,来适应实际需用的特殊组带。组这个名字有可能是这类编织物的总称,成品往往因不同地区、不同用途、不同形式而有不同的名目。比如单层宽幅一类,用以约发的称作"帻""纵";系物作标志的称"组""绶";制冠子的叫"纚"或"漆纚";做冠系的则谓之"组缨"或"冠缨",如此等等不一而足。

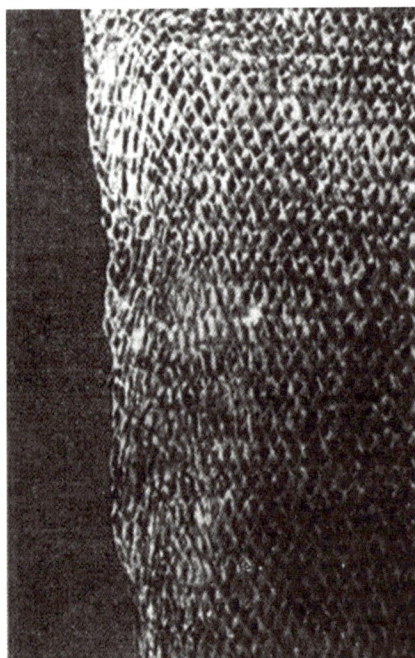 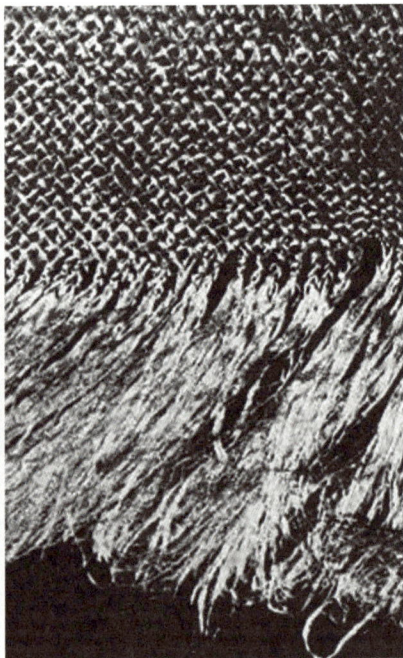

图4-35　马王堆一号汉墓约发组带（放大）　　图4-36　马王堆一号汉墓组带结构

从1974年开始，实验穿编这种复式经编组带时，我们使用的是当时市面上应用的拴系购物捆扎的纸绳（附原始纸绳编结样本），见上图。后来为大葆台遗址博物馆开幕展览陈列再次应用，使用白色尼龙编结一条组带作为展示品。

二、大葆台汉墓出土的刺绣：名贵一时的"齐紫"

大葆台汉墓出土的绛紫绢地刺绣残片有两件，都发现于外棺棺底的内面南端，绣绢的密度为每平方厘米46×28根，绢厚0.18毫米，织造得很紧密。绛紫色，色调沉着、艳丽，可能是战国以来名贵一时的"齐紫"传统技法染成的紫。

·齐桓公的帝王紫

"齐紫"，为齐桓公的帝王紫。这个典故出自《韩非子》，齐桓公喜欢紫色衣服，全国都跟着穿紫色衣服，需求大，紫色衣料的价格自然高得离谱。

刺绣饰纹，是典型的汉式藤本植物图案，单位纹样由 1 条反 S 形为主干，两端再饰以蓓蕾和花穗构成（图 4-37、图 4-38、图 4-39）。马王堆一号汉墓出土的印花敷彩纱花纹、诺因乌拉墓出土的针黹箧上的刺绣花纹以及甘肃武威磨咀子第二号墓出土的东汉织锦刺绣针黹箧纹饰都和这种花纹基本类同，是两汉规范的装饰纹样。单位花纹的外廓，略作菱形，约高 4.7 厘米、宽 2.2 厘米，按照菱形格排列组成四方连续纹饰图案。

大葆台汉墓出土的绣品绣工也很精致，观察绣面还部分可见清晰的墨线绘稿，可以知道绣前是在绢地上先以墨线绘稿再施绣，纹饰全部采用锁绣工艺。文物原件花纹的色彩已消退，刺绣纹样在清洁后从正面观察似紫红色绣地，地上满绣似亚金色的汉式藤本小花的斜格状绣纹。原来究竟是什么颜色已不可辨，由于绣纹单位较小，条蔓花叶都很纤细，故需分丝劈缕着意绣制，针法尤其灵活多变，富有表现力，从绣线六种不同施针轨迹可以推断，此绣品应当如其他地方出土的汉绣一样，是由六种色线完成的，初始绣线也是五彩缤纷的（图 4-40、图 4-41）。

图4-37　北京大葆台汉墓出土的绛紫地刺绣绢出土状况

图4-38　北京大葆台汉墓出土的绛紫地刺绣绢局部纹饰

图4-39　北京大葆台汉墓出土的绛紫地绣绢花纹复原彩图

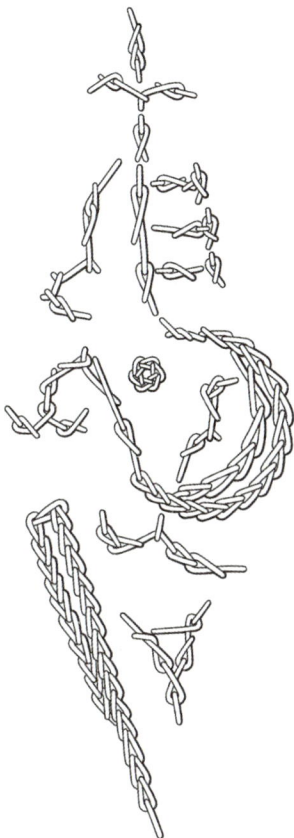

图 4-40　菱形单位纹样及针法

图4-41　绛紫地绣绢花纹线图

·汉代多彩刺绣风尚

从绣件背面观察绣纹的绣线针迹及运针走向，确实有六种不同的有规律的针迹，可见原件绝非是单色绣成。从设色绣线的运针规律，可以得出绣件初始有六种颜色完成，这也符合考古发现同时期汉代多彩刺绣的风尚，如马王堆汉墓、老山汉墓及新疆等地两汉出土多彩汉代刺绣文物的普遍规律（图 4-42）。

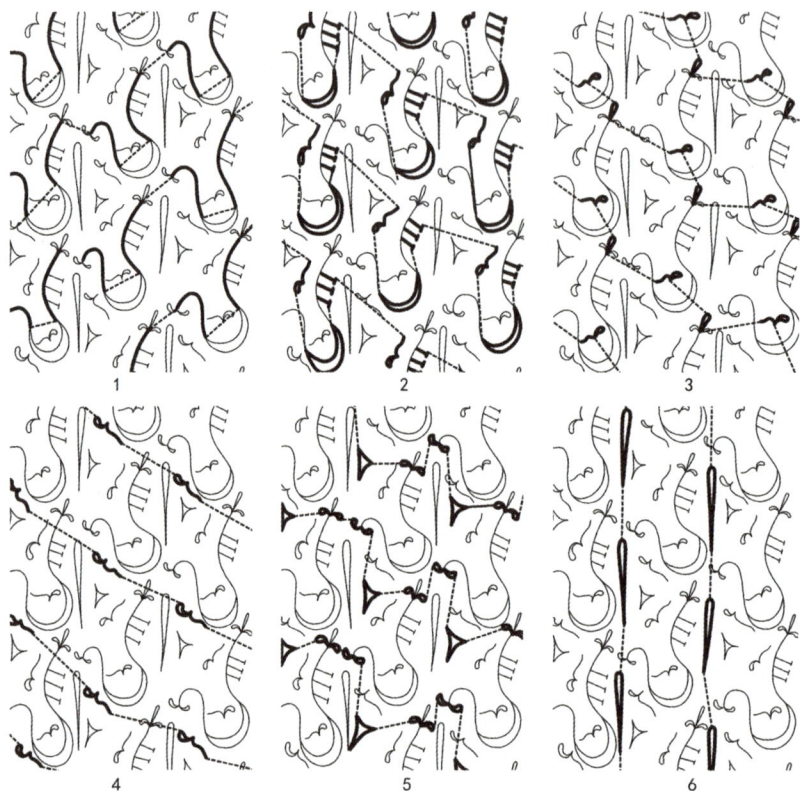

图4-42　绣绢花纹设色示意图

新疆民丰尼雅遗址出土的汉代丝织品文物
——织锦护臂：五星出东方利中国

　　1995 年，中日尼雅遗址学术考察队在新疆和田民丰县进行考古挖掘。当考古人员挖开尼雅古国的一处古墓时，一方蜀地织锦护臂惊艳出世。要说出土织锦并不稀奇，但是这块织锦的宝贵之处，不仅在于它久远的年代、精致的刺绣、诡秘神奇的纹样和祥瑞的意蕴风格，以及经历两千年而不凋的绚烂色彩，更在于其上的八个醒目文字："五星出东方利中国"（图4-43）。

　　这块织锦护臂出自精绝王子墓中，一经发现立刻被收藏起来，并列为一级文物，现藏于新疆博物馆。它不仅是国家重点保护文物，也是首批禁止出国的文物之一。被誉为"20世纪中国考古最伟大的发现之一"。

· 发现尼雅古国精绝王子墓

　　从 1992 年开始，中日尼雅考古队，连续三年对湮没于沙漠中的新疆尼雅遗址进行了考察（图 4-44、图 4-45）。

　　1995 年在塔克拉玛干沙漠发现了尼雅八座汉墓，出土了许多具有东汉特色的文物，其中就有"王侯合婚　千秋万岁　宜子孙"的文字锦

图4-43　第八号墓"五星出东方利中国"织锦护臂图

被和国宝级的织物"五星出东方利中国"织锦护臂。此外还有几十件各种靴履、覆面、衣装，从天文、衣装、靴履等，全面、丰富地呈现那个时代的工艺技术。

粗略统计，仅三号棺内出土的织锦即达十种，显示了中国服饰的博大精深。绝大部分都是过去未见的新品种，幅边完整，色泽如新，不易保存的黄、绿等色也都保持完好。初步观察，锦有三类：一类为动物文锦，如女主人公身着的通幅大花锦袍，逐次展现虎、骆驼、中舞人、龙、狮、孔雀、鹿、豹、马、双舞人、卧鹿、小鸟形象，繁缛有序。一类为几何形纹锦，如棋盘格锦袄、龟背纹复面等。还有一类为瑞兽云气图案，夹织各种吉祥语，如"王侯合婚 千秋万岁 宜子孙""广山""世极锦 宜二亲 传子孙""毋极锦 宜二亲 传子孙""世毋极宜二亲 传子孙"（图4-46、图4-47）。

东汉的时期有一个习俗，重大的事件都要织一个文字锦来纪念。这个"王侯合婚 千秋万代 宜子孙"文字锦，可能就是当时的古精绝国的纪念文字锦。

·五星出东方利中国

其中八号墓是古代精绝王夫妇合葬墓，墓葬未经人为扰动，环境极度干燥，齐头并卧的合葬男女均已成干尸，因此身着的衣物、殉葬品均保存良好。

这是我独立主持的第一个纺织文物考古项目。以前新疆地区的葬俗，是在死人的脸上盖一个锦的覆面，如果揭取方法不对，容易形成

图4-44　新疆民丰尼雅遗址外景

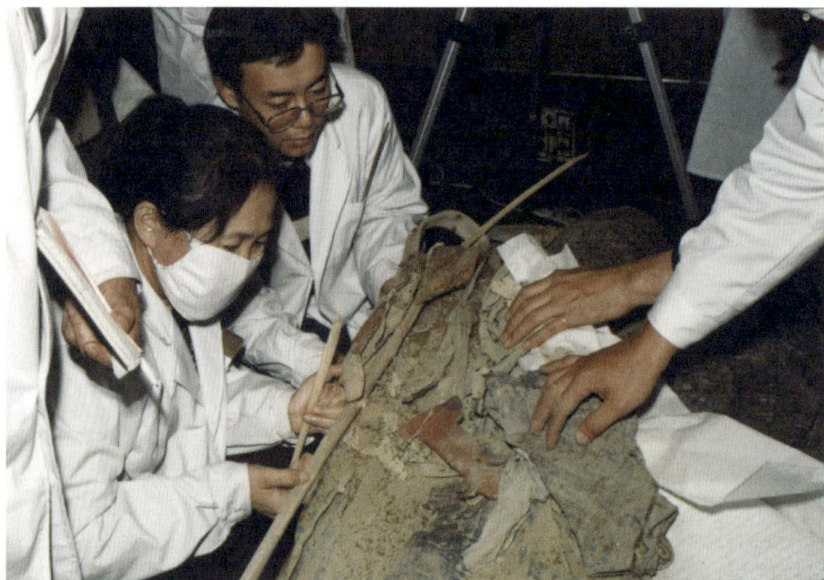

图4-45　考古人员发掘现场

图4-46　王亚蓉等考古人员清理第三号墓中的丝织品

图4-47　第三号出土的"王侯合婚 千秋万岁 宜子孙"锦

破洞。提取之前，两个头两边有很多咖啡色的东西，仔细一看我立刻起了一身鸡皮疙瘩——蛆虫的咖啡色的壳。

我提取了以后，展平了一个破口都没有。为什么有窟窿？那是方法不对。因为揭取的时候要先回潮，得先让它湿，但湿到什么程度，全凭手感和经验。而且我是第一个能把木乃伊从外脱到里的，当然这主要也是一个方法问题。虽然工作耗时很长，但是得到了一批非常好的东汉时期的织锦。

男女墓主人衣衾面料为汉式五色织锦，高档精美，应当是中原皇家作坊的产品。他们身盖色彩斑斓的锦被、覆盖锦质面衣，穿着锦袍、锦裤、丝锦短袄、绸衣、绣鞋及皮底绣花鞋。男主人公头戴绸面丝锦风帽，身旁随置的木杈上挂有生前穿着的锦袄及强弓、箭囊。腰带上配置的刀鞘、束发锦带和箭囊中装置的箭杆、镞等，均都完好如初。保存完好的一件带流陶罐上，有汉文墨书"王"字，墨迹清晰。女主人公头戴的丝锦风帽上还扎系一条纹饰艳丽的几何纹带，耳垂串珠、金叶，配以红色绢珠项链。身旁随葬有白绸披风，生前使用的龙纹铜镜，光可鉴人，置于一锦袋之中。梳篦、化妆品及针线用物，均置放于一漆盒内。

第八号墓中出土了一件色彩艳丽的蓝地白色的织锦护臂，护臂锦上织纹为"五星出东方利中国"。这个护臂长 18.5 厘米，宽 12.5 厘米，经线密度为每厘米 220 根，纬线密度为每厘米 240 根，经向花纹循环 7.4 厘米。

·护臂中文字显示织锦的时代特色

此织锦在缭绕的云气骨架中，穿插中国传统天文星占的占辞——"五星出东方利中国"小篆文字、圆圈纹表现的"五星"图案，以及凤凰、鸾鸟、麒麟、白虎等祥禽瑞兽。织造采用白、青、黑、赤、黄五色经丝，花纹流畅自如，极为华丽，代表了汉代织锦技术的最高水平。五色、"五星"，体现汉代阴阳五行思想。以此铭文织锦为护臂，反映出精绝王族对中华文化的推崇与认同。

在古代，"五星"指的是岁星、荧惑星、填星、太白星和辰星，也就是今天所说的金、木、水、火、土五大行星。"五星出东方"的是金、木、水、火、土五大行星同时出现在东方天域的星象，这与史书不谋而合。《汉书》《汉记》《史记·天宫书》皆有记载：五星分天之中，基于东方中国利，其所舍之国可依法致天下。而"中国"指的是"黄河中下游的京畿地区及中原"。按照古代占星家的理论，每当"五星聚会"，中国就将迎来空前盛世。

在汉高祖刘邦攻入咸阳的次年五月，就曾出现过"五星聚会"奇观，这不仅有史料记载，也与天文推算相符合，因此护臂中的文字显示着织锦的时代特色。

·尼雅遗址：丝绸之路南路的精绝王国

尼雅遗址，是汉晋时期奠基在尼雅河绿洲上的精绝王国故址。精绝——在《汉书》《后汉书》《魏略·西戎传》均见著录，它坐落在昆仑山下，有四百八十户，三千三百六十人。汉代是受西域都护统领的绿洲小国，东汉以后，精绝并入鄯善（今罗布淖尔地区），受魏、晋节制。政治、经济方面，既与中原王朝存在密切关系，又具有浓烈的自身文化特色。

在这批墓葬中，男主人的配弓、圆筒形箭囊、绘彩的箭杆、用于束发的锦带、腰下系用之皮囊、左衽袍服、白绸圆领大披风，系物之木杈，都具有地域风格。随葬的木盘内，置羊腿，配小刀，还有糜谷饼、梨、葡萄等，均生动显现了当年尼雅绿洲内农业牧业生产、园艺及贵族集团的日常生活景况。盖棺的绣毛毡，连续展开十字纹，彩色人面图像地毯、几何线纹地毯等，都具有浓郁的地方特色（图4-48）。

图4-48 第八号墓出土的男性织锦护臂状态局部图

　　地处丝路要冲的精绝，是一个开放的城邦，发挥着贸易中转站的作用。在尼雅遗址出土文物中，除了中原的丝绸外，还有铜镜、漆器，也有中亚、南亚和东南亚地区的毛织品、珊瑚、海贝、玻璃，以及罗马的料珠，是分析、研究汉晋时期丝绸之路南道中外经济文化交流状况的珍贵资料。

　　因此根据发现的文物可以推测这是汉晋时期尼雅绿洲上层统治集团的墓葬。本次考古发现是近一百年尼雅考古中收获最为丰硕的一次，对揭示汉晋时期精绝鄯善与中原王朝的政治关系、精绝王国的生产生活状况，以及当年尼雅绿洲的生态环境，均具有极为重要的意义。

第五章

唐、宋出土的服饰纺织品文物

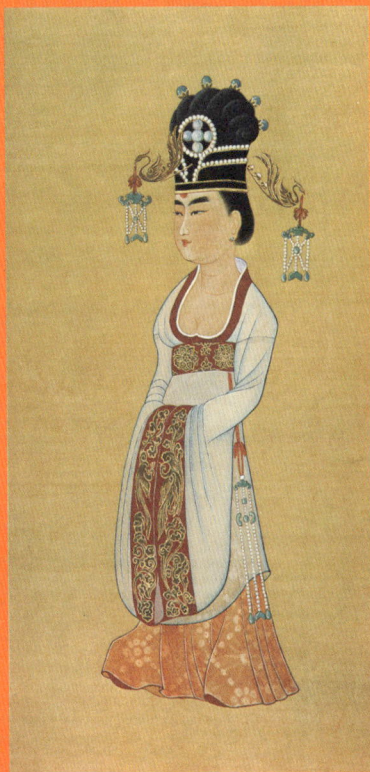

陕西扶风法门寺唐塔地宫出土的服饰文物
——地宫一开即是半个盛唐

法门寺地处陕西省宝鸡市扶风县法门镇，因安置佛祖指骨舍利而闻名天下。在唐代的两百余年间，共有八位皇帝前往法门寺六迎奉供养佛骨舍利，法门寺几乎成为大唐王朝的皇家寺院。

唐代的观念认为，迎佛骨对老百姓生计影响很大，"三十年一开，开则岁丰人和"。自太宗敕命开示供养佛骨始，渐成"三十年一开"之定制，意在祈求"岁谷稔而兵戈息"。其后有高宗、武后、中宗、肃宗、德宗、宪宗、懿宗、僖宗八位皇帝迎奉法门寺佛骨至京城长安与东都洛阳皇宫供养（图5-1）。

图5-1　王㐂、王亚蓉正在揭取宝函外裹的丝带

史料记载，公元874年，唐僖宗举行盛大法事把佛骨舍利奉归法门寺，并封藏于塔下地宫。直到1987年农历四月初八，考古人员意外发现地宫佛骨舍利和其他两千多件稀世珍宝，震惊世界！这一发现也成为了二十世纪中国最重大的考古发现之一。

· 亲历释迦牟尼佛骨舍利现世

1987年受陕西省考古研究所之邀，我和王㐂参加了法门寺唐塔地宫纺织品文物的发掘清理工作。地宫宝函和所有埋葬的文物多包有丝织品，这些丝绸均是唐皇室每次迎佛骨到长安作供奉大法会时，供奉佛骨的包装及奉佛的衣物，特别珍贵。为安全起取文物，陕西省考

图5-2　陕西扶风法门寺唐塔地宫绣袱出土状况

古所邀请我和王㐨参与主持法门寺地宫纺织文物的清理工作。除地宫中室汉白玉灵帐上面和两侧供奉的纺织品文物外，其余供养品无论金、银器，还是其他文物，都有精美的刺绣包裹和精制的匣箱盛放（图 5-2）。

· 法门寺地宫特一号文物现世

5 月 4 日，我们将放置在地宫后室的八重宝函提取出拍照，称重测量后，准备进一步的清理工作。王㐨先生和我主要负责清理这组八重盝顶宝函文物。清理工作开始前和各路专家、领导反复从各种想法中筛选合理方案，最终选定了一个可实施的方案。工作开始后的紧张情绪还是不同以往。

宝函是层装盛完供物后层层叠套放置的，第一重宝函（最外一重）是一个长、宽、高各 30 厘米的银棱盝顶黑漆宝函。所谓盝顶，就是函盖上棱成斜面的函。它是用极珍贵的檀香木制成，用雕花银条棱边。发掘时，此函已严重朽坏，仅余有部分残块。其余七重宝函层层相套，每层之间只有极窄的空隙，手是下不去的。套放时是用宽丝带提着送进去的，经过千余年的封存，此时丝带统统朽变，湿度大时一捏成泥，想再提出来是绝无可能的了。为了分离层层宝函和尽可能地保住丝带，我们一面静静地做着各种准备，一面等待丝带稍微干燥，待它将干未干时进行提取（图 5-3、图 5-4、图 5-5）。

第二重鎏金四天王盝顶银宝函，第三重素面盝顶银宝函，第四重鎏金如来说法盝顶银宝函，第五重六臂如意轮观音纯金宝函，第六重金筐宝钿珍珠装纯金宝函，第七重金筐宝钿珍珠装玟玖石宝函，第八重宝珠顶单檐纯金四门塔。函函都是金锁加封，钥匙用丝绳拴着，垂在一旁。每函都需要拿起原装的钥匙，打开唐朝人上的锁。现在信笔写着这些情况是轻轻松松，可当年将紧密套叠的宝函层层分离时难度非常大！清理时既要保住函上丝带不断，还要防止提分时稍有不慎使得宝函脱手。这剩下的七重宝函总重约 50 斤，第一次提取是将三到八重宝函从二重宝函中提出……我们就是这样不断重复着这层层提分的工作，而提取时仅能使用八根直径 3 毫米的弯折钢丝，虽然重量在每次提分后都会有所减轻，但层层宝函形制不同，我们不敢有丝毫松懈，直至最后提取出那装载着佛舍利的宝珠顶单檐纯金四门塔。

现在想来那时的情景都历历在目，往上提取重重金函、宝石函时，

图5-3　八重宝函出土状况

图5-4　八重宝函中第一重檀香木函残片

图5-5　王亚蓉正在揭取鎏金如来说法盝顶银宝函上的丝织品

大家都是瞪着眼睛，屏住呼吸，悄悄静静地紧张操作。工作时我们周围都是人，但环境却静得出奇，所有人都屏住呼吸，生怕稍大的气息就会让钢丝脱钩或惊断纺织品的组织链，每一次提取完成，大家都长出一口气将呼吸调整一下，实在是太紧张了。

最后取出被绢袱包裹的第八重宝塔，塔包袱为单层细绢，两两对角相系交叠在塔顶，包塔包裹湿潮，王㐬先生的一双手以几乎不易察觉的动作，将织物轻轻边拧边往里送，缓慢稳妥地解结，两个结整整解了二十分钟。然后，摊开的绢袱上，小巧可爱的四门塔就金光四射地现身了。此时，大家好像才深深地同时呼出一口气。提分多重宝函就是我们考古人的特别时刻，需要专注、协力默契的共鸣，才能圆满成功。这时王㐬悄悄跟我说："估计这次发掘出土最受瞩目的东西就是这里面的佛骨了吧！（图5-6）"

透过最后一重纯金宝塔的四个壸门，可以看到里面白白的玉质，塔身可轻微移动。这时王先生小声跟我说："咱们起来，让韩伟揭塔吧！"韩队长坐下，慢慢提起宝塔，金座基银柱上伫立着1寸多高玉制管形物（图5-7）。韩伟队长停顿片刻，随着他的一声"佛骨"，周围顿时拍手欢叫，沸腾了。我们看了看表，正是5月5日凌晨1点整，不知谁接着喊道："太巧了，今天刚好是四月初八佛诞日。"我不禁感叹，太奇妙了（图5-8、图5-9）！

这是佛教界的大事啊！我们连夜从法门寺接来住持澄观和敬一法师，他们身着袈裟，捧着一碗冰糖和两瓶水果罐头作临时奉品，行叩拜大礼拜谒后，诵数遍得宝经，然后二位法师兴奋地给大家分发供奉

图5-6　提取出宝珠顶单檐纯金四门塔

图5-7　第一枚佛指舍利面世

图5-8　宝珠顶单檐纯金四门塔分置，中为第一枚佛指舍利。

图5-9　八重宝函依次排列（第一重檀香木宝函已破损）

后的冰糖粒。澄观法师走到我面前握握我的手说："你的手捧过佛骨，有佛缘啊！"一句话好像提醒了别人，在场的好多人也纷纷来握我和王矜的手，手疼了，心醉了！只因刚刚我们手捧佛骨做了测量和观察。

· 秘龛藏第四枚佛骨

首先发现的第一枚佛骨正如封门石碑石刻物账文献记载的那样，佛指舍利长1寸1分，上齐下折，高下不等，三面俱平，一面稍高有隐迹（髓穴内有墨色北斗七星纹），色白如玉少青，质密而泽，髓穴方大，中有隐踌，上下俱通，四角有纹，纹并不彻；随后，第二枚舍利被发现置于地宫中室，汉白玉双檐灵帐内，帐内置一盝顶铁函，函内刻有鎏金双凤纹，银棺内置佛骨。第二枚佛骨出现后，中室彩绘四铺菩萨汉白玉阿育王塔内发现的第三枚佛指骨，使得这次考古工作笼罩在不同以往的庄严氛围中。

而最激动人心的是，地宫清理现场打扫干净后，后室后壁下端出现一块方方正正土色特别的区域，探查发现是一秘龛，内里藏有一套

五重宝函，内中嵌宝石水晶椁内，白玉棺中真正的释迦牟尼佛指舍利静藏于此。原来，前三枚都是影骨。这或许是唐代历史上礼佛、毁佛交替发生时，法门寺僧众为保护真身舍利而行的举措吧。

· 武则天、唐懿宗、僖宗等供养的七百余件丝绸服饰

根据地宫出土《随真身衣物账》记载，武则天、唐懿宗、唐僖宗、唐惠安皇太后等供养的丝绸服饰达七百余件。此次出土的丝绸种类有绫、罗、纱、绢、锦、绣等各种高级织物，因地宫多次开启且封闭不严等诸多因素，纺织品受多变的环境、各种微生物及物理损伤，保存状况不好。这批纺织品级别高，就目前得到的织绣物及多种丝织品残片仍能反映唐代纺织织造工艺的高精水平及品种多样化。

法门寺地宫皇家供奉释迦牟尼佛骨残留的纺织品文物计有三大类：一类为各种供奉金银佛像刺绣包袱；一类为供奉捧真身菩萨的冥衣；一类为各种残存的锦绣残片（件），这些残片每片均代表着唐朝生产应用的各丝织物的品种。

·地宫出土精美刺绣包袱

地宫出土的丝织品中有几件精美的刺绣包袱。在清理的过程中，发现它们与历朝陪葬品包裹使用形式不同。这类包袱一反常态，均是绣面朝里，里子向外包裹。经研究后明白这种包装形式是为方便每次请出佛骨供养或参与大法会之需而特别设计。供奉的圣物是不可随意搬动的，包袱面朝里包裹，是为供奉时打开包袱四角下垂即变为供奉品的最佳装饰，不必再翻转包袱华丽的装饰即可展现面众。这样包裹是为尽量减少搬动珍贵供奉品更是为敬佛出现的特别形式。只可惜因保存环境不理想，没能见到这些绣品全貌。现将几件残件展示如下：

檀香木函内残绣袱一件（图5-10）：此绣袱夹制，只见一方边角。面料为铁红色小花罗，密度每平方厘米经线72根、纬线14根，显微镜下观察几乎看不见丝光，铁红色可能为矿物或动物类染料染制，红色里料经纬密度每平方厘米经线46根、纬线38根，经纬线均无捻，绢地织造均匀挺括。现残存刺绣纹样有二簇花草纹、二只蝴蝶、一只鹦鹉及一只大鸟的翅膀。

刺绣采用的绣法工艺有戗针、顺线、齐针、接针、盘金、钉金线、屏针及刻鳞针等。刺绣用绒线，绣技纯熟，尤其在运用捻金线圈钉绣纹边缘刺绣的效果，犹如笔墨丹青在勾勒，或挺拔或圆润，线条流畅舒展，技术娴熟自然，反映出唐代制作捻金线水准高超均匀且柔软。绣面旁留有一小片残翅羽，用刻鳞针法刺绣的纹饰与后世沿用的处理手法一样，先是用绒线长针满地铺绣，再用接针法依排序刻绣鳞片；

鸟翅的处理手法也是用绒线，分批分层绣出，依被绣物毛羽结构的生
长方向合理排列线纹绣出，可见绣师对被绣物的理解准确深刻。在色
彩处理上写实，又独具匠心地用装饰手法再创意，色泽由深到浅或由
浅至深，色块之间虽不像后世留有明显水路，却也界线明朗匹配得当，
此件绣品可谓刺绣中的上乘之作。

　　土红色地刺绣夹包袱一件（图 5-11）：原为智慧轮盝顶壶门座银函
刺绣包袱之三。这件绣袱面料选用的是褐红色四绞小花罗，织物密度
为每平方厘米经线 72 根、纬线 18 根。里布是土红紫色绢，密度为每
平方厘米经线 68 根、纬线 48 根，绣袱的制作是面里相对绗缝，显
露的针脚长约 3 毫米，针距为 5 毫米，贴边宽缝在里边有 1 厘米。

　　绣件为残留有两直角边相连的绣袱，边长 50 厘米，残存纹饰可

图5-10　檀香木函内倒贴残绣袱纹样

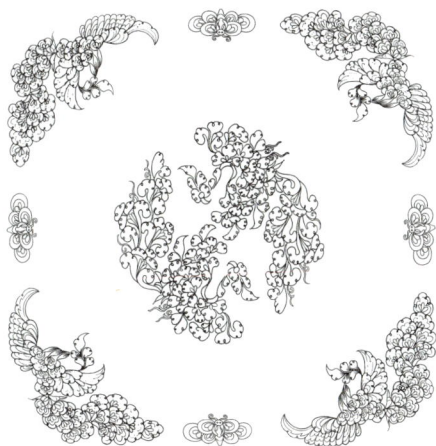

图5-11　土红色地刺绣宝相莲纹残绣夹包袱

看出原绣袱设计的格局，残存三只刺绣翔凤，翔凤是用装饰味浓郁的花和叶拼绣而成的凤形，四角各饰一翔凤纹，中间由相对翱翔的一对凤组成团花，每两个角花中间绣只小蝴蝶。装饰变形很可爱，翅膀内用深褐色接针法绣满完成后，再用捻银线圈钉纹样的内外缘，图案立显精彩，绣蝶可见深褐色、赭黄、淡赭黄、淡绿、墨绿几种彩色。凤鸟依然采用各色劈绒线绣制，色彩关系处理上多种多样，对比色、同类色、间色搭配得相当大胆，充分展现了绣师的艺术造诣。翔凤在刺绣技法上运针平齐，分皮插针，齐针平绣不留水路，正戗、反戗，处理手段都用到，纹饰边缘和色彩临界用捻银线圈钉。

宝相莲纹残绣袱一件（图5-12）：为智慧轮盝顶壶门座银函刺绣包袱之二。揭取翔凤纹绣袱后，显露出又一件绣袱的大花绫里子，花绫可说是细薄之极，展开面积大的地方可见到刺绣大花纹的半个叶子或花纹的局部，可惜纹样单位很大，仅有的残片不可能复原图案完整模样，绫织物的密度为每平方厘米经线58根，纬线32根。从现存残件上看，这件绣袱的尺寸比上一层土红色彩绣翔凤绣袱要大，初步估计要有80—90平方厘米，设计纹饰可能中间是一大朵宝相莲花，周围环绕一圈小折枝莲花。

这件绣袱残留面积为35厘米×25厘米，绣面是四经绞素罗，罗轻薄透明，劈绒绣纹平齐光亮，虽经千年但绣线的丝光仍如新品般亮丽，中心莲花瓣分七层戗针晕色绣成，中心为草绿色、浅黄绿，直至边缘为红褐色。刺绣针脚自中心旋转着向四外层层插针相嵌，放射状运针，绣成花瓣自内向外由浅至深晕色，外层小花瓣自内向外由深至浅，花瓣边以钉针法用捻金线圈围。单根劈绒绣线投影宽只有 0.05 毫米，绣面每厘米排列有 18 条线，针脚的长短视花瓣色层宽窄而定。以大花瓣为例，最外层针脚约长 0.7—0.8 厘米，向内各层约 0.5—0.6 厘米之间，所用捻金线的投影宽 0.3 毫米左右，钉固捻金线的线圈每厘米 2.5 针左右。绣袱的纹饰绣制之精巧少见。所绣莲瓣表现出蚕丝线特有的光亮，晕色细腻，层次丰富。绣袱里为真丝大花绫，经线密度为每平方厘米 58 根，纬线密度为每平方厘米 32 根（图 5-13）。

紫红罗地绣大宝相莲花夹袱一件（图 5-14）：为智慧轮盝顶壶门座银函刺绣包袱之一。紫红罗地刺绣夹袱损伤较重。残长 63 厘米、宽 46 厘米。绣袱中间为一大朵宝相莲花，四周围绣写生折枝莲花，折枝莲花形象逼真生动。莲根藕、荷叶、荷花、莲蓬一样不缺，绣技精湛，色彩绚丽。可辨颜色有深蓝、浅蓝、淡蓝、茶褐、浅茶褐和金褐色。莲瓣由内及外反戗刺绣，四皮绣线宽 5-7 毫米，每皮（层）之间用 0.12 毫米捻金线，有规律地盘曲圈钉分界。莲芯接针法圆环满绣后，用深蓝色绒线平针绣出小圆点再用金线圈钉外圆。绣线排列有序，色彩由浅至深的晕色，加之捻金、银线的圈界，是一幅珍贵的唐代刺绣珍品。夹袱的里子为方目纱。密度为每平方厘米经线 26 根、投影宽为 0.18 毫米；纬线 26 根、投影宽为 0.2 毫米左右。经纬线均无捻。

素面盝顶壶门座银函外三个绣袱均夹制，有衬，估计是为加工刺绣而铺垫。这三件绣袱的面料都是极轻薄的罗织物做面，罗绣面下都有薄绢衬，估计在很轻薄的罗上刺绣，不加衬直接绣会有不易挂针和易变形的缺陷，尤其在绣纹面积大或绣线较粗的情况下，加工起来是

图5-12　宝相莲纹残绣袄

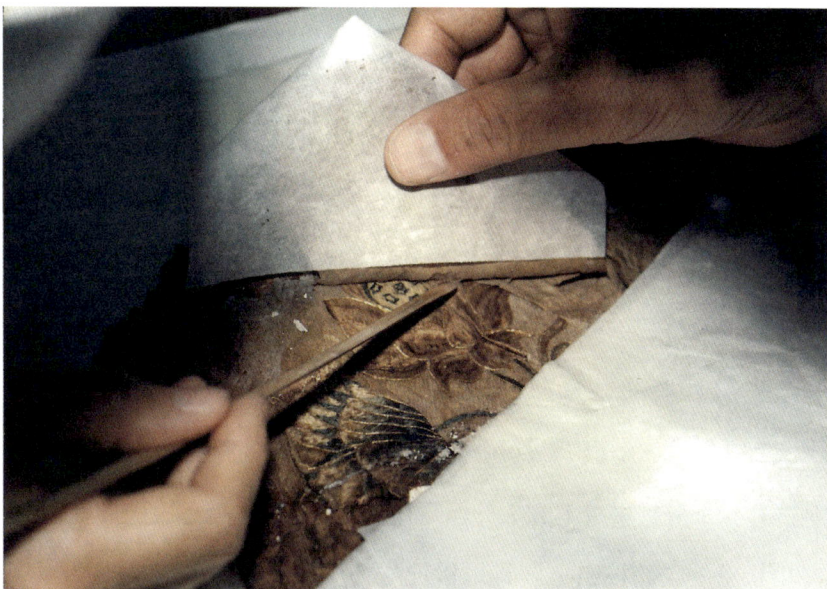

图5-13 王㐨与王亚蓉正在对宝相莲纹残绣袄进行揭展

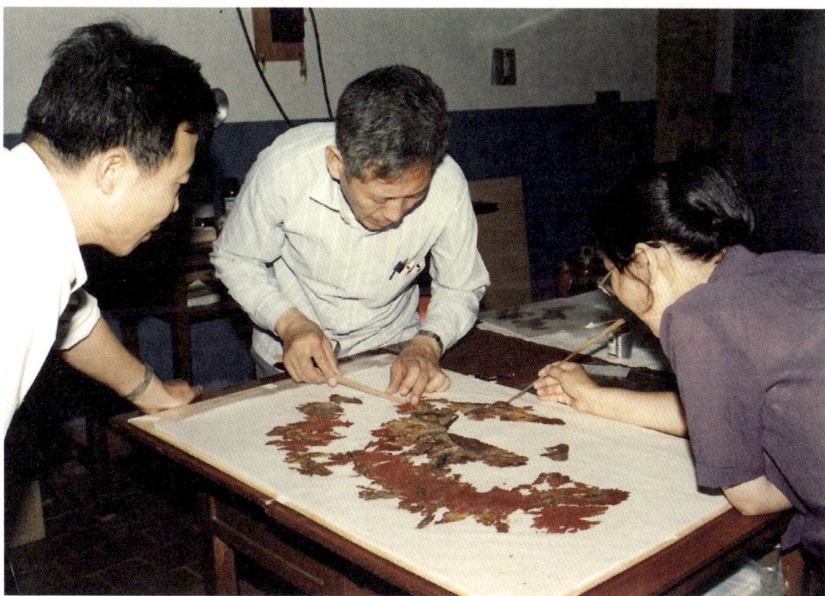

图5-14 王㐨与王亚蓉正在对紫红罗地绣大宝相莲花夹袄进行整理

相当费劲的。

十字四出蔓草纹绣袱一件（图5-15）：绣袱置阿育王塔内鎏金铜浮屠外，估计为浮屠绣袱。这件绣袱纹饰是四方中心对称写实的蔓草花纹，组成十字花，四角又形成四出花，构图精妙。刺绣使用的绒线仅1毫米粗细。

素罗地石竹花飞鸟残绣片七块（图5-16）：面积分别为12厘米×12厘米、7.5厘米×6厘米，残留绣纹有石竹花、鸿雁、飞鸟残翅及一些图案类装饰条纹，用写实手法绣制花鸟。绣线为投影宽0.7毫米的劈绒线，分层齐针平绣，相邻的两层用针相插处理得美观适度，每厘米并排16条绣纹。枝条、雁目用接针绣完成，针距0.6厘米左右。绣品和颜色及丝里处置绝佳。保留的色彩可以分辨出的有金褐、深棕褐、棕褐、绛黄褐、淡黄褐、草绿、橄榄绿、墨绿、海蓝和深蓝等十多种，另在残翅膀鸟眼上部一窄横条内，应用的绣线为两色合成捻就的花线（合股线），一股为深绿色，一股为金褐色，足见唐代绣工不仅绣技娴熟，艺术处理手段也是多种多样的。

从残绣片观察原件绣地，也是极稀薄的四经绞素罗，衬上一层薄薄的红色绢衬，里料为棕红色绢。素罗密度：每平方厘米经线 40 根、投影宽为 0.05 毫米左右，无捻；纬线 16 根、投影宽 0.15 毫米左右，无捻。绣衬薄绢，每平方厘米密度为经线 56 根、纬线 44 根；棕红色里，料密度为每平方厘米经线 34 根、纬线 34 根。

图5-15　十字四出蔓草纹绣袱线图

图5-16　素罗地石竹花飞鸟残绣片线图

·供奉捧真身菩萨的冥衣

地宫出土的白藤箱内捧真身菩萨取出之后，函底有五件完整蹙金绣供奉品，系按原件比例缩小的替代品——冥衣。

紫红罗地蹙金绣案裙一件（图5-17a、图5-17b）：案裙，夹制，背面里子上还钉有横绣裥一条，桌衣面宽6.4厘米，长9.6—10.2厘米。裙面蹙金满绣云朵及山岳纹，三面镶有1厘米的边饰，上面也绣满交错排列的云朵。云纹是用捻金线盘绣而成，捻金线投影宽为0.5毫米左右，金箔切宽0.5—0.8毫米不等。捻金线芯线为S向绛褐色合股丝线，S向捻每米约1080捻回，双根捻金线盘钉，钉线为绛褐色合股丝线，投影宽0.25毫米左右，钉线针距相间为2毫米左右，一般情况圈盘金线，钉固绣满花纹就算完工。这件云纹钉绣完成后，又用线在花云转折处，大针脚再钉固针，且每朵云纹都做了这种处理，针法并不固定，似乎只是为了压抛而已。每组纹饰缘边又用深褐色捻度很弱的丝线沿边钉缝一周，增强每个纹饰的独立完整形象，缝绣技法好似没有一定规律的信手缝缀，有绗针，有滚针，转角处有时也采用拉针。

绣面料为紫红色小花罗地，花罗四经绞为地二经绞显花，经线密度每平方厘米80根、纬线密度每平方厘米20根。里料为紫红色细绢，经线密度每平方厘米66根、纬线密度每平方厘米46根。此绣件为夹制，里、面缝合时较粗简，缝时里面相对，三边绗缝后翻过来，在横开口处向内反扣边，稀针缭住口沿。

紫红罗地蹙金绣半臂一件（图5-18a、图5-18b、图5-18c）：是一件蹙金绣生色折枝花夹半臂，两袖展开长14.1厘米、左袖口宽4.3厘

图5-17a 紫红罗地蹙金绣案裙

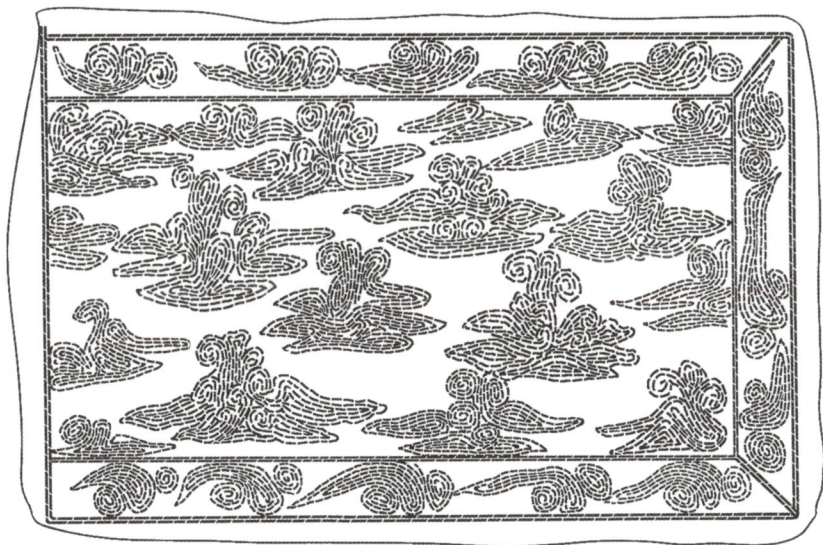

图5-17b 紫红罗地蹙金绣案裙线图

米、右袖口宽4.7厘米、身长6.5厘米、领口宽0.9厘米、领缘宽0.4—
0.5厘米、领围长12厘米。绣地仍为织造非常匀密的紫红色小花罗，
衣里是红色细绢。衣式为唐仕女上衣典型的式样。长仅过胸，短半袖
宽袖口，对襟并镶有宽领缘，领缘上左右边相间跳绣破式如意云头状
纹饰。半臂衣遍身蹙金满绣生色折枝花，每朵花的花蕊上还钉有一粒
小红宝石珠闪闪发光，甚为活泼艳丽。

金绣半臂衣的剪裁和后世裁剪中式对襟衣基本相同，也是先将幅
料纬向对折后，再经向对折剪裁，此半臂衣在肩的下边并排钉绣两根
金线，似不是装饰之意，而是以此表示是实际成衣的拼袖接缝，另后
衣襟中部要比前襟稍长并向两边微微翘起，后襟下摆两角呈小圆角。
开（挖）领窝比实际应用衣挖得有些低，此夹绣衣宽领缘是绣出来的，一
般实用衣领缘都是另外用斜裁衣领镶缝的。

蹙金绣半臂的缝纫方法很简单，因为属冥衣，缝制时只是将绣面
与衣里、正面与正面相对，在衣领、对襟边沿、袖口及前后衣底摆用
合股细丝线，以约4毫米的距离绗缝后，将已缝的半成品衣翻过来，
再将两肋边缭缝起来，左右两肋缝合处理也不一样，左肋是先将前后
片的里和面缝合再翻过来缭缝，右肋则是采用民间至今沿用的"杀根"
法缝合。

紫红罗地蹙金绣裙一件（图5-19a、图5-19b）：这件裙正面在紫红
罗底上盘绣蹙金的山岳、流云纹样，梯形裙面之上端有一字形腰带，
上蹙绣对称的斜列式流云纹。腰带长17厘米、宽1.6厘米。裙上腰部
宽7.4厘米、下摆宽11.6厘米。

图5-18a　紫红罗地蹙金绣半臂

图5-18b　紫红罗地蹙金绣半臂线图

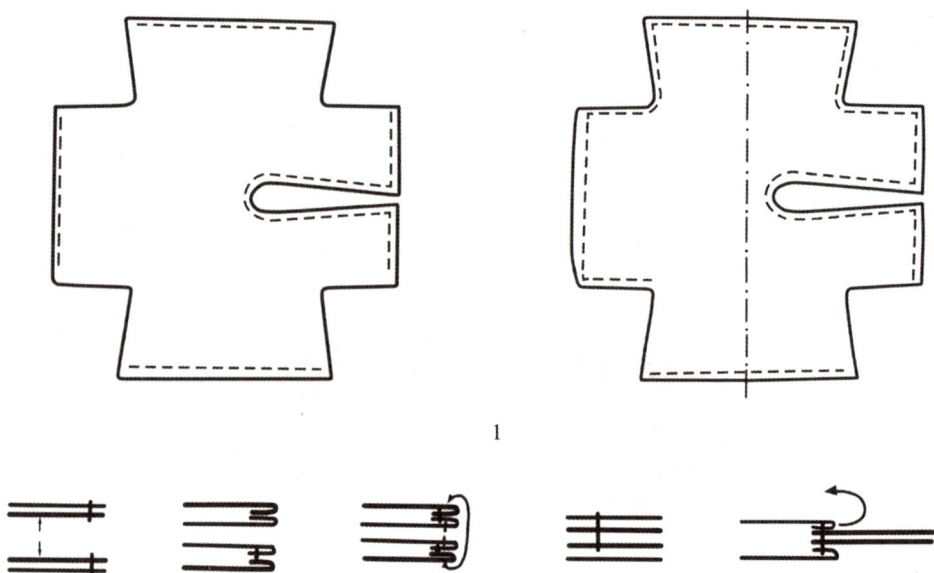

1

图5-18c　紫红罗地蹙金绣半臂剪裁、缝合示意图

　　蹙金绣裙裁剪非常简便，连腰一起一片剪下，将宽腰往下翻折做腰里。绣裙制作是先将剪裁好的里、面，面对面相对，沿边均用0.4厘米左右针脚纫缝后翻转过来，再将腰里口留的缝隙缝好，即完工，蹙金绣沿裙左右和下边钉绣三条金线，其余圈边钉线全是两根。绣裙面料里料全同半臂衣。

　　紫红罗地蹙金绣袈裟一件（图5-20a、图5-20b）：长16厘米、宽7.8厘米。袈裟正面蹙金绣满纹饰，袈裟亦称"福田衣"。这件袈裟四周绣宽缘，缘上双根金线钉绣二方连续云纹，边缘之内划分七个竖向栏界，每栏界划分为二目半，每区间蹙金绣生色折枝莲花一簇，四角绣有四个"王"字。袈裟背面，距上边缘2厘米的一条水平线上，在距

图5-19a　紫红罗地蹙金绣裙

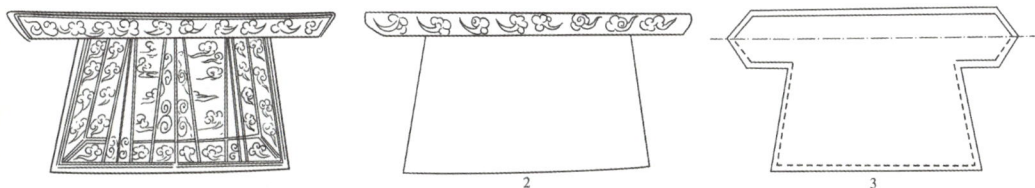

图5-19b　紫红罗地蹙金绣裙
1.正面 2.背面 3.剪裁示意图

右边 4.3 厘米处和9.8 厘米处，各用丝线钉圈一金线套。这件袈裟缝制较简单，在两长边绗缝后，将短边纤缝好即完成，袈裟绣纹光闪金亮很是壮美，四角及花蕊处，也缝缀一粒小红宝石珠，佛界称为"因果时"。袈裟上分隔出的竖向被栏界成七条的佛界称"七衣"，分成二十一个区间（二十一目）为最高等级的袈裟。

紫红罗地蹙金绣拜垫一件（图 5-21a、图 5-21b）：这种绣垫是做佛事时供人跪拜用的，佛界称为"尼师坛"，意为礼拜用具。这件绣垫

223

图5-20a　紫红罗地蹙金绣袈裟

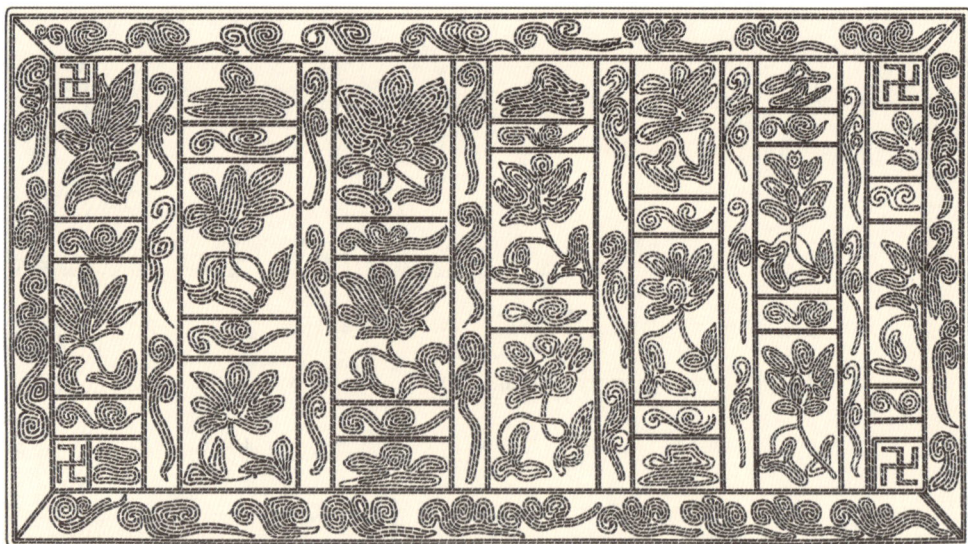

图5-20b　紫红罗地蹙金绣袈裟线图

夹制面积长 7.5 厘米、宽 7.1 厘米。绣得非常精美，四边圈绣二方连续如意云，中间绣饰一朵四重宝相大团花，四角绣成四个"卍"字，每两个"卍"字之间，绣两朵如意云。在绣垫四缘边内，每边绣流云三朵，绣制工艺采用蹙金、接针、钉针等技法完成，中间宝相花的每个花瓣及花蕊部均用深褐色绒线接针圈绣，在圆形花蕊中间缀一粒大红宝珠，围红珠又缀饰七粒较小红宝珠，四角纹饰"王"字中也各缀一粒宝珠，现只保存两粒，其余珠饰无存，但原来钉饰珠子的线圈套仍然保留在原位上。捻金线投影宽 0.4 毫米，每米捻回一千个左右。蹙金圈边用双根金线并列，使用投影宽 0.15 毫米的合股土红色丝线钉固，针脚间距 4 毫米。缝制的方法也是绣面先和里料相对，缝合三边翻过来，再缭住开口的一边即完工，所用绣地紫红小花罗及紫红色绢里同前几件供养绣件相同。

图5-21a　紫红罗地蹙金绣拜垫

图5-21b　紫红罗地蹙金绣拜垫线图

225

· 地宫出土其他纺织品

盝顶铁宝函上纺织品一件（图 5-22）：盝顶铁宝函顶上摆放有非常显眼的织品包裹，可惜已完全脆化、碳化，布满生硬的裂缝。残片明显可见斜菱格花罗地上采用接针法刺绣成的轮状花纹。这些残片已完全被铁锈化，没有保留任何蚕丝的成分，借铁锈保存住织品结构。清理出铁函盖上一个层面，可见两簇印金折枝花及其上飞翔的许多小蝴蝶。还可见清晰的合缝及绣罗（绒线接针法绣残纹），在残片上试滴水一小时无丝毫内渗。

金银丝结条鞋两双四件（图 5-23）：金银丝结条鞋是编织成型的，鞋帮以金银结条丝编制而成，鞋口以素罗缘口，鞋帮内衬素罗织物，还托衬一种南方的薄韧树皮，鞋里为几何纹绫。鞋底与鞋帮可见缝绱针迹，绱鞋的针脚长 0.7 厘米、针距 0.1 厘米；鞋口在外缘与内衬之间，有浅褐色镶缘一周。缘口宽 0.7 厘米、下缘宽 0.6 厘米、鞋帮后中缝高 4.5 厘米、宽 1.4 厘米。鞋之前脸长 6.5 厘米，脸上饰直径 2.5 厘米的重瓣金丝结条六出团花一朵，下衬金箔；鞋后帮上缘以鎏金银丝编织鞋拔。鞋拔中高 6.5 厘米、边高 5.7 厘米、上宽 5.7 厘米、下宽 4 厘米、中宽 4.5 厘米。鞋通长 24 厘米、宽 4.5 厘米、中高 3.5 厘米。

鎏金银平脱镜镜衣两件（图 5-24a、图 5-24b）：鎏金银平脱镜供养时为两个镜面相对存放，镜纽上拴系成束丝线挽的丝绦，纽结仍清晰可辨，镜衣绣面为灰草绿色四绞素罗，上绣石竹花及枝叶，还有两只绣着黑黑圆眼的小鸟。全部采用齐平针插接平针。头部运针圆环放射，

图5-22 盝顶铁宝函上纺织品

图5-23 金银丝结条鞋

很是活泼可爱，纹样栩栩如生。工艺采用齐针、插针和接针完成。

紫红罗地蹙金绣织物一件（图5-25）：蹙金纹样宝相花形面积较大，盘满金丝非常绚丽。纹饰采用绣加绘的手法完成。

清理原中室十三件秘色瓷时，取掉上部装秘色瓷的椭圆漆盒后，可见多层织物紧紧叠压在一起，有印金、贴金箔纹饰。显微镜下观察

图5-24a 鎏金银平脱镜镜衣

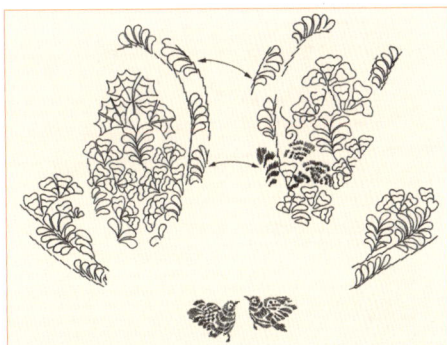

图5-24b 鎏金银平脱镜镜衣线图

图5-25 紫红罗地蹙金绣织物

似有油蜡浸泡过的感觉。内中压有相互叠压的四经绞黑色罗织物，边缘有卷滚后缭缝出的圆边，投影宽为1.8毫米。取走漆盒，露出上有大面积蹙金纹样的折叠衣物，纹样与盝顶银函绣袄之一相似。构图也是中间一朵硕大的蹙金绣宝相莲花，金线无缝隙的满地盘绣，但处理细部莲子、花蕊等却采用墨线描绘而成。这种绣加绘的处理手法在唐代已知刺绣品中也是不可多得的物证。纹样的结构是在大朵宝相莲花周边，蹙金绣出多个折枝花卉。

斜菱格对凤织金锦一件（图 5-26a、图 5-26b）：原存中室白藤箱内，此系残片之一。因白藤箱已朽成渣，未编号，故此件也无号。金锦为唐代纬起花织金锦，经线为合股丝线，纬线使用的是投影宽为 0.1 毫

米的捻金线，此捻金线用金量比明清时期要高得多。取 3 厘米长的捻
金线在离纸张 20 厘米左右的高度投下，竟落地有声，说明含金量很高，
后世的捻金线在同样高度落下，几乎是无声的。织金锦的纬线为 S 向
捻金线，芯线是合股细丝线。捻金线制造工艺极精，投影宽仅 0.1 毫
米左右，且条份均匀。缠绕薄金箔（片），切宽 0.12 毫米左右，未发
现纸或羊皮背痕迹。织金锦纹饰为斜菱格对凤纹，金碧辉煌，织金锦

图5-26a　斜菱格对凤织金锦

图5-26b　斜菱格对凤织金锦纹样线图

的织造技术高超。

　　鹦鹉牡丹如意云纹织金锦棺衬五件（图 5-27）：鹦鹉牡丹如意云纹
织金锦是地宫中室铁函内出土的供奉第二枚佛指舍利之鎏金双凤纹银
棺内的棺衬，长 8 厘米。棺底、两侧棺帮及前后棺挡各放置尺码相当
的彩锦作衬。棺衬为夹层，织锦面下衬小花罗织物里。织锦纹饰由折
枝牡丹、相对飞翔一对鹦鹉团花及如意流云组成。可以辨识的颜色有
暗绿色、蓝绿色，以及深浅不同的金褐色。丝光保持极好，属于多彩
纬锦。每平方厘米经线 44 根，投影宽 0.15 毫米左右；纬线 26 根，投
影宽 0.4 毫米。里衬为小花罗织物，每平方厘米经线 58 根，投影宽 0.15
毫米左右；纬线 22 根、投影宽 0.2 毫米。

图5-27　鹦鹉牡丹如意云纹织金锦棺衬

图5-28　纯金四门塔绢袱

　　纯金四门塔绢袱一件（图 5-28）：纯金四门塔绢袱是供奉特 1 号佛指舍利的纯金四门塔是由一方绢袱包裹。方袱长 20.9 厘米、宽 19.1 厘米。经线每平方厘米 56 根，投影宽 0.15 毫米；纬线 44 根，投影宽 0.2 毫米。经纬线均加弱捻。为保存这件绢袱功用的信息，被精心解开的四角痕迹未理平，中间金塔基四边压痕也清晰可见，依原样保存。

　　八重宝函系带五条：八重宝函是唐懿宗供奉的，安置在地宫后室。宝函之间空隙狭窄，分离提取困难极大。唐代安放供养佛指舍利时同样是无法下手，清理时发现古人是用丝绸系带提放安置的，放置完成后系带左右相搭保留在内。清理时系带含水量过大，容易使本来就糟朽的织物一触即为泥状，只能控制系带慢慢脱水，待它将干未干时动手揭取。现在保存的宝函系带均是用细薄的大花绫缝制的，裁好后双叠缝合，带子两端折缝成三角形。所用大花绫每平方厘米经线 72 根，投影宽 0.1－0.3 毫米不等；纬线 26 根，投影宽 0.2 毫米。花绫纹样单位很大，仅凭保留在窄带的局部尚不能辨识出纹饰的名称。

保留的系带情况如下：

素面盝顶银宝函系带，长 76 厘米、宽 5.8 厘米。鎏金如来说法盝顶银宝函系带，长 75 厘米、宽 5.8 厘米。六臂观音纯金宝函系带，长 67 厘米、宽 4.5—6 厘米。金筐宝钿珍珠装纯金宝函系带，长 70 厘米、宽 2.5—5 厘米。金筐宝钿珍珠装球玞石宝函系带，长 68.6 厘米、宽 5.4 厘米。

· 地宫出土纺织品种类

法门寺丝绸虽封入地宫千余年，这期间由于多次迎佛开封，再加上地震造成的周围土石砸压，以及地下水的夏涝冬旱，其中的盐碱物通过地下水的交替渗透而存留在丝织物中，对丝织物纤维造成了严重的破坏，其丝强度、韧性及丝光都大大降低，物理和化学性能也明显变差。出土的大多数丝织物及盛装的箱箧多已朽败和碳化，有些甚至不能触摸，一触即成粉末，如铁函外包裹之绣袱，仅存纤维组织锈化灰迹，堆积成层的丝织物块表面因砸压及地下水浸多已严重变化、龟裂，由断裂面观察，叠压在内的深层丝绸及一些密封较好的器物中丝织物，则保存情况较好，可以进一步揭展。

1987 年，我们初步对部分织品零碎残件及脆弱丝织物，采用桑蚕单丝网喷施聚乙烯醇缩丁醛（Polyvinyl Butyral）膜加固，最初共整理揭展丝织品十三盒，达数十片，面积最大的有一平方米。

为了保存一套全面珍贵的实物资料和标本，在不同残片中选取不同类型的样品展平，粘贴在生物载玻片上，编号登记，并在显微镜下或丝织物纤维投影仪下观察每个样品的色泽和组织结构，鉴定品种，读出其每平方厘米的经纬线数，经纬线投影宽和经纬线捻向，测出织物厚度。归纳起来，已知织物有锦、绫、罗、纱、绢、刺绣、绣加绘、印花和编织九大类。

· 罗织物

依织物组织分类，绞经织物称作罗。凡是经线互相纠绞再织入纬线的织物也统称纱罗织物。纱罗织物经线互相纠绞形成有规律的孔隙，透气性极佳，是中国古代的丝织品中夏季常用织物，它透气，而且凉爽。罗有素罗和花罗之分。法门寺地宫出土了大量罗织物。

素罗 标本有近二十种，多为两经绞素罗和四经绞素罗，颜色有黑色、紫红色、褐色、黄褐色、深褐色和红褐色。

花罗 花罗多数情况是四经绞为地（孔隙大而透明）两经绞显花纹，也时见花纹部分为平纹组织，由两经绞作地纹。常见花纹有大小菱形纹、回纹和万字纹等。

· 平纹及平纹变化组织

平纹是最简单的织物组织，古代的麻布缯、绢、纨和素都属于平纹组织，其组织虽极简单，但可根据经纬密度、粗细变化和经纬线捻向的变化以及上机张力的差异，得到不同的织物效果和性能，所以同为平纹组织，却有不同的称谓。

当平纹织物织造时经纬浮点不是一上一下，而是将经、纬浮点有规律的交替延长变化而派生出的各种不同形式织物，统称为平纹变化组织，同时都属于平纹变化组织。平纹变化组织包括重平组织和方平组织等。

古代织物中的绫、绮、𬮿等品种均属于平纹变化组织织物。绫是由平纹组织的变化显示花纹的织物，花纹有大有小。绫也有花、素之分，素绫多是采用单一的斜纹或斜纹变化组织，花绫一般是斜纹或平纹地上起花的单层暗花织物。

唐代是织造绫织物鼎盛时期，官府专门设有"绫作"组织，以浙江生产的缭绫最负盛名，文献及唐诗多有描叙，以其纹饰华丽轻薄透明如蝉翼而著称。白居易《缭绫——念女工之劳也》诗曰：

缭绫缭绫何所似？不似罗绡与纨绮。

应似天台山上月明前，四十五尺瀑布泉。

……

去年中使宣口敕，天上取样人间织。

……

缭绫织成费功绩，莫比寻常缯与帛。

丝细缫多女手疼，扎扎千声不盈尺。

……

非常形象地描绘出缭绫的精妙与织造的辛苦。

法门寺地宫绫织物残片中大小花绫多种多样，其中轻薄透明如云雾者估计应为缭绫！

想想十七年前 5 月，惊心动魄的一周内，我亲历了佛祖一枚佛指骨舍利、三枚舍利影骨的现世，连随后清理完善的工作都让我欢喜雀跃，今日回想起来仍激动不已。想来或许我真有些佛缘，2001 年我参加杭州雷峰塔的发掘，2004 年又主持修复了北京智化寺元代佛像体内的装藏绝本《大金色孔雀王咒经》《大宝积经》和《陀罗尼集经》，2008 年又抢救修复了江西赣州北宋修建的慈云寺塔暗龛等国家一级文物……愿佛保佑天下太平，人民安康吧！

（摘自张婉仪女士整理的王亚蓉先生口述）

江西赣州慈云寺塔出土的北宋书画文物
——北宋早期的物质文化遗产

"一座赣州城，整部宋代史。"赣州在宋代为全国三十六大城市之一，素有"江南宋城"和"宋城博物馆"的美誉。

赣州慈云寺塔出土的这批文物中，出现了一些宗教与世俗社会的罕见资料，反映了唐宋时期的民间风俗与市民生活，内容丰富，风格不一，有的具有较明显的北方地区文化特征。这些不同风格的古代艺术品同时在赣州慈云寺塔出土，进一步证实唐宋时期随着大庾岭的开通，赣州已成为南方海上丝绸之路联结我国内地黄金水道的一个重要节点。

·涵盖时代信息的书法绘画实在难得

北宋早期绘画因其画风上承五代十国，下开两宋画坛巨制之先河的特殊历史面貌，而在中国绘画史上备受关注。这个历来被认为代表中国美术最高成就的皇宋时代，是由中国艺术史上最为繁盛的唐代向宋代绘画形式的开端发展的特定时期。但从传世及出土文物的资料来看，可供研究的实物资料极少，而这批文物的出土成为学界研究北宋早期绘画和中国古代服饰等文化研究最重要的资料。

图5-29　修复后的慈云寺塔出土的北宋绘画局部——人物服饰

2004 年 5 月 26 日，江西赣州市博物馆在对省级文物保护单位（现为全国重点文物单位）慈云寺舍利塔进行维修时，在第四层内壁暗龛中，发现了大批北宋初年的珍贵残损文物。该暗龛面宽 55 厘米，高 117 厘米，进深 33 厘米，不大的空间却包含珍藏，其间堆满造像、佛经手卷等各种残破不成型的文物。因散佚等历史原因，发现之初，龛内文物堆放零乱，保存状态严峻，损毁严重。多数佛像残件被发现时或竖立或平躺；写经手卷混杂于一处；彩绘泥塑佛像碎裂或色彩剥落；大量写经、书画等珍贵难得的有机质文物更已严重霉烂变质，混杂纸张霉烂后所生成的灰黑色纸灰与黄褐色泥土，泥土面上还留有数块塌落的建筑残件。通过逐层逐件地小心清理，从暗龛中取出成卷的板结书画经卷十六件，残破的经卷残片、纸绢彩画碎片及各种零散构件七百余片（组）（图 5-29、图 5-30、图 5-31、图 5-32）。

在出土文物中，有机质文物一直非常稀有，而作为涵纳时代信息的书法、绘画作品更是难得。自二十世纪湖南长沙马王堆一号汉墓出土著名的 T 形帛画以来，也只在辽宁法库叶茂台辽墓、山东明鲁荒王朱檀墓等个别墓葬中出土过少量的书画作品。

· 北宋早期纸质文物残片

在文物初步检视中，文物工作者明确地在纸质文物残片中发现了"大中祥符七年""天圣二年"的墨本书迹年款。这个发现也正式为这批文物的历史背景做了一个极好的佐证。

作为处于唐宋交替社会大变革时代的历史遗物，赣州慈云寺塔出

图5-30 修复后的慈云寺塔出土的菩萨坐像

图5-31 菩萨坐像线图

土的北宋早期绘画，是我国迄今为止，出土数量最多的书画类文物。出土的文物是绝佳的文化材料，所涵纳的人文、社会、宗教等信息极其丰富，为研究北宋早期的社会文化形态提供了非常重要的资料。

2006年受国家文物局委托，我前往赣州考察慈云寺塔出土文物的情况，着手制定文物修复方案，并联合、组织国内多家单位的专家对慈云寺塔文物进行抢救性修复。这个工作从2006年到2011年，用了

图5-32　修复后的观音像

图5-33　这是唐代的大髻赭面妆，装束也是唐代的，但是这个时间纪年是宋代的。

五年时间，最后结果非常出人意料。从如此多残碎的纸片片里，拼出了六十多幅北宋初的供养画，有绢本的有纸本的，出色完成了这项工作（图5-33）。在这次修复工作中，我们多学科共同参与，传统技艺与新科技混合应用。

· 成百上千残片大拼对

首先摆在各位文物工作者面前的问题，就是对书画类文物残片的分类拣选清理工作。由于文物出土时已经支离破碎，对这批文物的分类拣选也就成了摆在修复工作者面前的第一个难题。按照传统的书画修复程序，每幅作品都应该是基本完整地被托裱在背纸之上，也因此画面不会太过残破。但是这批文物却都已经破碎成众多碎片，按照一般的书画装池手段是难以复原的。

在书画装裱方面，我特别邀请故宫纸质文物修复专家纪秀文女士与我一起，带领我的学生们利用考古学中器物的类型分类方式，将众多的残片基于材质、颜色等特点进行分类拣选。然后将这些经过分拣的纸绢类文物残片，根据传统中国画的方法研究其画意，将较大残片所遗存的线条与颜色分布进行对比，来完成相近画意的拼对。这样，成百上千块的细小残片被一一分拣完成，并按照画意逐步拼合成幅（图5-34、图5-35）。

考古学、文物修复技术与中国绘画研究等多个学科共同参与，使得本难以达到理想效果的碎片文物，得到最大程度上的拼复。本次修复重新拼合出三十幅较完整作品，得到的最大的作品尺寸长达 120 厘

图5-34　绘画残片出土残损状况

图5-35　分拣整理中的绘画、书法残片

米，幅宽更是达到 90 厘米，这是装裱历史上非常难得和难办的一件工作，是修复手段的探索，也是技术上的突破。

传统修复中国绘画，主要是将残破的画心撤换背纸与镶料，将局部修复后再次托裱成一张完整的文物。这需要文物的基本素质要好一些。如果遇到一些比较残破的画心，需要运用拷贝台等设备创造辅助光源，使修复工作可透过光线从背面，看出书画的画意与笔路，保证画意的相衔接。但是这种传统修复技法，若用在此次工作中反而会更费工费时。

首先，慈云寺塔文物的残破程度非常严重，绢本酥粉化极为严重。如果将拼对好的文物翻面覆在拷贝台上，很有可能造成将文物工作者千辛万苦拼对好的画意再次走形，增加修复的时间和难度。其次，如此糟朽的文物状况，如果强行运用强光拷贝参与修复，很可能造成二次损坏。

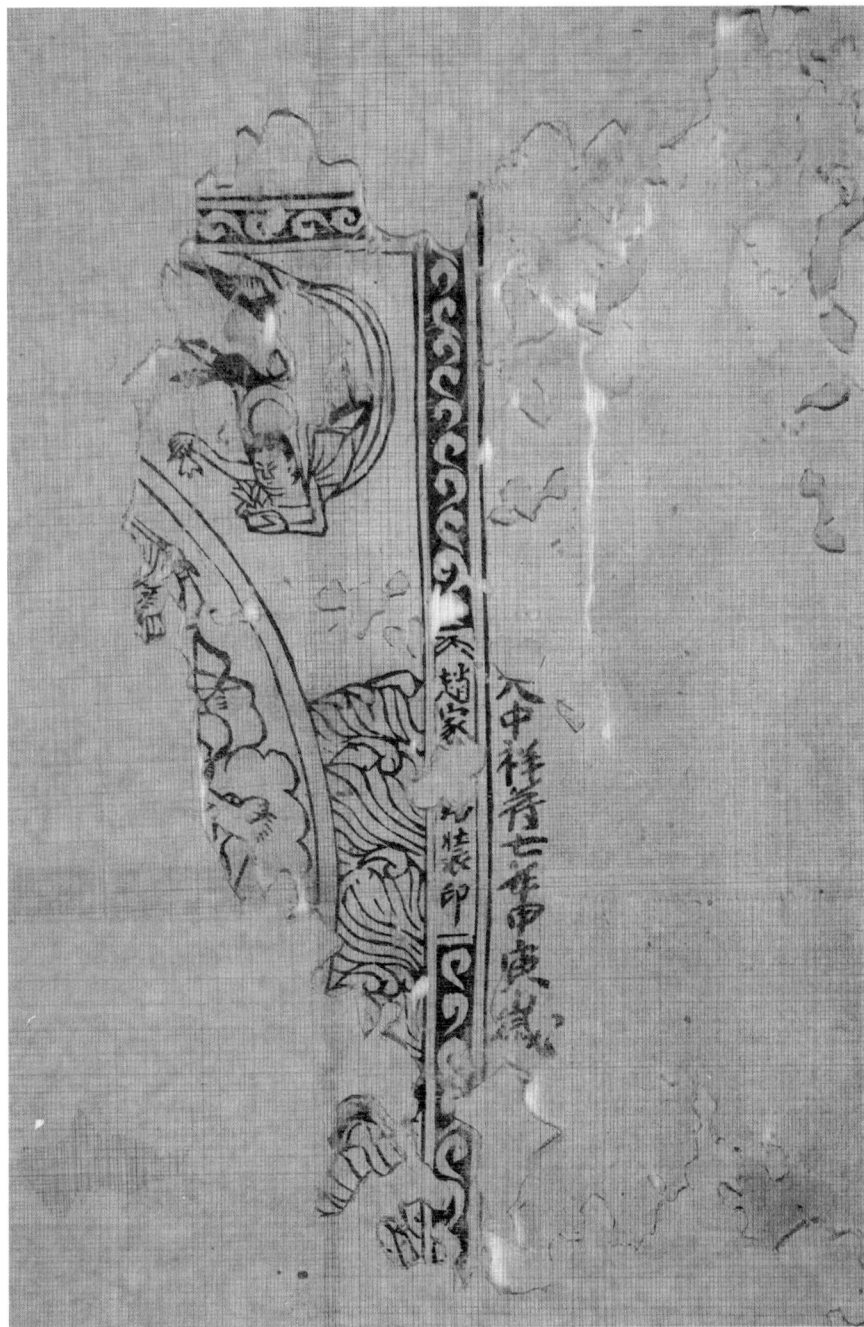

图5-36　修复纸本飞天板框"大中祥符七年"残片

·传统保护理念和创新技术的结合

桑蚕单丝网＋聚乙烯醇缩丁醛黏合剂的加固技术，是 1969 年中国社会科学院考古研究所自主研发的成果。这种技术需先将天然单根蚕丝绕结成网，使之具有稳定的机械强度，用于加固修复保护脆弱质文物。这种丝网不仅不影响加固文物的外观，而且非常耐老化，也符合文物修复工作中的"最小干预"和"具可逆性"原则。桑蚕丝网加固技术发明后的首次应用，是在修复保护阿尔巴尼亚羊皮书的工作上，后来也在大量的考古应用中取得诸多成效，马王堆的丝织文物保护就是其中一例。

修复此次供养画，一方面单丝网作为辅助手段，从画的正面将拼合的画面固定，依序将画托裱完成后，去除正面固形所用的丝网。另一方面对于两面均有字、画的文物直接用单丝空网加固保护透裱，完成两面均可观看的装裱工作。例如那块带有"大中祥符七年"墨迹的重要纸质文物残片，它的原件背面存在两行墨书手迹（图 5-36）。如果按照传统装裱方式，就必须牺牲一面墨迹来完成纸质文物托裱工作。但是运用了桑蚕单丝网＋聚乙烯醇缩丁醛结合的加固技术，就可以使两面的文字都清晰可见，在不破坏文物质地保留历史面貌的同时对文物强度进行了保护。

同时多学科联合协作的"新理念"，使得文物的修复工作得到了周密而科学的安排。修复残片中的散佚部分，不再进行一味地接笔，而是按照母本，有规律地保留出散佚部分的行款大小。在绘画局部全色上也做到了"不妄加、不多加，将修复颜色与原色进行人为区分"的修复原则，尽可能做到对文物的较小干预。

·七仙女与星宿图

纵观此次赣州慈云寺塔书画文物修复工作，可以说不仅是一次新技术、新材料、新理念的有益探索，更是对五代北宋相交时期文物资料的一次学术大梳理。

如此次修复重现的北宋绢本设色斗宿像便是一例。本画原已化作残片若干，初次检视时可见众多散碎金箔于纸上熠熠生辉。经过我们长久不懈地分拣、清理、拼对画意、丝网加固与托裱修复，最终可见一幅画意较完整，画面布局较符合北宋时期传世绘画面貌的珍贵画作。此画像布局疏朗，于天界处留白巧做渲染，上面有北斗七星，旁边有个小卫星，一共七个半。画幅中央绘画女仙七人与一承奉星官，画中女仙头饰长披背发，着白色长袖交领袍，长裙曳地，红色笏头履（图5-37、图5-38、图5-39）。

此类发饰极为特殊，追其渊源可见俄罗斯艾尔米塔什博物馆藏西夏时期《炽盛光佛与十一曜图》（图5-40）。该画原为俄人科兹洛夫于1907—1909年间携自内蒙古黑水城遗址，图中月神作长披背发，与赣州慈云寺所出北宋绢本设色斗宿像相类。

而关于此种星宿图像布局，远观像日本大阪市立美术馆藏传唐梁令瓒《五星二十八宿神形图》，近看像日本宝严寺藏南宋绢本着色北斗九星图，二者皆为传世两宋星宿图像题材。尤其后者布局与此斗宿

图5-37　慈云寺塔出土北宋绢本设色斗宿像女仙

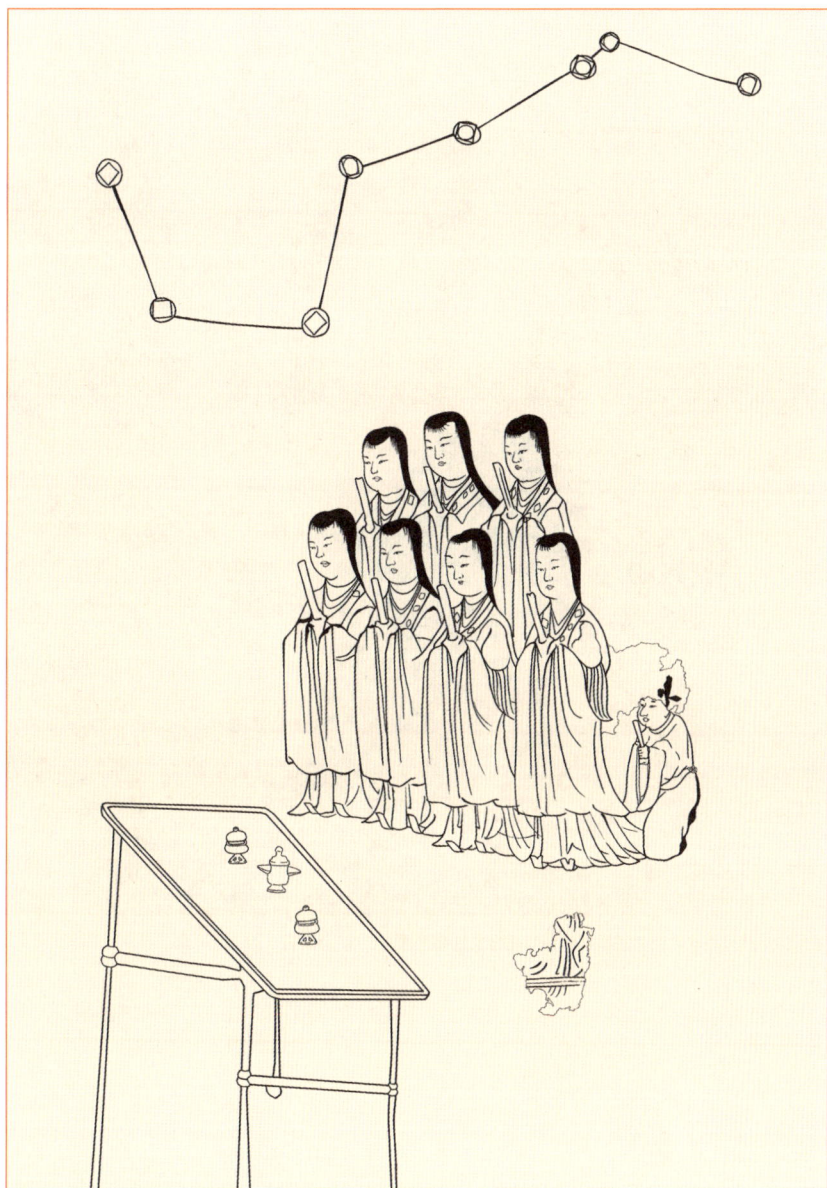

图5-38　慈云寺塔出土北宋绢本设色斗宿像女仙线图

图5-39　慈云寺塔出土北宋绢本设色斗宿像女仙局部图

图5-40　俄国艾尔米塔什博物馆藏西夏黑水城遗址出土的《炽盛光佛与十一曜图》月神细部

图5-41　日本宝严寺藏南宋绢本着色北斗九星图

像布局多有吻合，服饰亦皆为白色长袖交领袍，只是人物绘事风神更具南宋写实功力（图5-41）。

此幅北宋绢本设色斗宿像近景是一张轻便供桌，上承清供，这种桌子在北宋其他绘画作品里也有，与河北曲阳县王处直墓壁画、北京故宫博物院赵佶《听琴图》等五代北宋绘画中的高桌，均属皇宋一朝流行之鹤膝桌，《南宋馆阁录》曾见记载。只此一幅绘画便与现存考

图5-42　《女主人图》

古实物符合颇多，可见此次赣州慈云寺塔出土文物修复，乃为一研究
北宋早期社会风潮之重要遗物。

《女主人图》和《文官图》（图 5-42、图 5-43）也很有意思。《女主
人图》最下面有两个人，他们身上有什么？刺青。过去只知道给犯人
刺面，但是慈云寺塔出的这批画里，好多都有刺青。最有意思的是，
他们在干吗呢？在"洗钱"。所以当时北大教授宿白先生就讲，这批
东西太重要了，除了按照顺序编号，不要定名，不要让任何专家先附
上文。就这样公布材料，让各个领域的研究人员进行综合研究。

图5-43　慈云寺塔出土的北宋绘画《文官图》修复后

第六章

元、明出土的服饰纺织品文物

洞藏锦绣六百年
—— 元代褐色地鸾凤串枝牡丹莲纹织成锦被

　　鸽子洞元代洞藏遗址位于河北省隆化县白虎沟乡，地
处窑沟垴前山至北缓南陡突起岩峰南面峭壁的山腰，海拔
高度1010米。因洞中长年栖息成群山鸽，当地人称之为
鸽子洞。根据地质结构和现象分析，鸽子洞应该为人工开
凿，年代不详。

　　1999年1月，埋藏于鸽子洞黄土层中的包裹被四名少
年发现，出土了丝织品、文书等珍贵文物六十六件，现在
被隆化民族博物馆收藏。推测该批文物应为元代时期，洞
藏主人身份不详（图6-1）。

图6-1　元代褐色地鸾凤串枝牡丹莲纹织成锦被（局部）

·鸽子洞洞藏出土的元代丝织绣品文物

河北隆化县鸽子洞洞藏出土的元代丝织绣品文物五十一件（套）。这批织绣品主要是服饰、布料和生活用品。品种包括被面、袄、鞋、袍、网、面罩、带饰、挂饰、针扎、镜衣、护膝、枕顶、袋、镜衣、坠饰等。所用的纺织品材料有缎、绢、纱、罗、锦、纳石失（织金锦）等多个品种。各种织绣品面料的颜色有三十多种，纺织纹样有四十多种，特别是"褐色地鸾凤串枝牡丹莲纹织成锦被"，被专家誉为举世仅存填补国内空白的珍品，是研究元代服饰文化学科的珍贵实物资料。

鸽子洞坐北朝南，洞内干燥通风，文物埋藏于洞中央较高处，洞

图6-2　隆化鸽子洞口

内温湿度较为适宜纺织品保存，该批丝织文物在地下埋藏了六百多年，至今仍色彩艳丽、保存完好（图 6-2）。

从鸽子洞出土的文书中，能清楚地看到"至正二十一年四月"（1361）和"至正廿二年十二月十三日"（1362）的记载，这个时期正是元代末期。根据史实，结合出土的实物特征、文书记载等，推测这批文物掩藏的时间应该在元末明初。此时隆化一带正处于战争频繁之时，明军大举北伐，元朝政权土崩瓦解，各级官吏四散逃亡，物主很可能为躲避战乱急于逃难而临时将东西埋藏于此，后因故未能取走。这批文物时间很可能是在元至正二十二年（1362）——明洪武四年（1371）之间（图 6-3、图 6-4）。

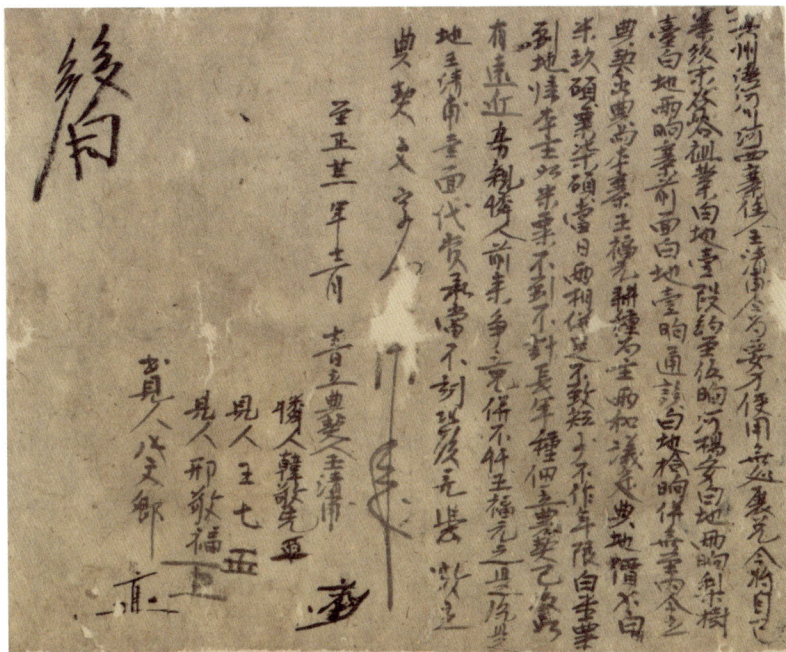

图6-3 元至正廿二年兴州湾王清甫地契

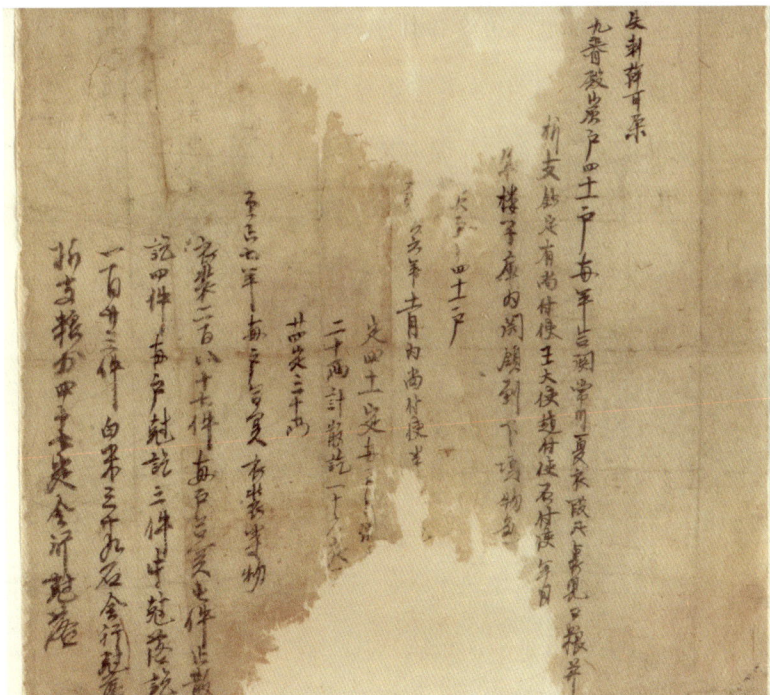

图6-4 元至正时期失剌斡耳朵有关九春殿炭户夏衣钱粮等文书残片

· 国家文物局文物保护修复项目

这些珍贵的元代丝织绣品出土时由于人为因素，有些被撕裂、割破，出土后又未经过科学系统的保护修复，加之隆化民族博物馆不具备恒温、恒湿的保管条件，已经出现了霉斑、脆裂、褪色等劣化现象，如再不及时进行科学保护，后果难以设想，损失无法估量。得到国家文物局支持立项，自 2006 年开始，由我带领首都博物馆古代纺织品保护修复团队人员对这批纺织品文物进行保护修复工作，该保护修复项目历时四年，锦被便是此次保护修复工作中尤为重要的一件。

修复前锦被出现多种病害情况：结构变形、遍布霉斑、严重褪色、有破洞脆裂、多处折痕、边缘开裂等。

锦被的保护修复采用传统修复方法与科学保护技术有机结合进行。主要从消毒→修复前记录及观察（文字记录、绘图记录、图像记录等）→科学检测分析（织物分析、组织鉴定、污染物检测、织物染料测定、面料颜色测定等）→修复方案制定→实施修复（清洁→阴干→整形→修复材料选择及预处理→织补、加固）→预防性保护等环节对其进行修复保护。

锦被通长 240 厘米，宽 161 厘米，系两幅 80.5 厘米宽的六色织锦拼接而成，两幅之间花纹对接工整。面料图案饱满，层次分明，雅致大方，色彩丰富艳丽，用料上乘，工艺精湛。面料边维宽 0.5 厘米，上下机边均宽 3.6 厘米。被面花纹分为三段：一、二段作为被头，总长 52.8 厘米。花纹同为串枝牡丹鸾凤纹，图案单位纹样经向为 17.6

厘米，纬向为 20.3 厘米。第一段图案呈二方连续排列，为白色地上显浅褐色鸾凤及牡丹纹，深褐色勾边，并辅以深绿色枝叶。第二段图案呈四方连续排列，为蓝色地上显明黄色鸾凤及牡丹纹，深褐色勾边，草绿色枝叶相衬。第三段为被面主体，长 180 厘米。图案为串枝牡丹莲花纹，辅以小朵莲花、牡丹、枝叶等填充。单位纹样纬向主花由两朵牡丹及一朵莲花组成，以棕黄色为地，经向四行为一个颜色循环（主花颜色排列：白、浅黄、蓝、浅黄），经向循环为 36 厘米，纬向循环为 20 厘米。元代丝绸的纹样基本上继承宋、金风格，但布局上宋、金较疏朗俊秀，元代的充盈而不窕（图 6-5、图 6-6）。

图6-5　被头纹样（局部）

图6-6　被面主体纹样（局部）

背面两端均留有机头（俗称"局头"）和起水边，并用两整幅拼缝，内幅宽 79.4 厘米，外幅宽 80.5 厘米，织造筘痕明显，纹样以宝相花、莲花、牡丹、菊花为主。

被面织造分为两组经线，地经：褐色，投影宽 0.2 毫米，S 捻，每厘米 56 根；门丝：白色，投影宽 0.15 毫米，无捻，每厘米 14 根。纬线也分两组，地纬：褐色，投影宽 0.25 毫米，S 捻，每厘米 16 根；纹纬：分别为褐、白、绿、红、蓝、黄等颜色，S 捻，投影宽 0.3 毫米，每厘米 24 根。地经与地纬成 3/1 斜纹组织，门丝与纹纬交织为重平组织。这种结构就目前发现的纺织品看与内蒙古集宁路古城窖藏出土的格里芬锦被属同一类。

锦被从面料种类上来说为锦缎类。锦缎是指以经丝为地组织、管理花纹经丝叫门丝，又叫纹组织，起固结纹纬的作用。人们常常把门丝固结纹纬的多彩缎地提花丝织物称为锦缎或锦。这种织造方法在出土纺织品文物中，初见于宋代。

该锦被以四枚缎为地组织，外加门丝的纹组织，专业名称为"双层固结"。这种组织以前称为"特结锦"，"特结"是对织锦的笼统说法，而该组织的门丝作用在于固结，因而经这种工艺处理的织物称为"固结锦"较准确，其花纹与门丝交结点有平纹和斜纹两种。工艺方法为漏地满提花将地盖住，其他图案均采用漏地法勾勒纹饰边缘，其织造方法逐渐形成基本特点，为明清缎纹组织打下一定基础。

锦是一种古老的织物品种。早在公元前十一世纪的西周时期，作为一种多彩的提花织物——"锦"就诞生了。江西靖安东周大墓出土的狩猎纹锦，织造技术已十分精湛，经线密度达到每厘米 240 根（图6-7、图 6-8、图 6-9）。

缎纹组织是三原组织中最复杂和产生最迟的，目前从实物和文献上看，我国缎织物最早出现于宋、辽时期。缎纹织物是表面光洁明亮、柔润滑顺的丝织品种，后来成为我国丝绸的一个大类品种，其应用非常广泛。我国古代的缎类织物都采用色织的方法，工艺难度较大。缎，明代以前多作"段"。"段"本来是丝织物的单位名称，也可写作"端"。

《唐六典》记载"罗、锦、绞、段、纱、𪔣、纯、细之属"。这里"段"作为丝织物的一个新品种初次出现，但是文献上并没有对这时期"段"的说明，而出土的唐代丝织品文物中也没有缎纹组织或具有缎纹效应的例子。从宋、元开始，"段"作为丝织物品种名称使用渐广，并且出现"捻金番段""苏杭色段""销金彩段"和"龙纹段"等具体名目。宋、

图6-7　东周狩猎纹锦原件

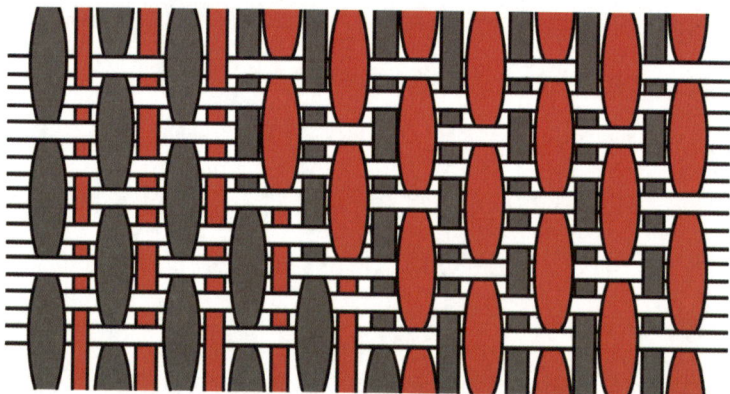

图6-8　组织结构图

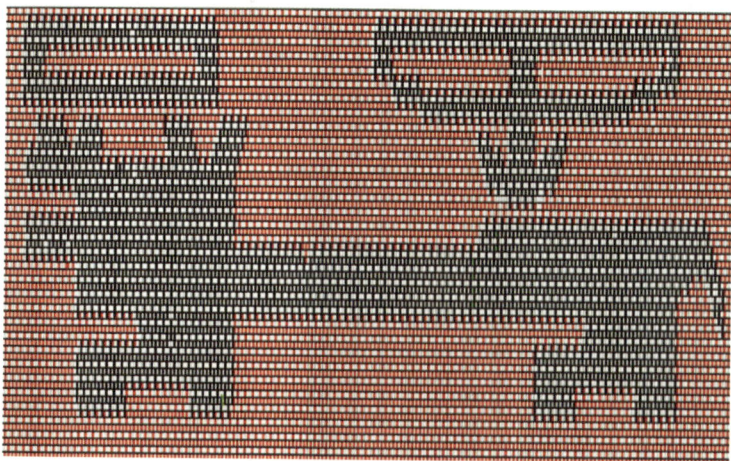

图6-9　意匠图

辽时期基本以四枚缎为基础，到明代后，发展为五枚缎织物。元代正处在缎纹织物发展的承上启下的重要时期。

· 复织研究

该锦被为锦织物地子上四枚缎组织的罕见实例，这之前锦织物地子的缎组织都是三枚缎。从四枚缎的应用，可判断这时期织锦地组织应是从三枚缎向四枚缎发展的过渡期，这种衍进的技法在织锦上的应用使锦地显得更光亮，面料也显得薄些，整体是在织造技法和传承上有着承上启下的意义，当然，后世七枚缎等更亮更薄的工艺也是在此基础上发展起来的。且元代锦被的创新，其纬地经花的组织结构使束综提花机的技术优势得到了发挥。

此锦被可以说具有极高的历史、艺术、工艺等研究价值，而且锦被是隆化民族博物馆的镇馆之宝，不适宜长时间展出和提用。所以我受隆化民族博物馆委托，还带领社科院纺织文物研究基地的团队对锦被进行了复织研究。

明定陵孝靖皇后百子衣复制
——每一个中国女孩都应该有一件百子衣

明定陵为万历皇帝及其皇后墓葬，距今已四百余年。1956年对定陵进行了考古发掘，其中孝靖皇后棺椁共出土丝织品一百二十八件，有一件是随葬的孝靖皇后百子衣。该衣为方领对襟女夹衣，在红素罗地上戳纱满绣几何纹，其上再绣各式盘金龙、百子婴戏、花卉等吉祥纹饰，色彩丰富，刺绣针法复杂多样，工艺技术繁多，代表了明代刺绣服饰的最高工艺水平，出土时即被专家称为"国宝级文物"。由于出土时两袖及前后身均已严重残损，后续复制工作的工艺难度很大（图6-10）。

一、以绣为地，意趣百子

百子衣属于明代晚期刺绣作品，儿童主题形象取材于传统婴戏绘画，其中孩童的服饰、活动都可以从宋代以来的婴戏图中看到，甚至有些是从宋画上照搬而来，这些题材一直延续到清代以后，并非明代所特有。但是衣上人物造型与其他时期相比，又富有时代性。如儿童的前额、后脑比较突出，脸部较大，这一点与同时期青花瓷器上的婴孩形象相同。百子活泼顽皮，与清代婴戏画中成人化的儿童形象不同。

　　百子衣刺绣纹样选材取婴戏为主题，虽有"笙""瓶"（升平）、金盆浴儿等吉祥寓意内容，但主要还是有趣的市井儿童生活戏耍场景，既有摔跤、捉迷藏和跳白索等热闹的游戏场面，又有观鱼和小憩等祥和的生活描写，百子衣纹饰似一幅图画，述说着明代民间的儿童生活百科（图6-11、图6-12）。

　　这件百子衣是二经绞纱罗上绣制红地，再以"百子"为主要纹饰绣缀纹样，前有四十八子，后有五十二子。百子动作、神态、身着各不相同，正面四十八子均嬉戏玩闹，尽现小儿萌态，背面五十二子中可见衣着少数民族服饰小儿，或舞蹈或玩耍，或诵读诗书。此外，在这件百子衣的两肩袖以及后背处，共绣七条五爪金龙。

・百子衣复制件正面纹样

1.百子衣正面左前襟纹样

搏戏、竹马、斗殴和推枣磨图：左侧是四个小儿扮仪仗出巡，中

图6-10　定陵出土的孝靖皇后洒绣地盘金彩绣百子衣

图6-11、图6-12 百子衣复制件
正背面

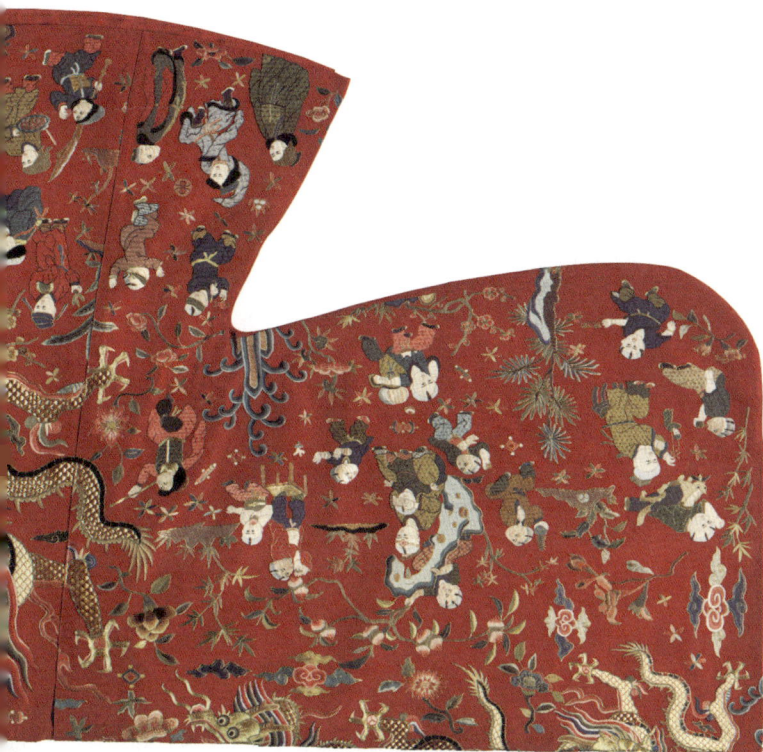

267

间红衫带冠者骑竹马扮官员，右手扬鞭，前后各有一个青衫小儿随行，前者打旗并捧一水瓶，后者执伞，另外还有一绿衣小儿左手捧乐器吹奏，右手提一铃铛。小童吹奏的乐器应为笙，其形象虽然较笙小，但形状与笙相同，与前一孩童所捧水瓶呈"升平"（笙、瓶）之意（图6-13）。

右侧上方两小儿玩推枣磨游戏，即用一个剖了一半的枣子做支架，再用细枝条两端穿两个枣子架在支架上而成枣磨，游戏时，谁能让枣磨保持平衡、转得久，谁就获胜。两小儿身旁各有一盘枣子，二人直视中间的枣磨，左侧小儿左手做拨弄状。这件玩具可以在宋代苏汉臣《秋庭婴戏图》中见到原形（图6-14）。

右侧下方有两个小儿互相撕扯殴打，蓝衫小儿似占上风，红衫小儿奋力挣扎，一只鞋子掉在地上，后有一小儿劝架，画面充满动感。

《定陵》（文物出版社，1990年版）中将与红衫小孩背后的饰物类似者都称为长命锁。此类饰物在宋代以来众多"婴戏图"中都有出现，如宋代苏焯《端阳戏婴图》（图6-15）、佚名《百子嬉春图》等多幅绘画中都有佩戴此物的孩童形象。这个佩饰既有长命锁，又有艾虎，或曰"彩丝系虎"。明代关于这个风俗的记载可见于《山堂肆考》："端午以艾为虎形，或剪彩为虎，粘艾叶以戴之。"至清代《燕京岁时记》记"彩丝系虎"为："每至端阳，闺阁中之巧者，用绫罗制成小虎及粽子、壶卢、樱桃、桑葚之类，以彩线穿之，悬于钗头，或系于小儿之背。"小说《金瓶梅词话》第五十一回中也曾提到"绒线符牌儿""解毒艾虎儿"。在定陵出土的两件百子衣中可以见到很多小儿佩饰，并非锁形，而是各具形态、色彩不一。

图6-13　复制件绣搏戏、竹马、斗殴和推枣磨纹样图

图6-14　宋 苏汉臣《秋庭婴戏图》（局部）

图6 -15　宋 苏焯《端阳戏婴图》

2. 百子衣复制件正面右前襟纹样

搏戏、竹马、玩陀螺、戏风车和猜拳婴戏图：竹马一组，一童开道，一童骑马，一童执伞。左上一组小儿捻陀与右下小儿鞭陀都属于传统陀螺游戏，一为手捻，一为鞭抽（图6-16）。捻陀小童的前方放有一面鼓，这鼓的样式也是从宋代婴戏题材画中承袭而来，宋代佚名《狸奴婴戏图》（图6-17）和明代仇英《临宋人画》（图6-18）中的小孩手下即有此款花鼓，明代一幅吴臣的《流民图》中可知鼓上系带可挂在脖子上敲击。左下一组两小儿猜拳，一红衣小童手拿风车驻足观看。

图6-16　复制件绣搏戏、竹马、玩陀螺、戏风车和猜拳纹样图

3. 百子衣复制件正面左袖纹样

观鱼、玩鸟：三个孩童围绕鱼缸观看，居中者头顶戴冠，下系抹额，手执团扇，体形胖硕，憨态可掬。一儿手拿鸟形玩具回首张望。回首

图6-17　宋 佚名《狸奴婴戏图》

图6-18　明 仇英《临宋人画》

　　小童上穿袒胸肚兜,下穿长裤,裤外系一布围（图 6-19、图 6-20、图 6-21）。

　　小童下身的打扮也可以在宋代诸多婴戏题材画中见到,如宋代李嵩《货郎图》（图 6-22）中两小儿,一儿有裤、一儿无裤,都在腰间围一布片,无裤者可见布片侧面开口。这条布片应是小孩不穿裤子或穿开裆裤时所系的屁帘。

　　憩息和斗龟：图中幼儿卧枕而憩,一手托腮,一手执扇,倦意绵绵。下面一组小童却充满活力,两小儿一人头戴抹额,一人背结彩丝,戏龟取乐,另一小童在后鸣金,铜锣用金线盘钉而成。这组画面动静结合,可爱异常。

　　观摔跤：图中小儿衣衫均用铺绒网绣,选用朱红、茶绿、粉红、驼黄、秋香和月白等色,间以驼灰、藏青和枣红等色,热闹不失古朴。

图6-19、图6-20、图6-21　复制件绣观鱼、玩鸟、观
摔跤、憩息、斗龟纹样图

图6-22 宋 李嵩《货郎图》(局部)

4.百子衣复制件正面右袖纹样

捕蝶图:一儿以扇扑蝶,一儿手持荷叶逗引蜻蜓。扑蝶小孩的短衫由孔雀羽线绣成。招蜻蜓、斗蟋蟀、沐浴图:两小儿聚于桌前斗蟋蟀,一孩儿拨弄,一孩儿举树枝观看,此小儿所戴帽饰也与观鱼图中一小儿相同,头顶戴冠,下着抹额,这同《红楼梦》中描写贾宝玉"头上戴着束发嵌宝紫金冠,齐眉勒着二龙戏珠金抹额"的装束相类似,是贵族子弟的常见装扮。百子衣中的儿童大多梳着勃角,尚未留头,戴冠者能够清晰见到月白色头皮,由此可知明代未开始蓄发的幼儿也是这种冠戴打扮(图 6-23、图 6-24)。

图6-23　复制件绣捕蝶、招蜻蜓纹样图

图6-24　复制件绣沐浴图、斗蟋蟀纹样图

　　古代婴儿沐浴有除秽辟邪之意，一组沐浴图中，一儿赤身洗浴，一儿持瓶浇水，还有两个顽皮小儿合力翘盆捣乱，绣制此景时我们特别注重刻画了四个幼儿的神态：持瓶者平和可亲，翘盆者顽皮得意，沐浴者惊慌失措。另外，持瓶幼儿的衣衫是一件袒肩长袍，此造型在明代佚名《货郎图》中曾有出现。

·百子衣复制件背面纹样

　　蹴鞠早在春秋战国时期就已产生并一直流行，这种无球门的散踢方式称作白打，主要是比赛踢球的花样和技巧。图中一儿戴皮帽，穿皮靴，正抬脚踢球，两手臂亦随之舞动，旁边两童站立观看。

　　拉车、戏灯图：戏灯小童的帽子是抹额的变化形样，顶部前后缝有一根带子相连，似头顶镂空的时髦小帽，这种形制在民国还可以见到实物，首都博物馆藏有与之相似的民国时期的童帽。

弄伞、捻陀和提灯图：上方一红兜绿裤小儿耍伞舞蹈；下方小儿背悬彩丝系虎，左手托球，右手提灯，左顾右盼（图 6-25、图 6-26、图 6-27）。中间两童合力捻转纺锤形陀螺，《定陵》中记录此玩具为空钟。据明代笔记《帝京景物略》中说："空钟者，刳木中空，旁口，荡以沥青，卓地如仰钟，而柄其上之平。别一绳绕其柄，别一竹尺有孔，度其绳而抵格空钟，绳勒右却，竹勒左却，一勒，空钟轰而疾转，大者声钟，小亦蛞蜣飞声，一钟声歇时乃已。制径寸至八九寸，其放之，一人至三人。"又有清代《清代野记》载："京师儿童玩具，有所谓空钟者，即外省之地铃，两头以竹筒为之，中贯以柱，以绳拉之作声。唯京师之空钟，其形圆而扁，加一轴，贯两车轮，其音较外省所制，清越而长。"根据这些记载可知，所谓"空钟"即民间流传的"地轴"，又叫"地铃""扯铃"，也就是现在空竹的前身。

捻陀图中的玩具既不像《清代野记》文字所记述的"其形圆而扁"，也没有"一绳""一竹尺"，所以应与空钟有异。在《定陵》图版捻陀图中，有一个同样的玩具横卧在两个捻陀小孩之前，因此这个玩具可能也是陀螺的一种。

· 还绣有龙、花卉、山石和各种吉祥纹

除了婴戏主题之外，百子衣还绣有龙、花卉、山石和各种吉祥纹样。龙纹共有十四条：前襟二条升龙、肩部二条行龙、后背一条正龙以及

图6-25、图6-26、图6-27　复制件蹴鞠、拉车、戏灯、弄伞、捻陀、提灯纹样图

领口和对襟上九条小龙。

龙纹形象（图6-28）有典型的明代特点，头部比例较大，身形俊瘦矫健，龙发竖立，五爪呈风轮状。主体使用堆金、蹙金绣法，腹部钉孔雀羽线压金线，毛发和龙角用平绣。

复制件（图6-29）的龙首蹙金钉线工艺采用相邻的红色针脚行行取中相错的方法，避免出现红色钉线连续成线影响金绣的效果。

绣制龙身时，考虑到衣服肩部的褶皱会造成图案的变形，我们特别注意了描图与施绣的处理，得出了比较完整的龙纹。龙的腹部采用钉孔雀羽线压金线的方法施绣，横压金线可以表现出如蛇腹的环纹效果。

百子衣上还绣有牡丹、桃花、菊花、玉兰、芭蕉、灵芝、竹子和松柏等南北方四季植物（图6-30、图6-31、图6-32、图6-33）。原件处理花草图案时特别注意依植物生长形态顺线布针，并用圈金和扣针两种不同的方法勾勒轮廓。扣针是百子衣处理花卉的特色针法，极富时代特点。这次复制我们特别观察了原件的扣针针法并加以运用，由于扣针针距短小紧密，扣针勾勒的轮廓都有隆起效果，使绣纹特别富有立体感。

百子衣上还穿插云纹、水纹、山石纹以及宝珠、方胜、犀角、书卷、如意、珊瑚、银锭、古钱等八宝纹。整件上衣由几百种纹样绣制完成，纹样细碎，散而不乱，效果辉煌统一，设计与绣制均数一流。

图6-28 暗花罗方领女夹衣后襟绣龙纹样图

图6-29 复制件绣龙纹样图

278

图6-30、图6-31、图6-32、图6-33 复制件绣 牡丹、桃花、菊花、灵芝纹样图

二、华贵金彩，不同凡响

首都博物馆因新馆陈列需要，得到十三陵特区批准，复制了定陵出土编号 J55:1 孝靖皇后绣百子暗花罗方领女夹衣一件。

此次复制，我们以定陵出土的文物原件照片为依据，并参考了苏州刺绣研究所于二十世纪八十年代绣制的复制品，此外，缺失不清的地方参考《定陵》报告记录的文字、绣百子暗花罗方领女夹衣 J55:3 纹饰图和孝靖皇后绣百子暗花罗方领女夹衣 J55:1 的复制品。对于人物服饰、造型则参考同期的书画、陶瓷等传世文物上的形象，对纹饰做了比对修正，力求符合原件精髓。

此次复制的原则是服装的刺绣、剪裁、缝制等制作工艺，力争完全按照原件，采用传统方法制作，绣线除定染桑蚕真丝线外，还特别自制了龙抱柱线、孔雀羽线等特殊用线，但纱罗、绣线、金线等用量较多的材料选用市场现有材料，不再另行制备。由于此次复制是为展陈需要，因此色彩在采取传统复原方式制作完成后不做旧。

百子衣原件绣地为二经绞方目纱，密度为每平方厘米 14×17 根，原复制件经线投影宽 0.010 厘米，纬线投影宽 0.015—0.020 厘米。

复制件用料选择购买白色真丝二经绞方目纱，密度为平方厘米 40×19 根，经线投影宽 0.010 厘米，纬线投影宽 0.015 厘米，染为红色。

百子衣所用绒线、衣线、丝线等不同种类的绣线有二十多种颜色。原件所用绣线多为植物染料染色，色彩沉稳自然。此次复制受到条件限制，不能完全依照传统方法染色，但尽量染成古朴自然的颜色，同时依照这次复原复制的原则，保持其色彩的新鲜，不追求出土时的色彩做旧。

绣线色彩的选取以洒线绣地子所用红色捻线颜色为基准。报告记录百子衣用"红、蓝、绿、黄、白等二十余种正色为主"，根据此记载，同时结合古代传统染色材料所出红色，先将绣地的衣线颜色确定，以此为基准染成其余色彩，包括朱红、枣红、木红、水红、粉红、浅蓝、普蓝、藏青、艾绿、黄绿、茶绿、孔雀绿、中黄、驼黄、秋缃、驼灰、浅褐、月白、肉色和牙白等颜色。

百子衣为孝靖皇后的随葬品，上面绣有大量金色纹饰以呈现富丽堂皇的效果，主要用于盘绣龙纹和勾勒图案轮廓，有堆金、圈金和蹙金三种工艺。根据这三种针法的特点，百子衣选用的主要是捻金线，又称圆金线，制作工艺复杂，需要经过打纸、做粉、背金、担金、熏金、矼金、切金、做芯线、搓线和摇线等多道工序才能完成。

百子衣原件的纽扣为童子捧寿双搭扣，用黄金手工打造而成，复制件采用的是纯银镀金手工制作。

三、百子衣的款式属于明代女式上衣

百子衣主体分为左右两片，布料幅宽不够时拼接，这种正是中国传统服装剪裁方式。

百子衣的款式属于典型的明代女式上衣。这种款式服装的特点是短款对襟，有收腰，下摆呈圆弧状；袖展很长，袖子向下逐渐加宽呈灯笼状，袖口下端缝合，开口较小；两肩部至下摆向内折一道褶，褶皱大部分缝合，仅余肩部熨烫服帖。此种上衣在首都博物馆馆藏北京南苑苇子坑明代夏儒夫妇合葬墓的出土衣物中，可以见到相似款式（图6-34）。肩部的设计使得穿衣人在双臂抬举活动时，褶皱收放自如，袖展与两手腕相齐，不影响手臂行动；双臂垂下时褶皱打开，袖展变长，两袖显得飘逸潇洒。定陵出土的大部分女式上衣的领口都呈长方形，是由一条绣片折叠缝制而成。

四、"多子多福"的吉服

百子衣是全部纹饰和地子满绣完成的一件具有"多子多福"寓意

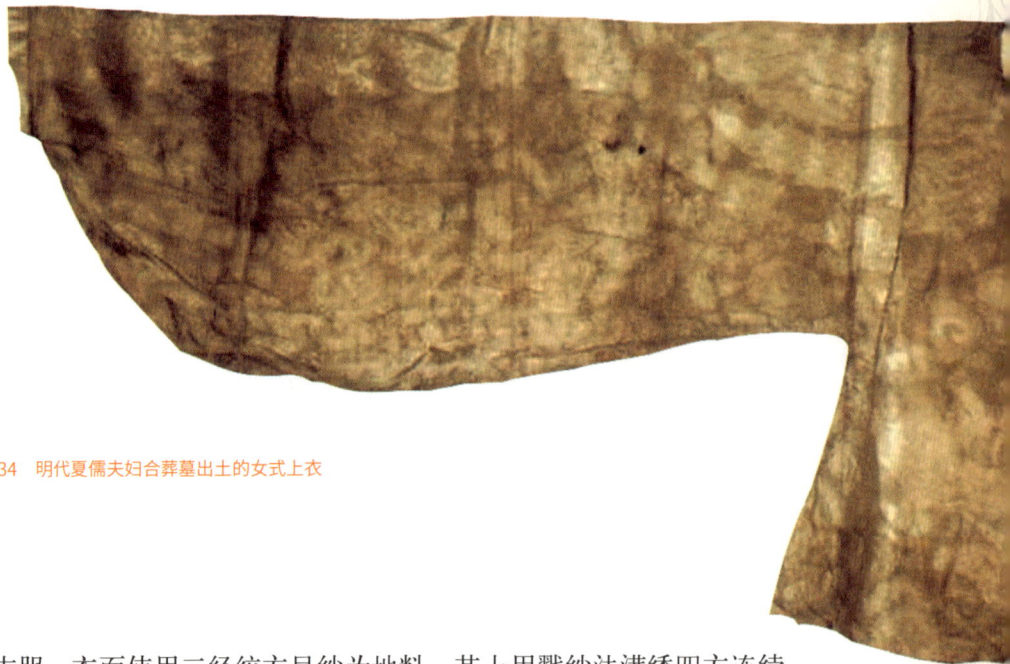

图6-34　明代夏儒夫妇合葬墓出土的女式上衣

的吉服。衣面使用二经绞方目纱为地料，其上用戳纱法满绣四方连续
几何纹作绣地，明、清时，将这种工艺特称为洒线绣。绣衣面时，先
在方目纱地上墨绘出纹样，再用多种变化的针法刺绣龙、人物、花卉
和山石等图案，再遍地施洒线绣为绣地，衣服通体精心施绣，针法复
杂多样，用色艳丽明快。

　　洒线绣是百子衣使用面积最大的针法。洒线绣是在绞纱地上有规
律地依格穿绕绣花的方法。百子衣洒线绣以 11×12 个网格为一个单元，
图案呈菱形，排列紧凑不露地。这种满地洒线绣不仅美观还能增加衣
服面料的强度。洒线绣的遍绣处置工艺和纹饰的形式是明代贵族服饰
上的一个特点，在很多明代流传的文物上还可以见到。首都博物馆藏
的一片明代绣片中有一部分绣地采用的就是这种洒线绣，且工艺完全

一样，也是用朱红捻线绣成的以11×12个网格为一个单元的菱形图案。

平绣的各种工艺是刺绣中最常用的针法，百子衣上也大量使用了平绣，其中平针是最基本的针法。如龙发、山石直接绣平针，花叶、动物等都是先绣平针，再在图案轮廓上圈金勾饰轮廓。

戗针和掺针是平绣中常用的处置色彩的方法。戗针是用短直针脚按纹饰形状分层刺绣，绣出的花瓣层次分明，晕色效果好，装饰性强。百子衣人物的面部和身体使用的是整齐排列的戗针，每排之间先钉一根横线，两排绣线分别跨过这根横线，这样绣出的作品界限清楚整齐，针脚均匀不重叠。掺针则是用长直针、短直针掺错运针，后一针起于前一针的中间，边口不齐，由里向外漫射，这种针法能把色与色之间烘染融和，有色晕效果。

扣针是采用紧密的短针，沿着纹样边缘运针。扣针施绣使纹样边缘整齐如刀剪，隆起的针迹令纹样富有立体感。百子衣绣饰花朵和龙角等图案用扣针处理，这也是明代刺绣的独特手法。

滚针的施绣方法是后一针起于前一针的二分之一处，针眼藏在前一个针脚下面，这样绣出的线条粗细匀称，衔接自然，表面效果如同一条合股线。百子衣中滚针用来刺绣植物的枝条。

锁绣是一种古老的针法，早在西周就有应用，绣纹是由绣线圈套组成，装饰性强，线条弹性好，可以任意表现曲线。百子衣上卷曲的龙发就用锁绣表现。

接针是锁绣针法的取巧形式，它的运针方法是后一针反转刺破前一针的尾部，将丝缕中分，如此往复，表面效果酷似锁绣。这种针法在百子衣中表现网圈和网柄。

松针是按放射线状运针，丝线布列如半扇形或圆形，外线落针多在一圆周上，但收针都在同一孔内。松针通常用来表现松叶。

打籽是在绣地上用线挽扣，结出环状结子。用打籽绣出的花蕊颗颗分明，生动富有立体感。

铺绒网绣在百子衣上也运用较多，铺绒网绣是先用绒线在纱地上用平绣针法绣出均匀的地子，再在绒线地子上分步骤施网绣。百子衣上的网绣灵活富有变化，多用于表现小儿衣服纹样，有的小儿一人身上绣有三种不同的网格样式（图 6-35）。

人物身体和服装的轮廓主要用龙抱柱线圈钉。龙抱柱线勾勒轮廓清晰，可以卷曲用来表现细部，并且可以自由选择颜色搭配，富有

图6-35　用三种不同网绣针法处理的童子服装纹样图

立体感。龙抱柱线不但用来勾勒衣纹，还用来表现人物的面部五官和手指。

百子衣的富贵华丽主要运用孔雀羽线和金线来呈现。孔雀羽线呈孔雀绿色而有羽毛光泽，典雅深沉，施绣方法是将羽线由内而外按顺序盘绣出所需图案，每盘一道用同色丝线钉牢。

金线钉绣分为蹙金、圈金和堆金三种针法。蹙金又叫盘金、平金，是将金线或盘旋或曲折填充在图案轮廓内，用丝线钉缝。在百子衣中用来表现龙头、龙须、人物领缘和腰带等部位。

圈金是用单根或双根金线勾勒图案轮廓或线条，与龙抱柱线交替使用呈现出不同的艺术效果。

堆金是一种立体感较强的刺绣针法，方法是先在绣地上用粗棉线钉缝成十字，其上再盘绣金线，在金线上沿十字外框钉线，使金线呈现隆起的菱形。这种针法多用于表现鳞片，在明、清两代龙袍上多有应用。堆金与蹙金都要大面积地使用金线，使绣品呈现富贵华丽的效果。

孝靖皇后百子衣无疑是集各种刺绣技艺之大成的精品，衣上一组组孩儿的欢腾活跃尤被大家所爱。这件衣服从研究原件、测量、摹绘图样、选料备材，再到最后绣成制衣，历经两年之久。它虽只是明代刺绣艺术的一个小侧面，但所承载的刺绣工艺之变化美感、装饰风貌、纹样呼应等将婴戏之美展现得淋漓尽致，这正是中国民间刺绣工艺生命力之所在。

第七章

其他物质文化研究

中国扇子的演化历史

《扇子的衍进图表》希望能给读者一个关于"扇子的应用进展"一目了然的概括印象。就其生产主流试分作六个阶段：一、先秦未定型时期；二、两汉便面成为生产主流，具有独占趋势时期；三、晋南北朝麈尾、麈尾扇、羽扇、比翼扇相继出现先后流行时期；四、隋唐麈尾虽定型，使用范围已缩小，纨扇代替成为主要生产主流时期；五、宋元纨扇仍占主要地位，但已多样化时期；六、明清折子扇盛行并占主要地位，但宫廷中则宫扇有代表性时期。

至于图像时代的排列或有错误，名称也许不尽妥善，是意中之事。又限于个人见闻，已知材料一时又不易集中，代替的不一定符合理想，示例疏漏更难避免。这个小主题，主要是希望用图像反映长达二千三四百年间扇子的应用发展大略情况。由于文献记载或侧重人物

宋	元	明	清

故事，佳话奇闻，多辗转抄引，难于证信，材料虽多，引例实少。因此试图从图像作些比证探索，或可补充文献所不及。原拟选用一百图作例，后复陆续添换了些，已超过原定数字，且增添了些附图。本表前一部分图像较多，后一部分图像较少，则因明清以来，传世实物以万千种计，且印有不少专册，故有节略。表中数量和图中秩序，也有不尽符合处，只能在今后有机会正式另印专刊时，再重新作补充调整。又图中引例，虽涉及一些长柄扇子，但是自南北朝开始，或由崔豹作《古今注》影响，长柄扇发展成为帝王仪仗器物后，沿袭下来已约一千四五百年，早失去原来的实用意义。所以有意略而不提。

据本表所见，似乎还得分别作些补充说明，才可望比较具体。又或涉及一些其他问题，有的或和断代相关，有的则近于"职业病"的反映，无助于对本问题的理解，势所难免。

·尧舜时代扇子的应用

可能早于传说中的尧舜时代，即在史前陶器出现以前，但图像反映极晚。即图中东周战国部分（先秦），其中一、四两件长柄，在奴隶仆从手中，用途是可以肯定的（图7-1、图7-2）。另二、三两件，为奴隶主手中物，是否为应用扇子，或只近于象征权威器物，还有待更多发现，才能证实。不过由后推前，归于扇类，大致不会大错（图7-3、图7-4）。

·两汉扇子的应用

长沙出土实物二件（图7-5、图7-6），和江陵出土同式两把扇子，

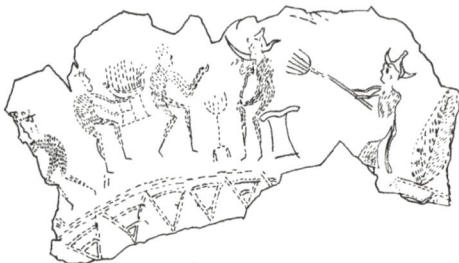

图7-1　长柄扇 东周 江苏南京六合程桥出土锥刻（錾刻）铜器残片

图右一戴角状冠子仆从或奴隶，双手执一长柄扇，为前一坐着的高级武将服务。刻画虽仅具轮廓，却和图2情形相近（据《考古》1965年3期）。

图7-2　长柄扇 战国 四川成都百花潭出土金银错壶

见于壶的肩部宴饮乐舞图像，一奴隶执长柄扇为武将服务（中国历史博物馆张毓芬摹本）。

图7-3　扇形器 春秋战国 河南信阳楚墓出土漆瑟彩绘

头上冠制，在西汉或稍早些大型空心砖尚有比较完整佩长剑武士反映于头上。衣服仅具轮廓，但和同墓出土彩绘木俑相似，均大袖，在袖口部分才缩小，通常叫作"袍"。手执扇形器物。

图7-4　扇形器 春秋战国 河南信阳楚墓出土漆瑟彩绘

彩绘狩猎、乐舞、宴会诸形象。贵族手执扇形器，共计二种，样式大同小异（据摹本绘）。

都是西汉前期生产的。照扬雄《方言》卷五，"扇"或"箑""翣"，同是一物。照《汉书·张敞传》称呼，通名或叫作"便面"。《北史·杨愔传》称"方麤"注中直称"竹编方扇也"。据石刻图像大量反映，得知直到东汉末期魏晋之际，在各阶层广泛使用，均属"便面"系统。是两汉约四五个世纪的主要产品。材料一律用细竹篾编制而成。上至帝王神仙，下及奴仆烤肉，灶户熬盐，无例外都使用它。格式近于一律，变化不大，或与生产材料属于西南、东南几个大区有关，但为《货殖列传》所不载，则或因一般产品，价值过低有关。至于用绫绢纱罗糊成的纨扇，虽有一二出现，另外还有六七种不同扇形应用器物，反映于石刻画像上，所占分量都极少。而这种半翅状的"便面"，实具普遍性。汉末称"九华扇"，只是诗人曹植就制作精美的另立名目。至于形象，还是指这种不方不圆竹篾编制物而言（图7-7、

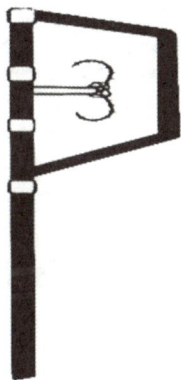

图7-5 便面（大扇） 西汉 长沙马王堆汉墓一号出土
原物用细竹篾编成（大小各一件），黄绢缘边，部分加锦。是两汉通用拂暑障面器物，前后延用四五个世纪。魏晋间才失传。

图7-6 便面（小扇） 西汉 长沙马王堆汉墓一号出土
用精细竹篾编成，扇身和柄部，均用锦缘边，应是死者自用之物（全长52厘米，柄长13厘米，扇长39厘米，窄处29厘米，扇宽22厘米）。

图 7-8、图 7-9、图 7-10）。

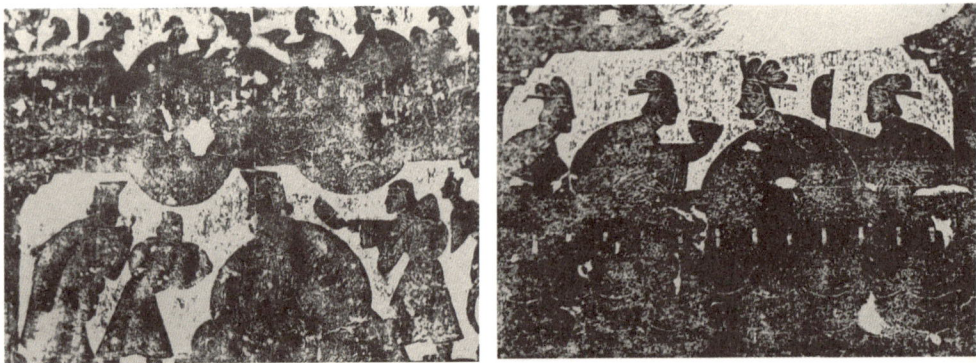

图7-7 便面 东汉（左、右）皆武荣画像（曾发表于《汉代画像全集》二编）

这两件用竹篾编织成的扇子，是两汉普遍通用事物。扬雄《方言》称"自关而东,谓之篓,自关而西,谓之扇","篓"亦作"翣"。《汉书·张敞传》中有"敞为京兆尹，无威仪，时罢朝会，走马章台街，使御史驱，自以便面拊马"。两汉砖石刻画，这一式扇形占主要位置。可

图7-8 便面 东汉 四川汉墓砖刻
图如"戏剧"或"新婚"燕居情形，旁二人各执一便面（如系前者，或属歌手，如系后者，则近候相）。

图7-9　便面 三国 西王母神像镜

三国吴或晋西王母神像镜子所见持便面玉女（西王母头簪双胜，背部二云气纹，尚保留双翅痕迹，佛教石刻衍进成盾式背光。取自《唐宋铜镜》）。

图7-10　便面 三国 东王公神像镜

知当时一般称呼或叫"便面"。又《北史·杨愔传》有"方麹"，注称"竹编方扇也"。这种半规式便面得名的由来，或出于原始的鸟翅，用竹编成则取轻便，似从"箑""翣"二字可以取证。大量图像反映，可知两汉时在全国通行，且占主要地位，直到魏晋之际才为"纨扇"代替。形容便面较具体的，为曹植《九华扇赋》和"序"，因此得知，直到汉末，制作极精的，上面做种种花纹的便面，还为汉桓帝特别赏赐身边亲信臣僚的物品。从画像石刻上反映，则烤肉熬盐的奴隶也使用。可知这种便面既可作特别精美工艺品，也是社会生产一般应用工具。此外百戏乐舞都少不了作为道具。文献不足之处，图像中可得到比较明确印象。从石刻中还可发现许许多多不同的扇拂形状应用器物。也可说除便面外，必然还有许多不同式样，并用不同材料做成的扇子，但便面成为两汉主要式样，则事无可疑。

这类镜子产生在晋代，照衣着式样不会晚于东汉后期。镜子边沿有简化篆文铭，多作"汉有善铜出丹阳……"得知成型时代早可到新莽时。"东王公"或作"东王父"，有以为影托王莽，阿谀王莽，值得商量。因山东东汉石刻，反映西王母东王公有普遍性。只能作为《穆天子传》故事已流行证明，却难说和新莽有关，但西王母镜子三国两晋在浙江流行，和越巫有一定联系，比较显明（东王公头上冠子作山形，战国图像汉石刻和以后均有发现）。

· 魏晋南北朝时期

由《扇子衍进图表》可见，共有麈尾、麈尾扇等十余种，早期纨扇若存若亡，则和两晋禁令有关。晋武帝曾有禁绢扇令，东晋义熙时复禁纨扇。晋南北朝这一阶段，羽扇、麈扇、麈尾扇、比翼扇相继出现，成为主流。羽扇前期本由鸟类半翅作成，后改用八羽十羽排列，且加长木柄，传世《斫琴图》所见，似已属较后式样。"麈"是领队大鹿尾，魏晋以来，尚清谈，手执麈尾有"领袖群伦"含意，《世说新语》叙述虽多，事实上却很少有人明白它究竟是什么形象，更难明白它前后在约三个世纪中的衍进情形，及和其他扇子彼此影响情形。

《列女仁智图》中楚武王手执麈扇（图7-11）。按照《列女传》故事画于屏风，作宫廷鉴戒用，汉史已有记载。《列女仁智图》照《画录》记载，则成于东晋初戴逵手笔。传世有宋人摹本，衣着器物多失制度。本图用小冠子承冕与晋制合。上服作古十二章绣文。日月星辰山龙华虫藻火粉米等，山火均直用文字表现，肩上不见日月，则当时已转用于旗帜上，《隋书·舆服志》曾提及，至隋始仍着于衣上。由此可知本图反映或近于戴之旧稿。和此图比较，更易明白后图麈尾实误置。

图7-11　麈尾 北魏 大同司马金龙墓朱漆屏风中楚武王

图7-12 麈尾 传宋人摹绘《列女仁智图》

图7-13 麈尾 南朝 河南邓县画像砖墓

此画原稿有可能较早一些（图7-12），因为头上冠子，腰间玉具剑，足下双歧履均汉式。但复本对于这些应用器物制度已无知识，因此不免一切似是而非，仅得形似，难作明确交代。例如右腰侧垂组绶，应系宽约二寸丝绦，长约汉尺一丈六，因此必回旋作一大圈，再将其余部分下垂，宋人无知，绘成窄窄丝绳。玉具剑亦仅具轮廓。最可笑即肩部麈尾，无处交代，竟误插胁间。

图为侍从荷大型乙式麈尾（图7-13），麈尾上部另有一附件，在图像中为仅见（此式和前图麈尾均与日本正仓院保存唐代麈尾实物做法相近，是用夹板平铺麈尾而成，宜称"乙式"，影响初唐纨扇形象）。

· 隋唐时期

麈尾经过衍进，一直沿用到唐代。麈尾扇则由梁简文帝萧纲创始，成形以后，在图像上反映也较多，出于麈尾的简化，定它样式，似在纨扇上加鹿尾毛二小撮。比翼扇又出于麈尾扇，上端由两簇鹿尾毛改成鸟羽，却和羽扇相混，实由于道家神仙传说和佛教迷信相互联系，转为帝子天神，仙真玉女升天下地翅膀的象征。但似乎仍有一定区别，即天神玉女手中可发现麈尾扇，世俗间人物却少用比翼扇（直到明代宗教画中的天女，手中扇子，还保留一点云气纹痕迹）。

此图为浮雕砖作仙人浮丘公手执麈尾扇（图7-14）。根据记载，实由梁简文帝创始，作有《麈尾扇赋》并序，以为"既可清暑，兼用浮尘"。后衍进而为仙人飞天翅膀象征。直到唐初敦煌壁画之天女手中，犹可发现相近式样。

图7-14　麈尾扇 南朝 河南邓县画像砖墓

　　本图（图 7-15）是敦煌西魏一个贵族供养人画像，除头上的"漆纱笼冠"属北朝法定制度，此外一切都反映元魏迁都洛阳追求华化的形象。"曲柄伞盖"是晋代王族或高级统治者使用物。颈间一圆圈，是魏晋以来流行的"曲领"或"拥领"，是在衣里硬领状事物，画工上墙误作圆光般光圈。穿的是齐梁间才流行的大袖衫子，特征是袖口大到三四尺。手执麈尾扇，是晋代以来清谈之士所习用的麈尾发展而来。扇主体部分作大小五圆圈，或受小说记载五明扇影响而成。传说成于东晋名画家顾恺之手笔《洛神赋图》，宋人摹本中将同式扇子上部鹿尾毛二小簇改成鸟羽状，成为羽扇式。时代实晚（图 7-16）。

图7-15　麈尾扇　西魏 敦煌壁画中所见

　　东晋初，裴启《语林》称："诸葛亮羽扇纶巾，指挥军事。"谢灵运《晋书》称："吴楚之士，喜用鹤翎扇。"叙制度计两种，有用十翎八翎平列加木柄，有用全翅的（平列式唯见于此后宋人绘《女孝经图》卷中。全翅式羽扇制作方法，也见于宋人著《岭外代答》一书中，叙述相当具体）。

　　南朝时人绘《斫琴图》中手执羽扇侍从（图 7-17），此画卷内容为制七弦琴施工过程，传顾恺之笔，不足信。似由嵇康故事而来，人物着魏晋以来流行的"巾帼"及小冠子。主仆衣衫均袖大三尺，为齐梁时所流行情形。羽扇用全翅，制度较古。早期羽扇或和图中形象相近。

图7-16　麈尾扇 晋 传顾恺之《洛神赋图》

唯短柄,后始加长木柄。较后八羽平列短柄鹤翎扇,则显明已有改进矣。

图中执扇(麈尾扇或比翼扇)人为白虎神(图7-18)。汉武帝时,把青龙白虎、朱雀玄武定为主持东西南北四神。白虎神主管西方。南北朝后碑志上反映已常用风雨雷电代替四神,唯此墓葬壁画,石刻还多依旧,作为方位识别(左青龙,右白虎,前朱雀,后玄武)。

纨扇即团扇(不过后者使用材料或不尽属纱罗绫绢),纨扇是竹木作为骨架用薄质丝绸糊成的,历来虽传说出于西汉成帝时,由于班婕妤《怨歌行》五言古诗咏纨扇而来,班固也即有《白绮扇赋》,说明用丝织品作纨扇可能早到西汉,但此诗早有人从文体上疑出于建安

301

图7-17　羽扇　南朝　《斫琴图》（局部）

七子等拟作，图像也只在魏晋间才有较多反映（似可作《怨歌行》实晚出旁证）。纨扇真正流行其实在唐宋二代。南北朝纨扇扇面较大，唐代早期还多作腰圆形，近于由麈尾简化而成（图7-19、图7-20、图7-21、图7-22）。开元天宝以来才多"圆如满月"式样。到宋代，更发展成各种不同混合式样。比如在画迹中如《韩熙载夜宴图》韩熙载手中物，与近年来镇江出土南宋周瑀墓中的两件实物，还有福建黄昇墓中出土实物，在宋代，似均应名叫"竹丝扇"，或"棕丝扇"。实近于麈尾和纨扇的混合成品。近人论它的，引曹植《九华扇赋》中"方不

图7-18 麈尾扇 北朝 石棺上线刻白虎神

应矩，圆不中规"形容，以为即指此式。似可商讨。其实曹植《九华扇赋》序文形容描写，应当是半翅式便面形状。至于周瑀墓中扇子式样，在魏晋间图像中还从未发现（雕漆扇柄，制作方法红黑相叠，专名似应叫作"剔犀"，不叫"剔红"）。

图7-19 执扇 高句丽后期 吉林集安五盔坟四号墓壁画

图7-20 长柄纨扇 隋 敦煌壁画行香人
敦煌壁画行香贵族妇女身后女侍手执长柄纨扇。

纨扇旧传出于西汉成帝时，实由于旧传班婕妤咏纨扇五言诗《怨歌行》而起。若据图像所见，则纨扇直到魏晋之际才有较多反映。西晋武帝时及东晋义熙后有禁令，记载似有相对可靠性，所以图像上时隐时现，若存若亡。但《世说新语》记载王珉白团扇故事诗，还有王献之于画扇上因墨点误污，改作乌犊牛故事，亦不妨相信真有其事，因一切禁令，多重在限制一般市民起作用，统治阶级则在例外也。至于稍后有齐竟陵王子在纨扇上作山水小景画的记载，亦有梁江淹咏纨扇绘王子乔吹笙引凤画面的出现可证。但东晋以来的主流，则明显属于麈尾、麈尾扇、羽扇（以及比翼扇）相继出现时期。这和社会上层

图7-21 纨扇 唐 永泰公主墓壁画
壁画中一执纨扇宫女（神龙二年，
公元七〇六年）。

图7-22 团扇（纨扇）隋 敦煌壁画天女
敦煌壁画天女手执团扇形象。

风气密切相关，还影响到佛教中，不仅世俗中的名流高士，领袖群伦
必手挥麈尾，即使能言善辩的维摩居士图像，也手执麈尾。随后又才
由改进中的麈尾扇而转成比翼扇。直到唐代麈尾定型后，还影响到早
期纨扇的造型。到开元天宝间，圆如满月的小纨扇，才逐渐占主要位置。
形象较小，近于玩具，可能和歌舞关系较密切。至于招风取凉，则用
大型长柄提扇，由婢仆使用，图像反映实不少也。宋代纨扇仍是主流，
唯已多样化。……这种种若仅据文献称引，似得不到正确印象，只有

参证图像反映，才会得到些具体知识。

· 宋元时期

折叠扇历来被认为是宋代从高丽传入，人无间言。据《高丽图经》记载，为北宋末宣和六年（张世南《游宦记闻》记载，时间稍晚数月。因为有四种是由高丽带回，或只作者见闻。还有两种则为高丽报聘使臣私礼，因此数目只一半，内容却较详尽）。但据苏东坡、黄山谷（黄庭坚）、李建中、林逋诸诗人形容赋咏"白松扇"作品而言，时间或早约一世纪即已提到。四种高丽传入扇子，即包括有日本倭扇。

白松扇也是日本产。日本称"桧扇"（亦有称杉扇者），均用白木板片重叠而成，上绘花鸟人物，不用扇骨。又《宋史·日本国传》，北宋初端拱年间贡物里即有蝙蝠扇二柄，应即折叠扇。日本学人作《扇史》，具相同意见。日本传世还有在泥塑佛像腹中发现纸书《法华经》折叠扇，字体纯是唐代写经体。

日本对于古代折扇，又有槟榔扇名称，原以为或指扇骨花纹如槟榔。但若据晋人嵇含《南方草木状》对于南方槟榔木叶的形容，有"如羽扇之摇风"描写，则得名由来，实此扇"形象"，不关"材料"。故宫画册曾有题作何充所作的一幅手执折叠扇道姑装妇女像（图7-23），照邓椿《画继》、汤垕《画鉴》等所说，何充是北宋苏州著名写真画师，且是当时七个写真画师最有名的一人，和苏东坡同时，东坡还有诗称赞过他。日本有一复本，因画上有一小小圆光作观音像，题作"马郎妇观音"，行笔细如元钱舜举。时代或略晚些。又有另一不知名画家作的《秋庭戏婴图》案上搁的那柄折叠扇（图 7-24），都可作北宋即有折叠扇例证。南宋人作《梦粱录》《都城纪胜》，叙述临安市容，且提及"折叠扇铺"。

　　照常情说，生产必已相当普遍，才会有专门店铺出售产品。这也可和故宫收藏宋人所作马远画山水小景折扇画面互证。不过传世实物，连同图像反映、画录记载，两宋作画折扇总共还不到十件，元代更少。和专售扇铺实有显然矛盾。目前只能作如下假定解释，即店铺生产品，或依然如北宋人笔记中早说到的，是用山柿油涂于纸面的油纸扇（做法和油纸伞相似），只供一般小市民使用，并不宜于上加绘画。即或同时还有琴光竹作骨的素纸折叠扇，按照习惯，既还不曾成为文人雅士所赏玩，只是当时执事仆人手中物，也不会成为知名画家染翰挥毫的对象。

　　因之即到元代，山西永乐宫壁画保留下大量元代人生活情况，折叠扇还只一次出现于小市民手中，传世名家画扇面总共也只四五件。乾隆时，把宫中所藏元明画扇三百种，在圆明园由臣僚审定编排目录时，元代扇面还只保存两件，其余全是明代物。故宫现存元代折扇画面计四件，十多年前曾一度过目，记得均为小景山水画，有盛懋、朱德润等题款。唯制作材料制度，通近于明代棕竹细骨川扇。照沈德符《万历野获编》记载，还属第二期产品。画面是否出于明初画师所仿拟，还值得重新做一回比较鉴定。因为折扇据《万历野获编》记载，事实上在明代才较普遍流行。先由宫廷，后及社会。南方使用还更晚。明永乐时先由宫廷仿倭扇于蜀中成都生产，每年几达两万柄。成都官府为阿谀宫廷，还另外有数千柄入贡。早期产品中扇骨较少，后来才用细骨。扇面一般加有金箔，特别的给宫中嫔妃亲信大臣，较次的按节令（如端午节）分赐其他臣僚。近年各地明代藩王墓葬中，均出土有贴金折子扇。大学士王锡爵苏州墓葬中，也出现过保存完整的贴金折扇。湖南万历时墓葬中除有贴金折扇外，还有在浑金扇面上用针拨划出山水人物画极近倭扇格式的折扇。都可以证实《万历野获编》记载符合事实。金地不另加字画，大致是表示皇上赏赐的尊重名贵。其实一般商品扇面加片金，雨金，满地浑金。在上面加名家书画，则已成习惯，传世的至今还以万千计（至于加画正龙、侧龙或百凤，可能当时只限于皇帝皇后宫中专用，实物始终尚未发现）。明代权臣严嵩抄家时，有个财物底册《天水冰山录》，内中记载没收扇子即达三万件，川扇数量且占一半以上。此外还有倭扇数十柄。数量之多不仅反映这个擅权大臣之贪污为历史上所少有，同时也说明川蜀折扇生产量之大（苏州生产当不下于川中生产）。折子扇无疑已成明代生产主流，且影响清代约三个世纪。其他品种虽还多，实难与之相提并论。这一时期的折子扇有大量作为文化交流礼品或商品，转回日本的。日本学人曾提及，中国记载却不多。

宋代贵族妇女朝服官服总十分烦琐，拖拖沓沓，不便行动。因此即使宫中后妃平时也常作道姑装扮，表示家常，宋人笔记中即经常提及。图中道姑形象，也许就是一个贵族上层妇女便装写影，手中持折叠扇，十分明确。

《宋史·日本国传》中记载，端拱二年入贡中国礼物中，有蝙蝠

图7-23　折扇 北宋 何充绘手执折叠扇妇女

扇两柄。日本学人作扇子史，认为应指"折叠扇"。何充是苏州长于写影的名画师，和苏东坡同时。本画中折叠扇可说是至今为止最早出现的式样。

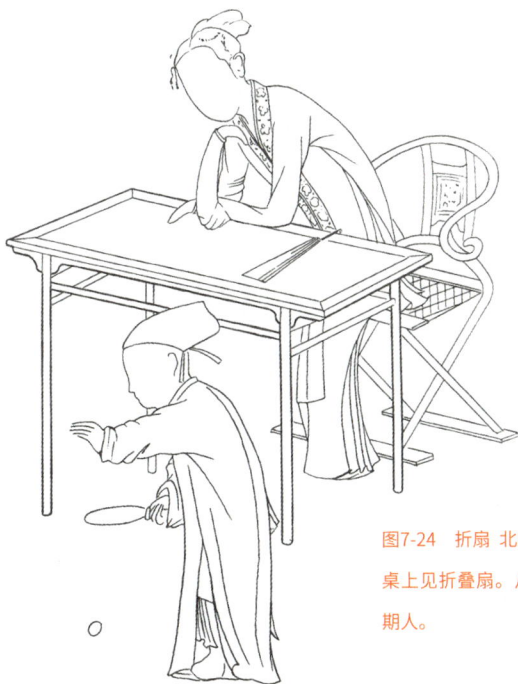

图7-24　折扇 北宋 宋人绘《秋庭戏婴图》桌上见折叠扇。从衣着分析，似均属北宋时期人。

图7-25　折扇　元　山西永乐宫壁画
山西永乐宫元人壁画中所见执折叠扇的小市民
（妇女所抱孩子，手中拿的是玩具芭蕉扇）。

　　歌舞百戏用扇子作为道具，实由来已久，在东汉便面通行时，即已出现。唐宋"歌扇"且成为诗文中习用名词。但事实上文人属笔，虚实参半。即属写实扇子，种类也并不相同。唯杂剧人不分男女，腰间必插一扇子。中国戏剧发展虽在元代（图7-25），戏剧中用"折扇子"作道具使用，以增加歌舞效果，早出现于明代，木刻中小说戏剧插图均有反映。盛行于清代，则例不胜举。照习惯，大致女角多用小画扇，扮演大臣儒士或衣冠中丑角、帮闲，多用明代常见中型画扇。武臣袍服大面黑头则用白竹骨大扇（有长及二尺的，上加彩绘水浒故事的，

图7-26 歌扇（折子扇）清初 苏绣水漫金山寺镜帘（局部）

还经常作为商标，悬挂在廊房头条灯笼扇子铺门前，引人注意。这倒和宋人作《岭外代答》记桂林人用大鹰全翅作羽扇表示武勇，长达三尺，有类同用意）。

清初苏绣戏剧水漫金山寺，青白二蛇手中各执折子扇一柄（图7-26）。戏剧中使用扇子作为道具，增加歌舞效果，由来已久。唯随历史进展，各个时代均不相同。汉代流行便面，晋南北朝流行麈尾，隋唐用小纨扇，明清才使用折子扇。本图是从一镜袱民间彩绣上摹绘得来，衣柳叶式小云肩，发髻作清初流行"马鞍翘"式样。

《铁弓缘》戏剧，女角手执折子扇（图7-27）。取自结子绣饭巾，

图7-27　歌扇 清 乾隆结子绣饭巾

饭巾用绛红缎子作地，外加圆形边饰，上部用孔雀翎绣一小簇花图案。时代不会晚到嘉庆道光以后。女角衣着均属乾隆时。

·明清时期

清代宫廷尚宫扇，实包含各种不同式样。雍正四妃子图中一执折扇，一执宫扇即说明问题。如《红楼梦》一书中所说，元春派宫人分送宫花、宫扇，给住在大观园诸亲属的似占较重要地位，至今故宫还有大量清初产品。一般式样多上宽下略窄，如元代以来经常在羽流道士图像手中之物中出现。制作精美的，扇柄多用特别珍贵材料作成，

羊脂玉、翡翠、犀角、象牙、虬角及名贵香木为常见。扇面还有用象
牙劈成细丝编织成网孔状的，只宜当作特殊工艺品看待，近于帝王摆
样子使用，已无实用意义。有些是据《红楼梦》小说中提及，反映于
民间刺绣荷包上，得其形似而已。至于农民，则一律是破蒲葵扇，即
《雍正耕织图》中雍正皇帝本人自扮的老农，也不例外（图7-28）。
（在著录中较早的记录，或应属东晋谢安为同乡推销蒲葵扇故事）高
级官僚则流行雕翎扇，贵重的一柄能值纹银百两。到辛亥后才随同最

图7-28 蒲葵扇 清初《雍正耕织图》（一耘局部）
腰插葵扇之老农。

后封建王朝而报废，后来转到京戏名演员余叔岩、马连良扮诸葛亮手中摇挥时，大致从北京前门外挂货铺花四五元就可得到的。折扇外骨，明代已得到极大发展，象牙雕刻，螺钿镶嵌，及用玳瑁薄片粘贴，或剔犀，绮纹刷丝漆，无所不有。但物极必反，复曾一时流行绝不另加雕饰的水磨素骨竹片，至一柄值几两银子，且出了几个名家高手，时人以为"扇妖"。清代特别重用洞庭君山出的湘妃竹，斑点有许多不同名称，若作完整秀美凤眼形状，能值银数十两。故宫藏品还以百千计。蒋廷锡、邹一桂等宫廷著名画师多于扇面作精笔花鸟，另一面常有康熙、雍正、乾隆三封建帝王题诗。至于上贡折子扇，通常多四柄放一长扇匣内。似以苏浙生产占首位。同时也还有些来自英法的玳瑁镂花作衣骨，上附小丛羽毛玩具般"耍扇"，在宫廷中似亦无地位可言。"五四"以后在前门外挂货铺尚偶尔出现，时代少有早于十八世纪的。

清雍正四妃子图中一执宫扇王妃（图7-29）。额间着遮眉勒子，高领子正中加一金银作领扣，肩部柳叶式小云肩，长衣下露百折凤尾裙，通是清康雍时流行时式衣着，和焦秉贞绘《康熙耕织图》南方妇女大同小异。《红楼梦》中之元春，如戏文中扮演其人，或宜作此式装束。

这种式样的宫扇，故宫还有大量实物收藏，一般用细绢糊成，式样小有不同，且做种种不同加工，制作精工实用，却反映出十八世纪这一部门工艺水平。《红楼梦》中说的元春送给住大观园里诸姐妹的宫扇，指的应当是上图反映的式样。 图中是雍正四妃子之一的形象。额间着遮眉勒子，或简称"额子""勒子"，最早出于唐代之"透额罗"。

图7-29　宫扇 清初 雍正四妃子画像之一

元人称"渔婆勒子"，元明戏剧道具中常提及。《金瓶梅》一书中《西门庆观戏动深悲》演戏女角即使用。清初使用范围有发展，佩戴人身份提高，而且特别广泛，上至后妃一品夫人，下及农家妇女或小市民均使用。直到现代，西南城乡犹可于各阶层老妇人额间发现。

山西大同煤峪口南沟万人坑发掘纪实
——不能忘却的历史

· 万人坑发掘记事

这是考古史上一份血腥而沉重的记录，当年在国内甚至找不到愿意出版的人，仍是香港商务印书馆接受了下来。这件工作诉说的是我们无法回避的惨痛历史，经历的人痛不欲生，现在回述同样让人难以承受。

· 为了将来，历史不应忘记

听说东北一带，凡有煤矿处，就一定有万人坑。而王㐀和我第一次看到万人坑，则是在山西大同煤矿。这骇人听闻的名称顾名思义，埋葬的是二次大战期间，在山西大同煤矿，被用来掩埋成千上万被日军残杀的中国劳工和被榨干而死去的国人的尸体的一个天然山洞。（图 7-30）。

图7-30　山西大同煤峪口南沟万人坑（干尸山洞所在地）全景（由西向东拍摄）

　　大同煤矿，藏量丰富，素有"煤海"之称，但自从该处被日军占领后，日军便不惜用"以人换煤"的方法，掠夺大同煤矿资源，以支持其侵略战争。据不完全统计，在1937—1945年间，日军在大同矿区掠去了1400万吨煤炭，同时将六万多名被奴役致死的矿工丢进万人坑。据当地人介绍，已查明的万人坑有十四处，预估共有二十来处。最大的坑在现今红五矿附近，杨树湾山谷平滩中。据说当年每到冬天，死人便特别多，日军就预先挖出半亩地大小的土坑若干个，一层薄土一层人，连年掩埋的死难矿工不下三万。另一处，规模较小但十分特殊，位于煤峪口一矿区内，地名为"南沟"（过去人称"死人沟"）的半山坡的两个自然山洞中，内有数百具被折磨而死的矿工干尸（图7-31）。

　　很久以前，当地就有万人坑、"干死人"的传说。因洞口早年封闭，一直没有找到下落，无法证实。后来放羊娃在山上掏野鸽子，偶然发现了这里的山洞。1966年"文革"初期，中央工艺美术学院的学生串联到这里，知道这个消息后，非常激动，认为是进行阶级教育的极好实例。于是他们先寻访经历日伪时期的老矿工，记录他们的血泪身世，还编绘成幻灯片，反映他们的苦难生活。回到北京找到（国家）文物局、中国科学院考古所、古脊椎动物与古人类所、自然博物馆，联合派出科技人员去大同发掘、保护万人坑。

图7-31　经修葺后万人坑A洞的入口（1966年12月前）

·考古所派出三人赴大同

因此之故，考古所派出三人赴大同（我是其中之一），文物局文保所派了两人，古脊椎所派了两人，自然博物馆两人，组成了工作组，协同大同煤矿阶级教育馆筹备处工作人员，考察万人坑。我们决定首先发掘、清理、保护煤峪口两个山洞的干尸遗体。四方面来的人工作目标一致，大家和睦相处。学生们促成科研部门组织力量发掘万人坑，成立展览馆，这是做了一件有历史意义的工作。

第二次奉派前来的工作人员，业务能力大都较强，其中还有两位人类学专家、一位解剖学家，对考古发掘和文物保护均富有经验。馆方一面安排我们上山实地考察万人坑，一面安排我们听老矿工赵老柱、幸存者钱奎宝等人讲述在日伪时期的亲身遭遇和所见所闻。他们说：全国各地抓来、募（骗）来的工人，以山东人、河南人为主，到了矿上，在日本人设立的"劳务系"一登记，就是进了鬼门关。"大把头""看房先生"以及"催班头子"便把工人的好衣服扒掉，给换上破烂衣服或换上花纸一样的日本广告，以防止矿工逃跑。矿工晚上同住一所大房子，里面有两条大炕。他们一天要干十四五个小时的活儿，排队下井、上井，都有矿警押着，四周都是铁丝网、岗楼，还有狼狗，南山还有大探照灯转着照，工人无法逃跑。日本人一发现逃跑的工人就开枪。工人要是被抓回来，在夏天，他们常常将逃工全身涂上柏油（沥青），吊起来活活晒死；冬天就浇冷水冻死。日本人的残暴施威，无非为了阻止、恫吓矿工，不让他们反抗和逃跑（图7-32）。

图7-32 1967年5月4日，中国科学院考古所、大同煤矿工作队挖掘了杨树湾山谷平地当年叫作"死人沟"的万人坑。任选一地，在20米×20米的探方中，即发现横七竖八被抛进的矿工尸体有数百人之多，深度不到1米，最稠密处尸体叠压有五六层，此为大同最大的一处露天万人坑。据说1938—1945年，这六七年间，这里被日本侵略者残酷虐死的中国矿工达三万人以上，野狗成群，大雨后人头如浮瓜，山野腥臭，路人断绝。

矿工完全失去了做人的资格，沦为皮鞭下的奴隶，与德国法西斯的集中营一模一样。日本的政策是"以人换煤"，在其占领的城市、乡村利用汉奸诱骗（招募），甚至围堵拦截强抓青壮年为"劳工"，以加紧掠夺中国的矿产、煤炭能源。就我童年在济南读书时（1938—1943 年）所见，是整火车皮、整列车地向东北运送劳工。

据大同煤矿当年一位幸存者——杨占山说，抓骗劳工，三百五百凑足一车皮（闷子车）就一遭拉下来，到"劳务系"一登记，便从此进了地狱，重体力劳动，两头不见太阳，根本谈不上起码的温饱，就连阳光、空气和水也休想得到维持生命的最低标准。饥饿、疾病、人身事故、超体力的劳动、百般折磨、虐待殴打……最后，万人坑就是为这些遭难身亡苦工准备的去处。当地人说："劳务系一交票（登记），死人沟里睡觉。""光能来不能走，喂了我们山西狗。"说的是当时杨树湾露天万人坑内，狼和野狗吃死人吃红了眼，脖子底下的毛都结成了血疙瘩，一群一群的，见了活人都想吃。无论冬夏都白骨撑天，路人断绝。

日本鬼子把抓来的中国青壮年的血汗榨取净尽，只是几个月时间，然后千百条生命就被抛进了万人坑。接着又运进一批新骗来、抓来的，变本加厉地压榨。为了出煤，人死得更快更多。仅杨树湾一地，1938 年—1945 年前后，万人坑就吞没了三万多条生命！日本鬼子的野蛮行径令人发指（图 7-33）。

我们在第二年的 5 月试掘了杨树湾一角，约 20 米 × 20 米的方坑，不到 1 米深，竟埋着六层尸骨，颠倒重叠如同腌鱼一般，横七竖八，密密麻麻，其惨状令人窒息。估计这里至少埋有数百人。杨树湾的另一试掘点内，尸首整齐排列，可能是早期掩埋的。随便你在这个谷底哪里破土，都会发现遗骸，我们在路边偶然翻了几锹，便发现一具用铜丝电线捆至肩部的竖埋尸骨，头骨有受重击的破裂凹陷伤痕，大约生前被活埋并打一镐头致死。为了保持现场原状，我们拍下照片后，便回填了这些万人坑试掘点，留待有条件保护时再做正式发掘。杨占山说："我们工作人员在杨树湾挖出的大骨灰箱，就是1942—1943年大房子内患瘟疫而死的矿工，由于死得太多了，工头一看不行，就给烧了。徐如林，河南陈州人，他们一起来了四十九人，就活了他一人！"据说直到1952年这里的死人骨架还堆积如山，试掘证实了日本发动侵略战争、虐待中国劳工的暴行！

图7-33　万人坑A洞内尸骨累累，其惨状令人悚栗。

听过了老矿工们的故事，也了解到一些万人坑的情况，我们考虑工作的重点是发掘、清理、保护一矿区内的两个山洞中的矿工干尸。

南沟自从日本人来后才叫"死人沟"。半山坡上有上、下两个山洞。本来可能是一个自然洞，许多年前因为地震或其他原因，同一山洞断塌成上、下两个。

·万人坑 A 洞、B 洞

上洞（发掘定名为 A 洞）略平缓，略向上倾斜，纵深近 37 米，洞口布满尸体，零乱杂陈，有两三层。洞底铺满碎石。12 米以后未见尸体。下洞（发掘定名为 B 洞）则比较原始，扰乱不多，洞口 1 米以下有一个 5—6 平方米的平台，有干尸一层，互相叠压。西南角有一缺口，幽深不可见底，起初不敢贸然进去，待矿上派人来检查过没有瓦斯气体，我便带上电筒、碘钨灯徐徐滑下。只见有三四层薄板棺材，拍了一些照片，且下且拍，一不留神滑下去 40 多米，连手电筒也掉进了棺材裂缝中。只见棺材接棺材，共有九排。再往下便没有棺木了。里面保持了本来状态，未经扰乱。洞底有一小口通往山脚，有冷风直通山腰，由于通风好，常年少雨，冬季又严寒，尸体因而保持得干燥、清净，没有很多霉菌。我们决定把两个山洞的尸体、棺木全部搬回室内清理。搬尸体时感到一个干尸的重量只有十几市斤。他们很可能是早期（1939—1941 年）在饥饿严寒中，不堪恶劣气候与非人生活而殒命的矿工，被遮遮掩掩地偷扔到这里。冻干了的尸体上，破烂棉衣、日本广告、麻袋片、水泥纸袋片和捆绑的绳索都保存了下来。尸体面

图7-34 洞内全景

图7-35 尸体由万人坑运到室内研究前，先做户外清洁处理工作。

目须眉，表情十分骇怪怕人。手足身体各种状态，说明他们绝大多数都不是正常死亡：或因矿中塌方，把身体压成了一板平片，头颅碎裂，惨不忍睹；或被锯去了手足；或折断胫骨，头骨穿孔；有的像拧麻花一般，脊椎扭曲变形；有的四肢皆失，人如一四腿板凳；有的身首侧折成 90°；更多的身首异处，更有双手上举被吊，裸身冻僵而死的……其悲惨情状令人哀痛，愤懑不能呼吸。骇怖情景也使少数工作人员精神大受刺激，中途离去（图 7-34、图 7-35）。

·A 洞 矿工受伤及受迫害痕迹与形态惨状

A 洞完整尸骨共二十六具，见万人坑 A 洞示意图（图 7-36）。在工作人员清理尸骨的过程中，找到许多死难矿工受迫害、受虐待的痕迹，这都是对日军残暴罪行的血泪控诉。万人坑内不少尸骨生前曾被凶残地伤害。有的头部被钉裂，有的四肢则被轧掉或锯断，有的则被筷子般粗细的麻绳捆绑着，有的甚至全身被压扁，头颅压碎，前胸右侧可见一处创伤，伤口皮肤开裂，死像似挣扎状，表情恐惧痛苦。

·B 洞 矿工受伤及受迫害痕迹

B 洞完整尸骨共三十四具，见万人坑 B 洞示意图（图 7-37）。某些尸骨的特殊姿势，亦说明该死者很可能生前就被扔进万人坑，有的是高举双手做呐喊状；有的左小腿下端 1/3 有骨折，左胫骨骨折，左脚拇指被挤压变形；有的则脊柱畸形弯曲等，其惨状令人不忍卒睹；有的脊椎在腰椎处折断，两股骨似生前折断，右股骨上举，双臂外扬，或为死者死前挣扎时的姿势，可见在日军的压迫下，当时矿工生活物资匮乏的程度，他们只能过暗无天日的非人生活。

·矿工衣袋里发现珍贵历史记录遗物

在清理过程中，我们从死难矿工衣袋内发现了一些珍贵的历史记录和遗物，有劳工证明书、引换证及工资金额单等，件件都浸透中国劳工的血泪，是日军剥削和残害中国老百姓的铁证。

听老矿工说，开头一两年（可能是 1939 年前后），日本人为了掩人耳目，粉饰暴政，凡有采煤劳工被虐待而死，或是出了事故身亡，便推说是因为没有供奉山神爷、矿神爷招致了灾祸，以转移人们对日本人的憎恨。甚至还请来日本和尚念经，再给一口薄板条、六面开缝的"狗碰头"棺材（因狗为吃死人，一头便可把棺材撞破，故得名），然后匆匆胡乱掩埋。估计悄悄投入到山洞中的，便是这时期的一部分死难者。往后，死的人多了，便再也顾不了伪善假面，"狗碰头"棺材、念经一概免去，赤裸裸地露出杀人嘴脸。大量的出煤，大批的死人！

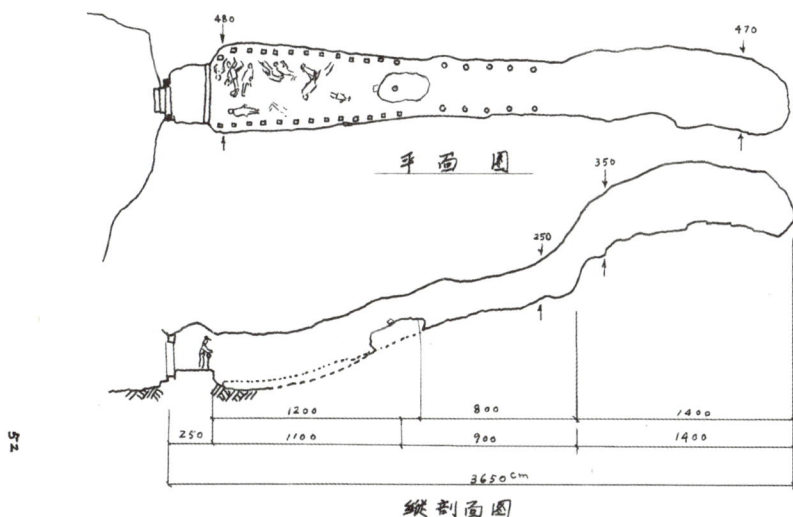

图7-36　大同煤峪口万人坑A洞平面、纵剖面示意图（王矜等绘）

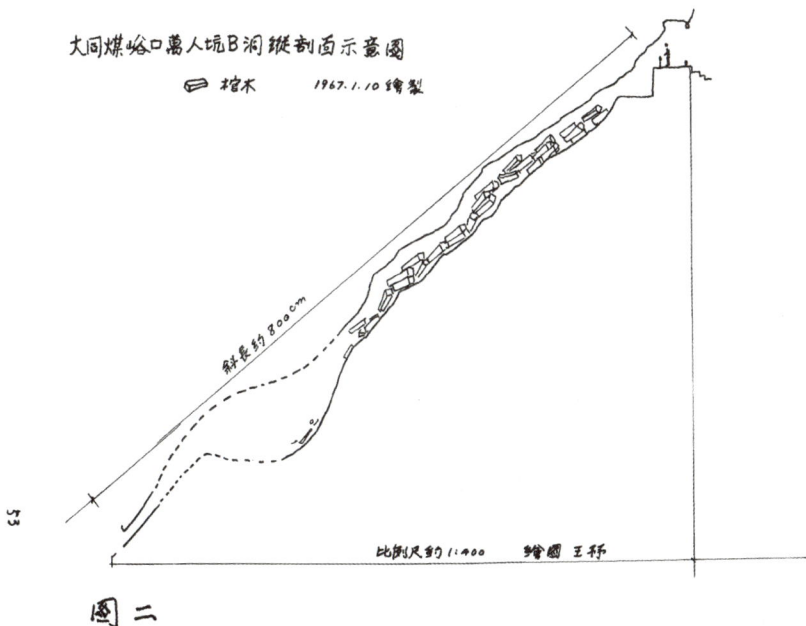

图7-37　大同煤峪口万人坑B洞纵剖面示意图（王矜等绘）

就连伤病未死的也通通往死人沟里丢。到 1941 年，太平洋战争爆发，日本为进一步集中资源与美国、东南亚各国作战，便加紧对占领区的经济掠夺。煤炭首当其冲，各矿都要搞"努力出煤日"，矿工就得加倍延长工作时间，加倍地消耗体力，筋骨压断，精力耗竭，正干着活儿背着煤就倒毙于地的事时有发生。受不了而吊死在矿井下的，愤而反抗被当场打死的，也不在少数。这一时期粮食成了第一军需，日本人只给矿工吃土豆加霉坏变质高粱面与花生壳磨成粉煮成的糊糊，每人一勺，用头盔盛了啜食。还有更可恶的一招：为了容易驱赶工人下矿井，井上就不给矿工水喝，待他们渴了，就要下矿井喝脏水去！吃了这种所谓的饭食，再一喝冷水没有不拉稀的。病了，"催班头子"先打你两棒子（镐把），能起来就得下井！起不来就往死人沟（万人坑）里扔，用绳子一套脖子一套脚，穿心杠子抬出去。原先为控制工人外逃，工赁（工资）只发引换证，到外面便是一张废纸，只能到矿上开的大把头卖店换买饭票。后来引换证也用不着了，下井的发一圆牌，凭牌领那一勺难以下咽的饭，不下井的不仅没饭吃，水也没有一口。再是十人中八九个人衣不蔽体，大同冬天非常冷，工人们出了井就想法烤火，烤干了前面，冻干了后面！人死得就更快更多。先前是雇人埋死人（据说大同矿就有"拉尸队"二百来人！），此后就是劳工抬劳工，自己埋自己！ 1942、1943 年剥削压迫更甚，据说因为闹瘟疫（传染病），人死得不可胜计。有的大房子竟死绝了。"千里百乡抓了来，死了没人抬！""只见煤车天天走，哪见矿工几个活！"二十几处万人坑就是这样堆积起来的。

·惨死矿工的遗物

万人坑内大约仅 5% 的死者身上留有遗物，数量并不多，但这少量的遗物、材料，已足以令人对当时矿工生活惨况有更多了解。

首先，据死者身上的证件显示，大同煤峪口的矿工来源地相当广泛。南至江苏的青浦、徐州，北达蒙西、京津一带，都有可怜的中国百姓被诱骗、抓捕到大同当苦工，比如死后没有尸骨的龚瑞海（图 7-38、图 7-39）。

龚瑞海的"劳工证明书"，长 10.9 厘米，宽 7.25 厘米，正面有本人照片，编号为"五九八七"，民国二十九年(1940 年)七月十日、十月十日两次验讫，十月十二日签发，有效期为一年。另证上有宛平县伪职工名章三个：宛平县公署驻门办事处主任赵江；警察第六分所长孔广平；第六区自卫团长赵玉民。证明书上又记述了龚瑞海的个人身份，年龄为四十三岁，籍贯河北涿县，居处为宛平县第六区门头沟。

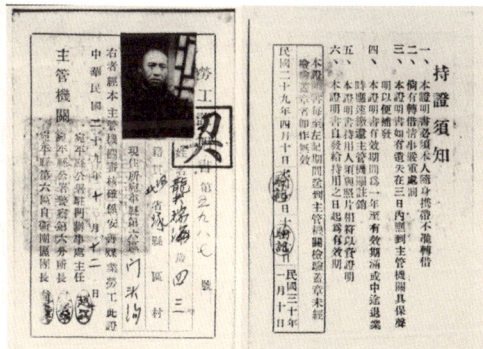

图7-38　龚瑞海的"劳工证明书"

图7-39　龚瑞海的衣服，他的"劳工证明书"正是从棉上衣袋中找到的，而下身衣服已不成形。

　　另外，各种从万人坑内找到的生活用品如引换证、灯牌（图7-40、
图7-41、图7-42）、广告布及工资等遗物，与幸存老矿工所形容的日占
时期矿工生活，可以互相印证，有助于揭露日军对中国矿工疯狂剥削
及压迫的事实。

　　日本侵略中国打出的骗人幌子是什么"中日亲善""共存共荣""大
东亚共荣圈"，但死于"亲善"口号之下的劳工何止千百万人。二次

图7-40　龚瑞海的家属

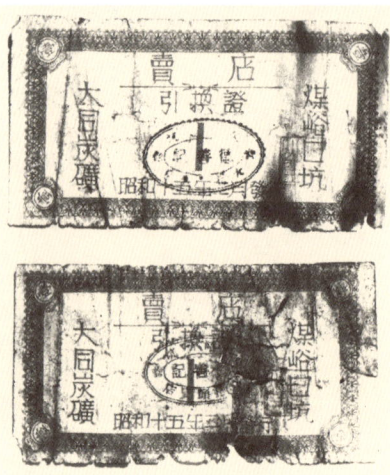

图7-41　引换证。长10.6厘米，宽5.5厘米，四周有
花纹，四角有"壹"字，中部印"1"字，发行于日
本昭和十五年二月。票面上加盖紫色椭圆"大同煤
峪口坑'德善记'大把头卖店"印章，另一红色方
章已不清楚。

图7-42　木制灯牌正侧面。长7.5厘米，宽5.5厘米，厚
0.9厘米，正面下部烙烫方框内有"灯印"图记，侧面竖
书编号"七〇九八"。

大战中，德国法西斯虐杀犹太人、东欧人，战后宣传广为人知，至今国际上仍在追究那些制造集中营暴行的战犯的罪责。不管他们匿藏到天涯海角，都要把他们挖出来审判处罚。而这些在中国制造"劳工集中营"的日本战犯们呢？他们的所作所为比之德国法西斯伙伴并不逊色，可他们不但没有或甚少受到惩罚，也没有受到应有追究。更奇怪的是，几十年来历届日本政府，不断有一些高级官员参拜供有二次大战战犯亡灵的靖国神社，极力否认日军在二次大战中的侵略行径，开脱种种罪责；特别是否认震惊中外的南京大屠杀，多次修改日本教科书中有关日军侵略亚洲各国的内容，掩饰、美化军国主义的丑恶嘴脸，甚至恬不知耻地把侵略战争说成是为了解放亚洲！其用意无非想蒙蔽日本人民和亚洲各国青年，使他们不了解历史，对日本军国主义丧失警惕。我想中国的万人坑当是一个无法掩盖也无法否认的真实证据，凡有良心的日本人，就不能视而不见。死难者的白骨与每具干尸遗体及种种遗物，无不昭示着日本侵略者的万恶罪行。现今六七十岁以上的中国人，也大都还有过亲身目睹的经历，对日军的烧、杀、掳、掠行径尚记忆犹新。这段历史无论怎样也是抹不掉的，任何人妄自篡改，都只是欲盖弥彰，引起世界人民的愤怒与警惕！

万人坑是在"文革"的年代发掘和保存下来的。这里发生过两个故事，值得写一下。"文革"之初，响应毛主席的号召，大批中小学学生来到万人坑参观，他们看到日军的暴行，惨绝人寰，震动很大，印象很深，不知是谁开的头，捡起了地上的石片，写下了亲身感受，如："不忘日本人的民族压迫，牢记这笔血泪仇！""万人坑，万人恨，恨未赶上扛枪打日本！""日本侵略中国时犯下的滔天罪行，永远不能忘记！"有的还具体记下了他的父辈、祖辈在日军占领时的悲惨遭遇。这种石片很快堆成了堆，有千万片之多。可惜没能保留下来，任其在冰雪风雨中湮没了。另一个令人动容的故事，也在"文革"开始不久，万人坑消息刚刚传开，一位河北妇女，已是人过中年，忽然梦到她二十几年前被抓作劳工的丈夫，向她诉说屈死在万人坑！这位妇女，蒸了馒头，备了祭品、香纸等物，挎上了提篮，打听着上了路，坐着火车、汽车来到万人坑。摆下祭品，焚烧香火，盘腿坐地，边哭边诉，说她丈夫何时被抓，如何上路，如何奋力挣扎，步步回头，步步遭打，从此一去不还，没了音讯。她在家中苦挨度日，翘盼归来！其艰难困苦可想而知。此时正当"破四旧"之风强劲，对迷信活动非常敏感，可是围观的学生们无论长少，无一干涉，都流泪静听，不时有人呼喊口号："打倒万恶的日本帝国主义！""血债要用血来还！"……其场面之悲壮，凡亲眼看见或听人转述过的，无不为之动容。

根据上述资料，A 洞进行年龄统计的共有八十七具尸骨，另外尚有六具尸骨，因无法估计其具体岁数，而并未列于下表之中，只知该具尸骨中，有四具是成年，一具是中年以上，还有一具是老年。

B 洞年龄统计中共有一百零一具尸骨。亦有五具尸骨因无法估计其具体岁数，而并未列于上表中，只知那具尸骨中三具是青年，一具是中年以上，以及一具是老年；另有未清理尸骨一具。

A 洞尸骨的平均年龄为 32.2 岁，B 洞尸骨为 33.5 岁，两洞尸骨的总平均年龄则为 32.85 岁（图 7-43）。

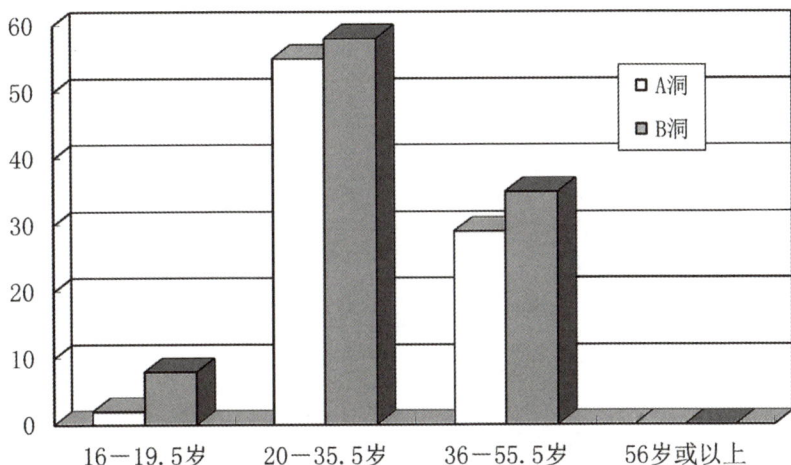

图7-43　A洞及B洞尸骨的年龄统计图

·工作人员献出自己的生命

　　发掘、整理和建馆期间，工作人员严肃认真，心情沉重。面对二百具左右的骨肉同胞的尸体，在一片阴森恐怖气氛中，有些年岁稍大、有心脏病的人，精神上承受不了。清理山洞中的干尸，可不像考古发掘只是处理遗物、骨架，这是要整理一具具有皮有肉、面带种种凄苦怕人表情的肉体，在和他们对面相望时，不由毛骨悚然！心悸目眩！更何况有些工作人员连考古的经历也不曾有过，心理上的压力可想而知。我还记得，初次来煤峪口山洞中调查后，情绪压抑，数天不能平复，晚上常常做噩梦。还有一位，一见当时情况便蹲到地上，说他受不了，这工作也干不了，因而离去。也有少数人，不敢进万人坑山洞。有位年岁大一点的老技师，某天快下班时，穿好工作服外套正要出门，觉得有人拉他衣服，一回头，不得了！原来死者勾住了他的衣角，他大吃一惊！众人虽用闲话岔开，他一直闷闷不乐，回京后，难以释怀，不久就去世了。还有一位电工师傅，在放映万人坑幻灯时触电身亡。另一位，是矿校教员，姓张，负责美工设计，人很温厚，像一位兄长，下矿井体验生活时，被煤车轧死。他们为了给万人坑的死难者伸张正义，献出了自己的生命。我们也不能忘记他们。

我总共五次到大同万人坑做发掘、清理、保护工作，还参加了北京中国科学院举办的万人坑教育展览。那些悲惨、骇人的尸骨，使我的感官受了很大的刺激，更使我的心坎涌出强烈无比的悲愤。在执笔写这篇近三十年前的万人坑记事、工作见闻，以纪念抗日战争胜利五十周年之际，童年时期所见日军暴行的回忆也一一涌上心头，清清楚楚如在眼前。

八岁那年（1938年）我到济南读书，山东当时正在日本统治之下，常常听见大人说起日本宪兵队、特务机关时，莫不轻声低语、谈虎色变！抓到对日本不满、反抗或稍有嫌疑的人，甚至平白无辜的，动不动就是"老虎凳""压杠子""灌凉水""灌辣椒水"和"灌煤油"！然后一脚踏上去，五窍喷血！灌了煤油的，大多被活活烧死。再不就是叫狼狗撕碎身亡！还听说东北人吃口大米饭便是犯法，叫"经济犯"。大米只能给日本"太君"吃，百姓只该吃"橡子面""混合面"（近乎一种牲口饲料）。铁杆汉奸狗腿子、税狗子用筷子伸入人的喉咙中，使他把饭吐出来，凡见到大米粒的，便要受极重的刑罚，轻者残疾，重者丧命。抚顺"平顶山惨案"是日军把两千多中国农民男女老少一起赶到山上，用机枪扫射集体残杀……我在济南读书的惠元小学在铁道以北的官扎营，每天路经横跨铁路的天桥，常会看见从东北等地逃回来的劳工，多半身带残疾，在火车站、天桥一带行乞。他们只是一时的幸存者，个个灰眉土眼，脸色苍白，甚至肚皮、全身都灰白如纸，倒卧桥头，气息奄奄，遇有好心人想为他治病，无论针刺、刀割，竟不能放出一滴血来，对这些可怜的劳工来说，死亡不过旦夕之事。也有冻黑了双脚，不几天后便烂掉下来，举着冻掉的脚拍打着，喊天叫地地讨吃的。缺腿断臂，坐地不能行动的，比比皆是。他们虽然能来到济南，却有家难归，仍不免惨死异乡。到了冬天，天亮得晚，去上学时还黑乎乎的，那些昨天还在挣扎乞讨的人，已经横尸街头，情景十分吓人。迎面而来的大车，满载冻僵死人，七叉八叉的腿，蓬乱不堪的头发，就像一车柴火一般。赶车人垫个草袋就坐在死人身上，摇鞭过市。其恐怖莫可名状。一次，我还看到铁路桥下拉“排子车”的苦力工人因为上坡时吃力缓慢，未能快些给日军卡车让路，卡车司机便跳下车来，拔出刺刀在驾辕苦力脖子上锯割起来，我们都被吓得不会走路了。后来仔细一看，原来是用刀背锯人的恶作剧，人头倒是保住了，可脖颈也红得滴下血来。在日本人眼中，中国人已经猪狗不如。被占领地的人民身陷水深火热之中，受尽欺凌，还得噤口以待。另有一种人，是日本、汉奸操纵的招工队，手拿一三角形小旗，上写“招募工人”，并有气无力地叫喊着旗子上的话。一些在城市中没有生活着落的人，最容易上他们的当，走上当劳工的死路。常见围了几个青壮年人在听招工人说骗人瞎话，道是当劳工如何赚钱，先给多少多少安家费，一旦中其圈套，发到手的不过块把钱。说是分期给，待接了钱，进入车站北边大院，就必定再也不得脱身，完全像牲畜一样被运输分发到各地，从此一去不回，做了换取煤炭的牺牲品。纵侥幸逃归，不是一身残疾，便是街头饿殍，终不免壮年夭逝！

大约是 1942 年，我祖父因经营粮食业为日本人所忌，生意被迫倒闭，我们回到家乡胶东。日军在城镇皆设有据点，经常下乡扫荡，抢掠烧杀无恶不作。一次遇上伪军下乡，日军是马队，我爬到村后榆树上观望，只见骑兵向西北追赶一个人，渐渐远去。那人名叫王进兴，是我们村的，是八路军区中队的人员，他回家参加一个堂兄的婚礼，遇上日军。为了把敌人引开村子，他投掷了手榴弹，当他跑到西北洼以后，不幸被马队围住，被日军乱刀刺死，傍晚时分村里人去收的尸。两位老人就只这么一个儿子，这是我村第一户烈属，他父亲叫王藕化。

我的大姨母，婆家在凤毛寨村，公公名叫王延年，为人朴质忠厚，日军下乡扫荡，抓着了他，迫他说出八路军行踪和本村八路军军属，他装聋作哑不肯吐露一字。日军便把他带到家庙（祠堂）里，棍棒打，开水烫，惨叫之声震彻邻里，结果老老实实、勤苦一生的农民便被活活打死。日军离开后，家属、村人进去，但见人已面目全非，血肉模糊，几条棍子已打成了麻绺！日军的暴行在全村引起一种难忍的悲愤。

山西大同万人坑是全国无数个万人坑中唯一偶然保存下来干尸的，这些干尸是千千万万死难劳工的化身，他们都没有形销物灭，他们瞪着眼在看！张着口在呼喊！残害他们的日本罪犯何时缉拿归案？他们的冤仇何时得以昭雪？他们的冤仇，亦正代表了中国近百年来灾难深重、长夜难明的历史，如今第二次世界大战胜利已经五十周年了，他们得站出来告白全世界：日本侵略军的野蛮行径再也不容重演。无论是中国人、现今的日本人和世界所有人民，为了将来，为我们子孙后代的幸福，我们千万不能忘记过去，再也不要侵略战争。只要我们牢牢记取这次惨痛的历史教训，一个和平友好、光明璀璨的明天，必会降临到这片浩瀚大地之上。

（摘自王抒先生著《日伪时期煤矿坑的故事
——山西煤矿万人坑发掘记事》）

发明桑蚕单丝绕网机

没有"前辈"的中国纺织考古，在很长一段时间内不断有着"创见"，但面对每一个问题时，都经历了不太为人所知的过程。如今，中国的纺织考古和脆弱有机质文物的保护修复，无疑是走在国际前列（其他国家均少有似中国几千年的遗存面世）。在纺织品文物的保护修复中，尤其是脆弱的丝织品文物，经常使用桑蚕单丝网。这是王㐨先生为一项国际修复项目而研发的桑蚕单丝绕网机所做出的产品，是修复丝织及纸质文物必备工具。修复中，修复师可以因需自制不同密度的丝网。

回想起来，或许正是这样的过往，才要求我们不断地精益求精，也才能为后来者保留下先人遗留的纺织品文物，保护留存中国几千年的重要文化实证。

一、为阿尔巴尼亚修复羊皮书《圣经》

1970 年周恩来总理交付中国科学院一项国际修复任务：为阿尔巴尼亚修复两部泥金、泥银羊皮写书《圣经》。这两部书一部是四世纪和一部是九世纪的，后来我们知道这两本羊皮书的年代要再晚一点。羊皮书是用真正的羊皮做成的纸，用金字写成的福音书《约翰福音》和《路加福音》（图 7-44）。第二次世界大战时，为保护《圣经》的安全，神父把它埋到地底下二十五年，腐蚀非常严重，书页有些完全像镂空的一样，就像几千条、几万条虫子把这个书蛀成了洞一样，拿起来都可以落下粉末，哗哗地像下雪一样。找法国、意大利修复都要很高的价钱，所以阿尔巴尼亚部长会议决定送到中国来修，中国都是无偿帮助他们修的。

图7-44　阿尔巴尼亚羊皮书《圣经》

·别人不做我们做

全国四十个单位合作修复这本书，在北京有十几个相关的重要单位，最核心的一家是中国科学院考古所和化学所。我被留下来主持业务工作，王仲殊是我的修复项目组领导人，所长夏鼐先生是项目顾问。当初阿尔巴尼亚到中国来征求意见的时候，历史博物馆、革命博物馆、中央档案馆、国家文物局的文物保护所都不接受，说不能修。反而考古所的三个人，王振江、白荣金和我接了下来。

王振江是很有经验的修复文物师傅，他对各种各样陶器都有认识，考古所上万件陶器都经过他手。他吃了文凭不高的亏，不然他是个很能干的人，一定了不起。他的父亲也没有文凭，但是也了不起，早年贫苦时到蒙古去做生意，能说蒙古语，懂蒙古规矩，蒙古人都佩服。他还能说俄语，1925 年他与同胞被封锁在国境线上，于是他去说服一个中校，把他们放回中国来。我到考古所，第一个就认王振江为老师。我是他的领导，也是他的学生。

白荣金是蒙古族人，他有文化，富于思考，有很能变通的头脑，人不会没有缺点，但他的优点就是极大的长处。我们几个人商量，别人不能做的，我们来做，世界上既然别人都不干，我们来干，我们只想尽力把它做好，没想过会失败。我们跟阿尔巴尼亚大使馆要了一些资料，做了四个月的充分准备，对羊皮书做了调查。北京图书馆存了一本羊皮书，白的，不是蓝色的。我们还调查莎草纸，因为开始时也不知道那是羊皮书，阿尔巴尼亚大使馆认为是莎草纸的，就是埃及产的那种。

等到冬季，也是快过春节时，阿尔巴尼亚部长会议决定，派国家档案馆修复部主任雷沙特·阿里亚（Reshat Alia）护送古写经抄本来到北京。我们到北京饭店接收，我看了一会儿，觉得难是难，但比我们想象中状况还要好一些。可是我们夏所长和王仲殊吓坏了，当人家把东西交到我们手里告别后，他们在北京饭店的楼道里就按捺不住了。王仲殊跟我说："你们这下可要实事求是吧，这么坏的东西你们也敢接来修，你们要把考古所这个……"没说出口，意思是把我们考古所这个牌子也给砸了吧！夏先生倒沉着一些，在吉普车里面跟我讲，如果是里面破的那本不好修，你们就修好像全黏在一块的那本。

· 发明蚕丝网技术

其实从技术上看正相反，那本破的容易修，有许多口子可以着手打开，相对完整的那本都粘成铁板一块的，费劲，又不敢揭开，揭了后里面再有字呢？我就想先修那本破的。拿到考古所，技术室几个人一看以后，都说："这个比我们想象的好多了，我们准备得比它坏的多。先修那一本破的。"这时候他们才缓和一点，但是还不敢决定，要去请示郭老（郭沫若）。郭老亲自看了这本东西，同意我们的意见，先修这本破口多的。这是金字的一本，用古希腊文写的。银字的那一本是拉丁文的，是用地中海那种古螺染的帝王紫染的紫色，纸比现在的报纸都薄，不可想象。

夏鼐查了文献，那个金字版本是九世纪的，银字的可能是六世纪

的，过去都有人研究过。根据夏鼐翻译的修复方面的资料，我们开始
想办法打开它。莫道是打开很不容易，修复它、保护它更不容易，因
为它两面有字。用中国传统方法把它裱起来，一面清楚，一面就看不
见了，那纸不管怎么薄都会使文字不清楚。我们从几十种材料中选，
由羊肠膜一直到芦苇内膜，非常薄，透明的。但糟朽的东西补上很强
的东西，就像新布补在破裤子上，反而会从边上拦腰断了，因为两个
强度太不相称了。所以我们尽量寻找强度比较低，但是高度透明、显
不出来的材料。后来终于想起来用蚕丝。我们考古挖到的蚕丝可以保
存两千年（这是当时的纪录）。我们用蛹蚕单丝造成一种网子黏上去后，
几乎是看不见（单根蚕丝是透明的）的，照相也不影响，阅读就更不
影响。这算是我的一个发明，后来授予我一个科学一等奖。

· 重做羊皮书

我们用了十个月的时间把这两本书都给修起来，而且照了相。打
开第一页我们就把相照下来，然后再把这页揭开。有些地方损失了，
但是我们的相片是最清楚的，第二页又清理得很清楚，保护得很好，
又照相。这样一页一页地把相照下来，把那些碎片再补上去。所以我
们最后用我们的照相版，第一本是上千页书，第二本是八百页吧，后
来由地质研究所负责印刷在新的羊皮纸上。那是用二百张羊皮，由北
京皮革厂做的新羊皮纸。这等于重新做了一本羊皮书，重新装到它原
来铜或者银盒镀金的封面，还保留了原来的样子。原来的羊皮书就夹
在有机玻璃片里面，单张组成的一本书。

羊皮书修完了，请示国务院，因为这个任务是由周恩来总理亲自签收，由国务院作为一个国家任务交下来的，由中国科学院考古所、化学所、造纸研究所负责主要工作，实际上整个领导工作、组织工作和技术工作都落在我们几个的头上。我们这几位助手都各自发挥自己的能力：把书科学性地一页一页揭开，是白荣金做的；往上黏、修复是王振江做的；我呢，发明解决技术问题，研究决定用某种技术、联系其他组织、封装，包括整体的工作，我可以说是一个总工程师吧，来完成这件工作。我们得到夏鼐和王仲殊先生的许多支持，也得到郭沫若院长的支持。

·接技术性工作

后来由外交部、阿尔巴尼亚大使馆、中国科学院三家来召开了鉴定验收会，组织了人力鉴定和验收这本书，最后他们都很满意。郭老跟那个罗森大使讲："这本书修复得比我预先想象的好得多、满意得多，我想你们应该满意了吧。"阿尔巴尼亚大使说很满意。他们绕过非洲好望角，通过海路将这本书运回去。这也是郭沫若的意见，希望他们不要空运，免得遭到空难。我们在防霉、装箱方面都做了妥善的措施。当这本书到达以后，中国大使馆也举行了移交仪式。阿尔巴尼亚请法国、意大利的专家也看过了，大家都很满意。1972年或者1973年，考古所的领导人夏鼐和王仲殊到阿尔巴尼亚访问的时候，霍查总统亲自接见他们。他们重新看了这本书。我自己觉得这是一生中做的工作较为满意的一件。从这以后，我就摆脱开做思想工作的形象，考古所开始交给我做一些技术性工作。1971 年，单位又派我们去山东邹县挖鲁荒王墓，就是朱元璋第十个儿子朱檀的墓。19 岁的他是吃长生不老药死的。

（摘自张婉仪女士整理的王㐨先生口述）

二、研发出桑蚕单丝绕网机

1970—1971 年期间，中国科学院考古研究所接受了国务院交下的为阿尔巴尼亚修复两部珍贵古书的任务。1971 年 5 月，我们以“天然材料为主，合成材料为辅”为原则，成功地研制出以单根桑蚕丝叠绕网为主体，以聚乙烯醇缩丁醛为胶黏剂的一整套丝网加固技术。用它从正面加固字书等薄质脆弱文物，既有实效，外观又不显露痕迹，亦不影响对文物的观察研究和照相，是一种新创的比较理想的文物保护加固材料和技术。比以往对字书文物正面加固的任何方法都有显著的优点。1972 年，我又用这项技术加固保护了马王堆出土的汉代丝绸。

这是一项合作成果，包括两个部分：“丝网制备工艺与字书加固方法”和“黏合剂的开发及聚乙烯醇缩丁醛老化试验”，这里介绍的是前一部分。

· 丝网制备工艺与字书加固方法

材料

1. 桑蚕白茧：以当年新茧为优，粒度一般取中等者，茧丝全长约八百米左右，大小均匀洁白无污染。单丝断裂强度约在 3.3g/D–3.9g/D，断裂伸长约 13%-18%，也可据不同需要选用大粒茧、小粒茧等。

2. 聚乙烯醇缩丁醛（PVB）：须用高纯度制品，白色微细粉末，灰粉 <0.05%，酸值在 0.1mgKOH/g 以下，软化温度 60℃–65℃。

3. 无水乙醇（或乙醇）：以二级品（分析纯）为优。

取 PVB 以乙醇预溶，按重量比配成 3%–6% 的透明无色胶液备用，浓度可据需调整。其他添加剂：除必要时，以天然色素对蚕丝做伪装着色外，其他如防霉、防紫外问题，均取外式法解决，以免导入文物过多过杂的化学物质。

4. 其他添加剂：其他如防霉、防紫外线问题，均取外式法解决，以天然色素对蚕丝做伪装着色外，以免过多过杂的化学反应导入文物。

5. 丝网孔目有三种规则：0.5 毫米、1 毫米、1.5 毫米，修复人员因所修文物的需要，现用现做为宜。

· 丝网制造工艺

由于单根蚕丝无法在织机上织造，故采取一种特殊的方法——在车床上（凡具丝杠者均可）或自制的绕网机上绕制加工。成品具有似平纹织物的外观，但经纬不交织，系上下两层单丝线叠压胶结而成，其断面结构是独特的（图 7-45）。有四种密度规格可任意调整：20 厘米 ×20 厘米、15 厘米 ×15 厘米、10 厘米 ×10 厘米、5 厘米 ×5 厘米，根数不等。下面介绍三种丝网形式。

1. 有膜丝网（膜网）

（1）取玻璃板，裁成正方形，规格为 20 厘米 ×20 厘米或 30 厘米 ×30 厘米均可（视车床主轴中心高而定）。清洁处理后，将其一边夹在卡盘夹具上。另在车床刀架上，装上金属丝制成的 Y 形导丝嘴（图 7-46）。

（2）取已煮好的蚕茧一粒，置温水杯中索绪，再将单根茧丝引入导丝嘴，开机向玻璃板上等距绕丝（丝距一般在 0.5–2.0 毫米范围内，或因需确定），第一层丝绕满之后，将玻璃板顺时针转 90°，再相互垂直绕第二层丝，绕满之后，形成叠压的网格，从卡盘上将玻璃板取下。

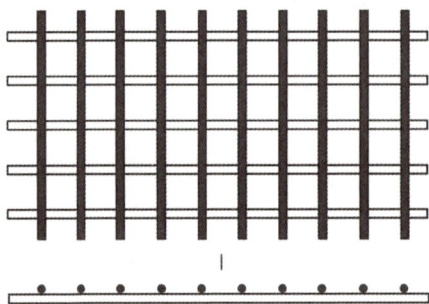

图7-45　丝网结构示意图

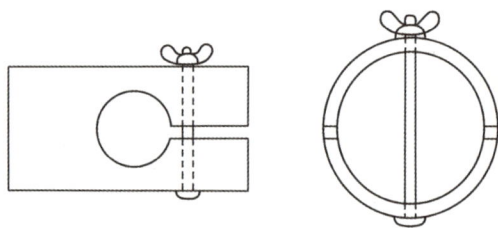

图7-46　制作丝网的夹具和导丝嘴

（3）玻璃板两面有丝网，干燥后，即可向上刷涂或喷涂 6% 左右 PVB 乙醇胶液，务须均匀，入烘箱干燥即成透明的丝网膜。用快刀划断四边，浸入水中或贴上湿纸，即可将膜网揭下。

有膜丝网厚度为 0.02 毫米（比普通报纸薄 3-4 倍）。夹入黑纸中保存备用。

2. 无膜丝网（或简称：丝网）

（1）先用玻璃板、金属板制成正方框架，要求规矩平正、不翘曲，成网面积约 20 厘米 ×20 厘米（可大可小，视需要和绕制机具设定）。

（2）绕网方式同（有膜丝网绕网方式）。

（3）绕好的丝网在网架上呈悬空状态，但两层单丝必须紧相叠压。取下绕满的框架，干后上胶。

（4）用含 PVB 约 3–4% 乙醇溶液，向丝网上喷洒，两面皆须均匀，每一遍干后再喷一次，以将丝网上的所有交叉点胶结黏住，同时在每根单丝上也均匀挂上了薄胶层，成为无膜丝网（黏合网）。干后将四边快刀连纸垫切下，夹入黑纸中保存备用。

无膜丝网的成品厚度，由于胶结点的胶体略滴状，测量厚度为 0.04 毫米左右，粘贴到纸质文物上时，PVB 溶解之后，实际厚度则在 0.015 毫米以下。

3. 絮状网膜

此为一种无定向丝絮制成的黏合网和膜网。上胶方法与前二者相同，但絮状网有长丝与短丝两种。

（1）长丝絮状网：取正在吐丝的蚕，置光洁方板上，令其自由爬行吐丝，为求丝絮匀薄，可略控制蚕的活动。厚薄达到要求时，将絮网揭下，单丝之间自然粘一起，然后喷制成有膜絮网或无膜絮网备用。

（2）短丝絮状网：购得白净生丝后，切成 20 毫米长的短纤维（分散成单丝），在无纺织布（或干法造纸）的气流式成网机上，制成 500 毫米宽的絮状网片，取下卷入纸中备用。上胶时先在玻璃上涂 PVB，再将絮网平摊于上，喷涂较稀 PVB 胶液。亦可制得有膜和无膜的短丝絮网。

这两种絮状网，主要用于羊皮纸书页或薄皮革的肉面（网状层表面）的补贴加固，优点是结构恰好和羊皮纸肉面层类同，隐蔽性好，适用于特定的要求。

· 丝网使用方法

上述各种丝网上的聚乙烯醇缩丁醛，在制网过程中是把两层单丝胶结成网的黏合剂；在加固字书或丝绸文物时，又是丝网黏附到文物上的黏合剂。

由于聚乙烯醇缩丁醛，具有热溶性和液溶性（如醇、酯、酮烷等有机溶剂多可溶解）。利用这一特点，各种丝网成品，均可以热黏合或溶剂黏合法贴到字书、文件、丝绸等薄质文物上。一般是能够耐受热压作用的文物或不能耐受某种溶剂的文物，采用热黏合贴网加固（比如有相当强度的印刷字书、文件等）。反之，对于不能和不宜热压的皮革（如阿尔巴尼亚羊皮书经鉴定受热不能超过 45℃，受压即破碎）和古丝绸等文物，则以溶贴法为宜，溶剂可用乙醇、丙酮等。

对于那些朽败过甚，整体连接力很差或者表层粉化，字迹或纹饰附着力很低的一类薄质字书文物，则以有膜丝网做加固最为有利。膜网上的"膜"，主要是为了让丝网能携带稍多而又分布匀薄的黏合剂。这层可溶性膜，在溶贴时便渗入文物表层而消失，遂成为内加固剂，从而使文物的整体连接强度和表面强度有一定提高；新贴上去的丝网，才能得到一个相对坚固的黏附基础，达到加固预期目的。用溶剂溶贴丝网还可以缓解以至消除制网过程产生的应力。单面贴网亦十分平坦，不卷不翘。这些优点，对于朽腐、脆弱程度大的纸张、皮革、丝绸等薄质文物的加固尤为相宜。阿尔巴尼亚的两部羊皮纸古书是双面有字书页，约842页，就是用这种丝网加固的。

溶贴时，将丝网平铺，书页表面以软毛笔蘸无水乙醇适量，先点定四角，再有顺序地将丝网溶贴于书面表面，以匀而不显光泽为准。

点贴无膜丝网时，乙醇用量更要少一些。宜在干燥的气候条件下工作。

至于有一定强度的各类植物纤维纸质文物，可用热压法把无膜丝网热贴在文物表面。在丝网和热力板之间必须垫一张薄薄的防粘衬垫，以免把文件、丝网、热力板粘在一起。衬垫的作用同脱膜剂相似，可有多种方法供选用：

1. 在热力板上涂有机硅材料。

2. 用聚四氟乙烯薄膜隔离。

3. 用 RTV 硅橡胶 20% 汽油溶液浸涂薄纸做衬垫纸。

我们采用后者，经济便利。

热力板（冲洗照片平整干燥用，现已淘汰）：在处理小件文物时，用电熨斗即可。处理大件可用照相印洗后在上光机上加热操作。温度不可过高，压力要适当。局部的跳丝，可用毛笔蘸无水乙醇轻轻点贴。

采用此法，丝网格眼不宜过大，用 PVB 不宜过多，因为胶黏剂呈线状贴在纸张表面上，纸张在受热时产生不同的收缩，应力增大，在黏合剂与文物界面产生剪切。故过薄、过酥的纸、皮、丝绸文物不宜用此法处理。而对于一般书刊报纸，大批量的加固处理速度较快。一般薄纸须两面同时粘网，才可防止卷曲。

在使用无膜丝网加固或精修某些非常娇气脆弱的文物时，也用无水乙醇点贴法。阿尔巴尼亚银字羊皮书（1971 年）和我国湖南长沙马王堆汉墓出土的丝绸（1972 年），有不少便是以这种无膜丝网点贴方法加固的。

还有一种情况，某些双面字书文物具有异常情况，既不宜热压贴网，亦不宜用有机溶剂直接贴网（比如，油墨油彩着色会被有机溶剂溶化）。若要事先用水溶胶液加固色层，干燥时文物收缩翘曲，又难以控制理平，对这类情况，我们采用复合膜丝网，可得到较好处理。

复合膜丝网的制作：先在玻璃板上涂一层 PVB，绕上丝网后，再涂一层稀薄水溶胶（如明胶、白芨、石花菜等单一胶液）。制成的丝网是两面具不同溶剂的膜网，做好标记，贴膜时，先将文物回潮，再以水润湿，保持匀平。然后将复合膜丝网的水溶胶一面平贴到文件表面，胶层溶后即将色层加固，整理平实之后压在干布中缓慢干燥，干后再将 PVB 胶膜用乙醇溶化，遂将丝网进一步粘贴封护在文物上。

不论采用以上何种丝网、何种方法粘贴加固文物，都要求黏附均匀平整，不跳丝，不显光泽，不显痕迹，以保持文物的本来外观和使文物得到有效、恰当的加固为准则。

·效果

桑蚕单丝网、聚乙烯醇缩丁醛对脆弱字书的加固技术，是针对修复阿尔巴尼亚两面书写的羊皮书而发明应用的。其中金字书（约 842 页）由于书页酥软不均，文字蚀孔严重，主要用带 PVB 膜的丝网加固；而银字书羊皮纸已呈溶胶状残贴于薄麻纸（0.045 毫米厚）衬页上，柔薄如印痕，则主要用无膜丝网加固，两者适应不同情况而修复外观效果相同，具有五项突出的优点：

1. 两种形式的丝网都是复合材料，天然单根蚕丝被胶结成平整网格骨架，有稳定的形状和机械强度。PVB 黏结力强、光泽低、用量少而有实效。

2. 正面蒙盖加固字书，不显痕迹。不影响文物外观，不影响对文物的观测研究和照相清晰度。

3. 比较耐老化，尤其是桑蚕单丝，考古发现证明，它具有 2000—4000 年左右的耐久性。

4. 对文物无不良反应。

5. 在较长时间内仍可溶除更新。

以上这些条件，满足了两部珍贵古书的高水平修复要求。

这种具有独特结构的桑蚕单丝网加固技术（图 7-47），当时在国内外是前所未有的一项新发明（至今仍处于领先地位）。实践证明，它的五项优点，是其他加固方法难以同时具备的。它在使用工艺上的灵活性、简便性和安全性也是其他方法所不及的，因此首先得到中国科

图7-47　制作丝网的设备

学院郭沫若院长和考古所夏鼐所长的肯定和嘉许，并在同年（1971年）11月1日由外交部、中国科学院、阿尔巴尼亚驻华大使馆（包括阿国家档案馆专家）共同举行的验收会议上正式验收。在会上安东尼代办说："中国同志使这两部损坏十分严重的古书复活了……"后来阿方还请法国、意大利文物保护专家鉴定，均得到良好评价。

此后这项技术于1972—1973年，又成功地应用于湖南长沙马王堆汉墓两千年前的出土丝绸、帛画的修复加固，并先后向湖南省博物馆、故宫博物院、国家文物局文物保护研究所、南京博物院、湖北省博物馆、北京大学图书馆（文献部）等单位介绍推广，除应用于两面字书、纸张、丝绸、皮革文物加固外，还逐步应用于装潢的衬裱、壁画揭取时的画面封护等方面和近现代报刊大量加固工作中。最近（1987年）又应用到陕西扶风法门寺出土唐代珍贵丝绸文物的加固工作中。

经过十多年的实际应用观察，采用了这种丝网加固技术处理的文物，如马王堆汉代文物，仍保持着原有加固水平和状态。粘贴于文物上的丝网及 PVB 在物理、化学性能上都还相当稳定；高透明度、黏附牢度、柔软性……均无可感变化，无论溶贴或热压粘贴在文物上的丝网，都还可以容易地再溶取下来。它的五项优点依然如故。

另外，根据文物的不同条件，还能用各种天然黏合剂、合成黏合剂制成多种丝网，品种现已达二十余个，可适应各种需要。但最常用、最重要的黏合剂仍以 PVB 为优，而最优的制网材料则仍是桑蚕单丝。

（摘自王㐨先生的论文）

附录

星斗其文，赤子其人

——怀念沈从文老师

汪曾祺

　　沈从文逝世后，傅汉斯、张充和从美国电传来一副挽辞。字是晋人小楷，一看就知道是张充和写的。词想必也是她拟的。只有四句：

　　　　不折不从　亦慈亦让

　　　　星斗其文　赤子其人

　　这是嵌字格，但是非常贴切，把沈先生的一生概括得很全面。这位四妹对三姐夫沈二哥真是非常了解。——荒芜同志编了一本《我所认识的沈从文》，写得最好的一篇，我以为也应该是张充和写的《三姐夫沈二哥》。

　　沈先生的血管里有少数民族的血液。他在填履历表时，"民族"一栏里填土家族或苗族都可以，可以由他自由选择。湘西有少数民族血统的人大都有一股蛮劲，狠劲，做什么都要做出一个名堂。黄永玉就是这样的人。沈先生瘦瘦小小（晚年发胖了），但是有用不完的精力。他小时是个顽童，爱游泳（他叫"游水"）。进城后好像就不游了。三姐（师母张兆和）很想看他游一次泳，但是没有看到。我当然更没有看到过。他少年当兵，飘泊转徙，很少连续几晚睡在同一张床上。吃的东西，最好的不过是切成四方的大块猪肉（煮在豆芽菜汤里），行军、拉船，锻炼出一副极富耐力的体魄。二十岁冒冒失失地闯到北平来，举目无亲。连标点符号都不会用，就想用手中一支笔打出一个天下。经常为弄不到一点东西"消化消化"而发愁。冬天屋里生不起火，用被子围起来，还是不停地写。我 1946 年到上海，因为找不到职业，情绪很坏，他写信把我大骂了一顿，说："为了一时的困难，就这样哭哭啼啼的，甚至想到要自杀，真是没出息！你手中有一支笔，怕什么！"他在信里说了一些他刚到北京时的情形，同时又叫三姐从苏州写了一封很长的信安慰我。他真的用一支笔打出了一个天下了。一个只读过小学的人，竟成了一个大作家，而且积累了那么多的学问，真是一个奇迹。

沈先生很爱用一个别人不常用的词："耐烦"。他说自己不是天才（他应当算是个天才），只是耐烦。他对别人的称赞，也常说"要算耐烦"。看见儿子小虎搞机床设计时，说"要算耐烦"。看见孙女小红做作业时，也说"要算耐烦"。他的"耐烦"，意思就是锲而不舍，不怕费劲。一个时期，沈先生每个月都要发表几篇小说，每年都要出几本书，被称为"多产作家"。但他写东西不是很快的，从来不是一挥而就。他年轻时常常日以继夜地写。他常流鼻血。血液凝聚力差，一流起来不易止住，很怕人。有时夜间写作，竟致晕倒，伏在自己的一摊鼻血里，第二天才被人发现。我就亲眼看到过他的带有鼻血痕迹的手稿。他后来还常流鼻血，不过不那么厉害了。他自己知道，并不惊慌。他的作品看起来很轻松自如，若不经意，但都是苦心刻琢出来的。《边城》一共不到七万字，他告诉我，写了半年。他这篇小说是《国闻周报》上连载的，每期一章。小说共二十一章，21×7=147，我算了算，差不多正是半年。这篇东西是他新婚之后写的，那时他住在达子营。巴金住在他那里。他们每天写。巴老在屋里写，沈先生搬个小桌子，在院子里树荫下写。巴老写了一个长篇，沈先生写了《边城》。他称他的小说为"习作"，并不完全是谦虚。有些小说是为了教创作课给学生示范而写的，因此试验了各种方法。为了教学生写对话，有的小说通篇都用对话组成，如《若墨医生》；有的，一句对话也没有。《月下小景》确是为了履行许给张家小五的诺言"写故事给你看"而写的。同时，当然是为了试验一下"讲故事"的方法（这一组"故事"明显地看得出受了《十日谈》和《一千零一夜》的影响）。同时，也为了试验一下把六朝译经和口语结合的文体。这种试验，后来形成一种他自己说是"文白夹杂"的独特的沈从文体，在四十年代的文字（如《烛虚》）中尤为成熟。他的亲戚，语言学家周有光曾说"你的语言是古英语"，甚至是拉丁文。沈先生讲创作，不大爱说"结构"，他说是"组织"。我也比较喜欢"组织"这个词。"结构"过于理智，"组织"更带感情，较多作者的主观。他曾把一篇小说一条一条地裁开，用不同方法组织，看看哪一种形式更为合适。沈先生爱改自己的文章。他的原稿，一改再改，天头地头页边，都是修改的字迹，蜘蛛网似的，这里牵出一条，那里牵出一条。作品发表了，改。成书了，改。看到自己的文章，总要改。有时改了多次，反而不如原来的，以至三姐后来不许他改了（三姐是沈先生文集的一个极其细心，极其认真的义务责任编辑）。沈先生的作品写得最快，最顺畅，改得最少的，只有一本《从文自传》。这本自传没有经过冥思苦想，只用了三个星期，一气呵成。他不大用稿纸写作。在昆明写东西，是用毛笔写在当地出产的竹纸上的，自己折出印子。他也用钢笔，蘸水钢笔。他抓钢笔的手势有点像抓毛笔（这一点可以证明他不是洋学堂出身）。《长河》就是用钢笔写的，写在一个硬面的练习簿上，直行，两面写。他的原稿的字很清楚，不潦草，但写的是行书。不熟悉他的字体的排字工人是会感到困难的。他晚年写信写文章爱用秃笔淡墨。用秃笔写那样小的字，不但清楚，而且顿挫有致，真是一个功夫。

　　他很爱他的家乡。他的《湘西》《湘行散记》和许多篇小说可以作证。他不止一次和我谈起棉花坡，谈起枫树坳，——一到秋天满城落了枫树的红叶（图8-1、图8-2）。一说起来，不胜神往。黄永玉画过一张凤凰沈家门外的小巷，屋顶墙壁颇零乱，有大朵大朵的红花——不知是不是夹竹桃，画面颜色很浓，水气泱泱。沈先生很喜欢这张画，说："就是这样！"八十岁那年，他和三姐一同回了一次凤凰，领着她看了他小说中所写的各处，都还没有大变样。家乡人闻知沈从文回来了，简直不知怎样招待才好。他说："他们为我捉了一只锦鸡！"锦鸡毛羽

图8-1　1934年，沈从文在故乡拍摄的虹桥景象，这是他唯一的摄影作品。

很好看。他很爱那只锦鸡，还抱着它照了一张相，后来知道竟作了他的盘中餐，对三姐说："真煞风景！"他在家乡听了傩戏，这是一种古调犹存的很老的弋阳腔，打鼓的是一位七十多岁的老人，他对年轻人打鼓失去旧范很不以为然。沈先生听了，说："这是楚声，楚声！"他动情地听着"楚声"，泪流满面。沈先生八十岁生日，我曾写了一首诗送他，开头两句是：

犹及回乡听楚声，此身虽在总堪惊。

端木蕻良看到这首诗，认为"犹及"二字很好。我写下来的时候就有点觉得这不大吉利，没想到沈先生再也不能回家乡听一次了！他的家乡每年有人来看他，沈先生非常亲切地和他们谈话，一坐半天。每有同乡人来了，原来在座的朋友或学生就只有退避在一边，听他们谈话。沈先生很好客，朋友很多。老一辈的有林宰平、徐志摩。沈先生提及他们时充满感情。没有他们的提挈，沈先生也许就会当了警察，或者在马路旁边"瘪了"。我认识他后，他经常来往的有杨振声、张奚若、金岳霖、朱光潜诸先生，梁思成林徽因夫妇。他们的交往真是君子之交，既无朋党色彩，也无酒食征逐。清茶一杯，闲谈片刻。杨先生有一次托沈先生带信，让我到南锣鼓巷他的住处去，我以为有什么事。去了，只是他亲自给我煮一杯咖啡，让我看一本他收藏的姚茫

图8-2　沈从文绘的湘西图景

父的册页。这册页的芯子只有火柴盒那样大，横的，是山水，用极富
金石味的墨线勾轮廓，设极重的青绿，真是妙品。杨先生对待我这个
初露头角的学生如此，则其接待沈先生的情形可知。杨先生和沈先生
夫妇曾在颐和园住过一个时期，想来也不过是清晨或黄昏到后山谐趣
园一带走走，看看湖里的金丝莲，或写出一张得意的字来，互相欣赏
欣赏，其余时间各自在屋里读书做事，如此而已。沈先生对青年的帮
助真是不遗余力。他曾经自己出钱为一个诗人出了第一本诗集。1947
年，诗人柯原的父亲故去，家中拉了一笔债，沈先生提出卖字来帮助
他。《益世报》登出了沈从文卖字的启事，买字的可定出规格，而将
价款直接寄给诗人。柯原1980年去看沈先生，沈先生才记起有这回事。
他对学生的作品细心修改，寄给相熟的报刊，尽量争取发表。他这辈
子为学生寄稿的邮费，加起来是一个相当可观的数字。抗战时期，通
货膨胀，邮费也不断涨，往往寄一封信，信封正面反面都得贴满邮票。
为了省一点邮费，沈先生总是把稿纸的天头地头页边都裁去，只留一
个稿芯，这样分量轻一点。我在昆明写的稿子，几乎无一篇不是他寄
出去的。1946年，郑振铎、李健吾先生在上海创办《文艺复兴》，沈
先生把我的《小学校的钟声》和《复仇》寄去。这两篇稿子写出已经
有几年，当时无地方可发表。稿子是用毛笔楷书写在学生作文的绿格
本上的，郑先生收到，发现稿纸上已经叫蠹虫蛀了好些洞，使他大为
激动。沈先生对我这个学生是很喜欢的。为了躲避日本飞机空袭，他
们全家有一阵住在呈贡新街后迁跑马山桃源新村。沈先生有课时进城
住两三天。他进城时，我都去看他。交稿子，看他收藏的宝贝，借书。

360

沈先生的书是为了自己看，也为了借给别人看的。"借书一痴，还书一痴"，借书的痴子不少，还书的痴子可不多。有些书借出去一去无踪。有一次，晚上，我喝得烂醉，坐在路边，沈先生到一处演讲回来，以为是一个难民，生了病，走近看看，是我！他和两个同学把我扶到他住处，灌了好些酽茶，我才醒过来。有一回我去看他，牙疼，腮帮子肿得老高。沈先生开了门，一看，一句话没说，出去买了几个大橘子抱着回来了。沈先生的家庭是我见到的最好的家庭，随时都在亲切和谐气氛中，两个儿子，小龙小虎，兄弟怡怡。他们都很高尚清白，无丝毫庸俗习气，无一句粗鄙言语，——他们都很幽默，但幽默得很温雅。一家人于钱上都看得很淡。《沈从文文集》的稿费寄到，九千多元，大概开过家庭会议，又从存款中取出几百元，凑成一万，寄到家乡办学。沈先生也有生气的时候，也有极度烦恼痛苦的时候，在昆明，在北京，我都见到过，但多数时候都是笑眯眯的。他总是用一种善意的、含情的微笑，来看这个世界的一切。到了晚年，喜欢放声大笑，笑得合不拢嘴，且摆动双手作势，真像一个孩子。只有看破一切人事乘除，得失荣辱全置度外，心地明净无渣滓的人，才能这样畅快地大笑。

沈先生五十年代后放下写小说散文的笔（偶然还写一点，笔下仍极活泼，如写纪念陈翔鹤文章，实写得极好），改业钻研文物，而且钻出了很大的名堂，不少中国人、外国人都很奇怪。实不奇怪。沈先生很早就对历史文物有很大兴趣。他写的关于展子虔游春图的文章，我以为是一篇重要文章，从人物服装颜色式样考订图画的年代和真伪，是别的鉴赏家所未注意的方法。他关于书法的文章，特别是对宋四家的看法，很有见地。在昆明，我陪他去遛街，总要看看市招，到裱画店看看字画。昆明市政府对面有一堵大照壁，写满了一壁字（内容已不记得，大概不外是总理遗训），字有七八寸见方大，用二爨掺一点北魏造象题记笔意，白墙蓝字，是一位无名书家写的，写得实在好。我们每次经过，都要去看看。昆明碰碰撞撞都可见到黑漆金字抱柱楹联上钱南园的四方大颜字，也还值得一看。沈先生到北京后即喜欢搜集瓷器。有一个时期，他家用的餐具都是很名贵的旧瓷器，只是不配套，因为是一件一件买回来的。他一度专门搜集青花瓷。买到手，过一阵就送人。西南联大好几位助教、研究生结婚时都收到沈先生送的雍正青花的茶杯或酒杯。沈先生对陶瓷赏鉴极精，一眼就知是什么朝代的。一个朋友送我一个梨皮色釉的粗瓷盒子，我拿去给他看，他说："元朝东西，民间窑！"有一阵搜集旧纸，大都是乾隆以前的。多是染过色的，瓷青的、豆绿的、水红的，触手细腻到像煮熟的鸡蛋白外的薄皮，真是美极了。至于茧纸、高丽发笺，那是凡品了。（他搜集旧纸，但自己舍不得用来写字，晚年写字用糊窗户的高丽纸，他说："我的字值三分钱。"）在昆明，搜集了一阵耿马漆盒。这种漆盒昆明的地摊上很容易买到，且不贵。沈先生搜集器物的原则是"人弃我取"。其实这种竹胎的，涂红黑两色漆，刮出极繁复而奇异的花纹的圆盒是很美的。装点心，装花生米，装邮票杂物均合适，放在桌上也是个摆设。这种漆盒也都陆续送人了。客人来，坐一阵，临走时大都能带走一个漆盒。有一阵研究中国丝绸，弄到许多《大藏经》的封面，各种颜色都有：宝蓝的、茶褐的、肉色的；花纹也是各式各样。沈先生后来写

362

了一本《中国丝绸图案》。有一阵研究刺绣。除了衣服、裙子，弄了好多扇套、眼镜盒、香袋。不知他是从哪里"寻摸"来的。这些绣品的针法真是多种多样。我只记得有一种绣法叫"打籽"，是用一个一个丝线疙瘩缀出来的。他给我看一种绣品，叫"七色晕"，用七种颜色的绒绣成一个团花，看了真叫人发晕。他搜集、研究这些东西，不是为了消遣，是从中发现，证实中国历史文化的优越这个角度出发的，研究时充满感情。我在他八十岁生日写给他的诗里有一联：

　　玩物从来非丧志，著书老去为抒情。

　　这全是纪实。沈先生提及某种文物时常是赞叹不已。马王堆那幅不到一两重的纱衣，他不知说了多少次。刺绣用的金线原来是盲人用一把刀，全凭手感，就金箔上切割出来的。他说起时非常感动。有一个木俑（大概是楚俑）一尺多高，衣服非常特别：上衣的一半（连同袖子）是黑色，一半是红的；下裳正好相反，一半是红的，一半是黑的。沈先生说："这真是现代派！"如果照这样式（一点不用修改）做一件时装，拿到巴黎去，由一个长身细腰的模特儿穿起来，到表演台上转那么一转，准能把全巴黎都"镇"了！他平生搜集的文物，在他生前全都分别捐给了几个博物馆、工艺美术院校和工艺美术工厂，连收条都不要一个。

　　沈先生自奉甚薄。穿衣服从不讲究。他在《湘行散记》里说他穿了一件细毛料的长衫，这件长衫我可没见过。我见他时总是一件洗得褪了色的蓝布长衫，夹着一摞书，匆匆忙忙地走。解放后是蓝卡其布或涤卡的干部服，黑灯芯绒的"懒汉鞋"。有一年做了一件皮大衣（我记得是从房东手里买得的一件旧皮袍改制的，灰色粗线呢面），他穿在身上，说是很暖和，高兴得像一个孩子。吃得很清淡。我没见他下过一次馆子。在昆明，我到文林街 20 号他的宿舍去看他，到吃饭时总是到对面米线铺吃一碗一角三分钱的米线。有时加一个西红柿，打一个鸡蛋，超不过两角五分。三姐是会做菜的，会做八宝糯米鸭，炖在一个大砂锅里。但不常做。他们住在中老胡同时，有时张充和骑自行车到前门月盛斋买一包烧羊肉回来，就算加了菜了。在小羊宜宾胡同时，常吃的不外是炒四川的菜头，炒茨菇。沈先生爱吃茨菇，说"这个好，比土豆'格'高"。他在《自传》里说他很会炖狗肉，我在昆明，在北京都没见他炖过一次。有一次他到他的助手王亚蓉家去，先来看看我（王亚蓉住在我们家马路对面，——他七十多了，血压高到二百多，还常为了一点研究资料上的小事到处跑），我让他过一会来吃饭。他带来一卷画，是古代马戏图的摹本，实在是很精彩。他非常得意地问我的女儿："精彩吧？"那天我给他做了一只烧羊腿，一条鱼。他回家一再向三姐称道："真好吃。"他经常吃的荤菜，是：猪头肉。

　　他的丧事十分简单。他凡事不喜张扬，最反对搞个人的纪念活动，反对"办生做寿"。他生前屡次嘱咐家人，他死后，不开追悼会，不举行遗体告别。但火化之前，总要有一点仪式。新华社消息的标题是《沈从文告别亲友和读者》，是合适的，只通知少数亲友——有一些景仰他的人是未接通知自己去的。不收花圈，只有约二十多个布满鲜花的花篮，很大的白色的百合花、康乃馨、菊花、菖兰。参加仪式的人也不戴纸制的白花，但每人发给一枝半开的月季，行礼后放在遗体边。

不放哀乐，放沈先生生前喜爱的音乐，如贝多芬的《悲怆》奏鸣曲等。沈先生面色如生，很安详地躺着。我走近他身边，看着他，久久不能离开。这样一个人，就这样地去了。我看他一眼，又看一眼，我哭了。

沈先生家有一盆虎耳草，种在一个椭圆形的小小钧窑盆里。很多人不认识这种草。这就是《边城》里翠翠在梦里采摘的那种草，沈先生喜欢的草。

1988 年 5 月 26 日

这些忧郁的碎屑（节选）
——回忆沈从文表叔

黄永玉

从文表叔死了。他活了八十六岁。书房墙上一幅围着黑纱的照片，两旁是好友施蛰存先生写的挽联。

五十年代一个秋天的下午，屋子静悄悄地剩下他一人在写东西。我们坐下来喝茶，他忽然轻轻叹了一口气——

"好累啊！……"

"是的，累啊！"我想起正在过河的圣约翰·克利斯朵夫。

"北京的秋天真好！"他说。

"……天真蓝；……那枣树……"我望了望窗子。

"……都长大了……日子不够用……"他说。

…………

一切都成为过去。

表叔真的死了。

（一）

三十多年来，我时时刻刻想到从文表叔会死。清苦的饮食，沉重的工作，精神的磨难，脑子、心脏和血管的毛病……

看到他蹒跚的背影，我不免祈祷上苍——"让他活得长些罢！"

他毕竟"撑"过来了。足足八十六岁。

　　一辈子善良得不近人情；即使蒙恩的男女对他反啮，倒是从不想到报复。这原因并非强大的自信，也不是没有还击的力量，只不过把聪明才智和光阴浪费在这上面，早就不是他的工作习惯。

　　没有心肝的"中山狼"有一个致命伤，那就是因某种权势欲望熏蠢了的头脑。

　　其实要摧毁沈从文易如反掌。一刀把他跟文化、故乡、人民切断就是。让他在精神上断水、枯萎、夭折。

　　但"中山狼"们不！它们从自己心目中的高档境界——名誉、地位、财富上扼他的脖子；殊不知这正是他所鄙弃的垃圾。

　　…………

　　这里，就不能不提一提我的父亲黄玉书；从文表叔少年时代最谈得来的表哥。

　　父亲是在师范学校学音乐的。由于祖父在北京帮熊希龄做事，父亲也就有机会到外头走走，沈阳、哈尔滨、张家口、上海、杭州、武汉、广州……在那时候，从一个山区的角度看来，可是个惊天动地的伟人行动。一旦远游回家，天天围在周围渴求见闻的自然是那一大群弟妹跟表兄弟妹们。父亲善于摆龙门阵，把耳闻都一股脑当成亲见；根据需要再糅合一些信手拈来的幻想，说听二方不免都陶醉在难以想象的快乐之中。表叔从小就佩服我父亲的这种先觉的"浪漫主义与现实主义相结合"的创作方法。既是文学，"宁可信其有，不可信其无"，有什么不好呢？在他后来的作品中、序言中，几次都提到他的这位表哥和他那善于"糅合"的文学才能。

图8-3　1950年，沈从文与黄永玉在家门前。

表叔的家在道门口边上往南门去的胡同里张家公馆斜对门，至今还在（听说政府已经辟为"沈从文故居"）。我家住在近北门的文星街文庙巷（图8-3、图8-4）。

文庙巷只住着我家和刘姓两户人家。长长的幽静的巷子，左边是空无一人的"考棚"，右边是高高的红墙围住的，也是空无一人的古文庙建筑群。长满了野花野草和森穆的松柏。二更炮放过之后，黄刘两家大门一关，敢从文庙巷走一趟的人是需要一点胆子的。很早就传说那围墙里头大白天也会从葫芦眼里伸出"毛手板"。半夜三更无缘无故地钟鼓楼会敲撞出声音来。不由得人不怕。

从文表叔五六岁时在外婆、舅舅家玩夜了，就得由他表哥、我的父亲送他回家，一路上大着嗓子唱戏壮胆。到了道门口，表哥站定试试他的胆子，让他一个人走过道门口，一路呼应着：

"走到哪里了？"

"过闸子门了！"

"走到哪里了？"

"过土地堂了！"

"走到哪里了？"

远远的声音说："过戴家了！"

"到了吗？"没听见回声。过不一会远远的小手掌在拍门，门不久"咿呀"地开了。我的父亲一个人大着胆子回家。

这是前十几年表叔说给我听的一段往事。

他多次提到与我父亲的感情和对他奇妙的影响。

图8-4　黄永玉画沈从文故居速写

（二）

文庙巷我们黄家在城里头有一种特殊的名气，那就是上溯到明朝中叶，找得到根据的时间极限里，祖宗老爷们要不是当穷教书先生，就是担任每年为孔夫子料理祭祀之外平日看管文庙的一种类乎庙祝的职务。寒酸而高尚，令人怜悯而又充满尊敬（图8-5）。

从文表叔家的祖上当过大官。我们祖上没当过，最高学位只是个编县志的"拔贡"。说的是为沈家挑媳妇，亲戚朋友家未出嫁的女儿们穿红着绿、花枝招展来沈家做客。老人家却挑了着白夏布衫的黄家女儿。说是读书人家的女儿持重，"穷"得爽朗。

这女儿褐色皮肤，小小的个子，声音清脆，修长的眉毛下一对有神的大眼睛。是我祖父的妹妹，我的姑婆，从文表叔的妈妈。

姑公，从文表叔的爸爸，身材魁梧，嗓门清亮，再加上仿佛喉咙是贴着"笛膜"，说什么话都觉得好听之极，让人愿意亲近。尤其是他的放声大笑。

姑婆做女儿家的时候，曾跟着她的哥哥去过上海北京很多年，见识广，回家乡之后还跟爷爷开过照相馆。我印象最深的是她说起话来明洁而肯定。眼神配合着准确的手势，这一点，很像她的哥哥。

我恐怕是唯一见过姑公姑婆的孙辈了。连他们两位不同时间的丧礼，我是唯一的孙辈参加者。见到他们躺在堂屋的门板上，我一点也不怕，也不懂得悲伤。因他们是熟人。

从文表叔有一位姐姐，一位大哥，他排二，有一位三弟，一位我们叫九娘的妹妹。我们家现在还有一张几十年前"全家福"照片。太祖母和祖母分坐在两张太师椅上，太婆的膝前站着我的姐姐。父亲在太祖母侧边，母亲扶着穿花裙的一岁多的我坐在高高的茶几上。后头一排有大伯女儿"大姐"，有聂家的表哥"矮子老二"，另一位就是沈家三表叔巴鲁，正名叫沈荃，朋友称他为沈得鱼。巴鲁表叔很快就离开凤凰，好像成为黄埔军校三期的毕业生。

好些年之后，巴鲁表叔当了官，高高的个子，穿呢子军装，挂着刀带，漂亮极了。有时也回家乡来，换上便装，养大公鸡和蟋蟀打架，搞得很认真。有时候又走了。

　　跟潇洒漂亮一样出名的是他的枪法。夜晚，叫人在考棚靠田留守家的墙根插了二三十根点燃的香。拿着驳壳枪，一枪一枪地打熄了它们。1937年巴鲁表叔当了团长，守卫在安徽浙江嘉善一带的所谓"中国的马奇诺防线"。抗战爆发，没剩下几个人活着回来。听说那是一场很惨烈的战斗。

　　抗日战争胜利后的1946、1947年，我在上海，为了向黄苗子、郁风要稿费去过一趟南京。巴鲁表叔当时在南京国防部工作，已经是中将了。住在一座土木结构的盖得很简陋的楼上。看到了婶婶和两三岁的小表妹。生活是清苦的。巴鲁表叔的心情也很沉重，话说得少，内容比他本人的风度还要严峻：

"抗战胜利倒使我们走投无路。看样子是气数尽了！完了。内战我当然不打。和你二表叔合写抗战史也成为笑话。谈何容易？……看起来要解甲归田了……"

他在这样牵强纷乱的生活中，还拉扯着我的一个十四岁的弟弟老四。说是请来帮忙做点家务。其实谁都明白，只不过在为我的父母分担一点困难。不亲眼见到他一家的清苦生活是很难估计仗义的分量的。

既然乘车到南京，不免要游览一下中山陵。我和老四轮流把小表妹放在肩膀上一步一步迈上最高的台阶。

我为中山陵的气势而大为兴奋。极目而下，六朝形胜真叫人万种感触。再回头看着那个满头黑发的小表妹时，她正坐在石阶上，一手支着下巴望着远处。孤零零的小身材显得那么忧郁。我问她："你在想什么呀？"

她只凄苦地笑了一笑，摇了摇头。

四十多年过去了，我始终没有忘记在伟大的中山陵辽阔的台阶上的那个即将失掉爸爸的小小的忧郁的影子。

1950 年，我回到久违的故乡。

我是 1937 年出的门，经历了一个八年抗战，一个解放战争。十二岁的孩子变成了二十多岁的大人。

没料到巴鲁表叔也回到凤凰。

他真的像在南京说过的不打内战，解甲归田了！

湖南全省是和平解放的，我为他庆幸从火坑里解脱出来的不易。

他还是那么英俊潇洒，谈吐明洁而博识。他在楠木坪租的一个住处，很雅致。小天井里种着美国蛇豆、萱草和两盆月桂。木地板的客厅，墙上居然挂着一对张奚若写的大字楹联。

对了，他跟许多文化人有过交情。这不光是从文二表叔的缘故。因为抗战初期，有不少迁到湘西来的文化团体都多少得过他的帮忙，杭州美专就是一个。艺术家、文人跟他都有交情，对他的豪爽风度几十年后还有人称赞。

"……我帮地方人民政府做点咨询工作，每天到'箭道子'上班，也不是忙得厉害，没事，去聊聊天也好！……"

我因为下乡画画，忙得可以。从乡下回城里之后带回许多画，请他和南社诗人田名瑜世伯在画上题了字，他写得一手好"张黑女"，田伯伯写的是汉隶。1950年我在香港思豪酒店开的个人画展，所有题字都是他们二位写的。

从此，我就再没见过巴鲁表叔。

听说1950年以后，他被集中起来，和一些其他人"解"到辰溪受训，不久就在辰溪河滩上被枪毙了。

那年月，听到哪一个亲戚朋友或熟知的人给枪毙的消息，虽不清楚原因，总觉得其中一定有道理。要不是特务就是反革命。理由有以下三点：一，相信共产党做事一定不错；二，大家都在改造思想，清理历史，枪毙人的事正好考验自己的政治态度；三，人都死了，打听有什么用，何况犯不上。

"四人帮"倒台之后不久，巴鲁表叔也给平了反。家属正式得到五百元人民币的赔偿，婶婶被推荐为县政协委员。州和县里也出版了一些当年这方面的比较客观的历史材料。

　　既然巴鲁表叔正式平了反，我对他的回忆也有了一种舒坦感，说老实话，真怀念他。

（三）

　　沈家一共有三兄弟，一个姐姐，一个妹妹。我们是这样称呼他们：沈大娘、沈大满（满是叔叔的意思）、沈二满（从文表叔）、沈三满（得鱼表叔也即是巴鲁表叔），沈九娘。

　　大娘嫁给姓田的既读书又在外做事的好人家。从文二满也是很早就出的门。倒是经常听到消息，却好多年才见一次面，及至我长大之后才开始跟他通的信。所以没有云麓大满和巴鲁三满亲切和熟悉。九娘很早就跟从文二满出门去了，要说熟悉也只是以后听来的。

　　只有沈大满和沈三满还有不少具体的回忆。

　　大满长得古怪，脾气也是古怪得出奇。

　　自我懂事以来一直到他七十九岁逝世，他那副形象在我的印象中，从来都是一致的。他既没有小过，也没有老过。

　　他是个大近视。戴的眼镜像哪儿捡来的玻璃瓶子底装上的，既厚实，又满是圈圈。眼睛本身也有事。一年三百六十五天，天天淌眼泪。老得用一条常备的手巾不时地取下镜来拭擦。鼻子是个问题的重点。永远不通，明显地发出响声让旁边的人为他着急。于是又是取出手巾，又是放回口袋，那样来回不停地忙。因此也大大影响了说话，永远地像是人在隔壁捏着鼻子。再，就是耳朵。有七八成听不见，想要他明白什么事，就得对着他的耳朵大声叫嚷。还有，他爱流汗，满头的汗珠。你常常会见到一个人全身冒着热气走进门来，那就是他。于是又是口袋里的那条手巾。谁也分不清那条手巾是什么颜色。

他虽然眼睛不清楚，步履倒是来得特别快，上身前倾，急忙。不少街上的闲人为他让路，因为他脾气不好。

他小时上北京找过他大舅——我祖父黄镜铭。那位老人家也是性格奇特得必须专论才能说得明白的人物。经过他的主张，把沈家大满送去学画炭像。也即是用干的毛笔蘸着一种油烟炭粉在图画纸上画出肖像来的技法。

跟我父亲一样，也曾去过东北，西北，中南，东南各省。画炭像的本事学好了，而且超乎一般世俗的技巧，画得十分之精到传神。回到家乡，家乡人都听说他怀着一手绝技，估计他可以因此而能养活一家两口（图 8-6）。

他从来不惹人，县里却不能没有他。

他穷得可以，但按年按月订了几份报纸——《大公报》、老《申报》、《新民报》、《华商报》……人围在一堆谈论时事，他总是偷偷蹲在一边不搭腔，若有人谈错什么题目，只见他猛然站起来"哼"的一下走了。这就是说，过时的材料把他得罪了。

他喜欢人尊敬他。他没上过正式的学，但后天读书读报帮了他的大忙。抗战期间，他最早懂得"磺胺消炎片"，战后的"雷米芳"治肺痨。到老得不能动弹的时候，谁打他门口过不打招呼请安，他是会生气的。眼睛看不清，耳朵早就聋了，身体不便移动，凭什么他知道别人打他

图8-6　黄永玉画沈从文大哥像

门前经过呢？

　　一个弟弟是作家，一个弟弟当将军，大姐嫁给大户人家。他从不沾光，口边也不挂。只是老挂着他帮忙的老朋友们的友谊，刘祖春，还有刘开渠、庞薰琹、林风眠。这些人经过沅陵时他为艺专跑过腿。他那时很兴奋，见到一生没有奋斗到的现实。他原本应该成为很出色的艺术家的。他为自己的快乐而为别人跑腿，跑了腿，万一哪一年他们见到自己的二弟或三弟提到他的热心，那就更快乐。

　　他没有孩子，也没有产业。"文革"给年轻造反派们提夹着在大街上狂跑，七十多八十的人了，居然没有死，还活了好些年。照样吃大碗饭，照样发脾气。挂了拐杖上街，穿起风衣，还精神抖擞地翻起了衣领子。

　　他做过许多可能自己也忘记了的好事。送一些年轻人到远远的"那边去"。那边有多远？去干些什么？他觉得"好！"就成。那些年轻人都出了"老干部"了，也想起他。"他"这个人活得很抽象，睡觉，三餐饭，发点小脾气，提点文化上根本不必提的"建议"，算是个"县文物委员"。人要报答他也无从报答起，因为他什么都不需要。

　　死了，没留下什么痕迹，外号叫"沈瞎子"。说起"沈瞎子"，三十岁以上的人还想得起他的。再年轻一点的，怕就不晓得了。

　　（四）

　　听我的母亲说，我小的时候，沈家九娘时时抱我。以后我稍大的时候，经常看到她跟姑婆、从文表叔诸人在北京照的照片。她大眼睛像姑婆、嘴像从文表叔。照起相来喜欢低着头用眼睛看着照相机。一头好看的长头发。那时候时兴这种盖着半边脸的长头发，像躲在门背后露半边脸看人。不料现在又时兴起来。

我觉得她真美。右手臂夹着一两部精装书站在湖边尤其好看。

关于她有种种传说。她曾随从文表叔去北京到昆明，动荡使九娘远离昔日生活，战乱使她增添了恐惧不安。她患了精神分裂症，以后被送回沅陵家中。后来她虽然也有丈夫和孩子，但终归逃不脱悲惨的命运，在困难时期，被饥饿和病魔夺去了生命。

…………

从文表叔承受着同胞手足的悲剧性遭遇的分量，比他写出的故事更沉重。多少年来他沉默不提，我也从不在他面前提到巴鲁表叔和九娘的事。

我青年时代，有个七十多岁的忘年之交，他是当过土匪的造枪铁匠。他曾请他锻造过一支鸟枪。他常用手直接从炉膛里把烧红的钢管捏出来，随即用铁锤在砧上锻炼。我提醒他应该使铁钳时，他匆忙扔下钢管生气了。

"你嚷什么？你看，起泡了！烫得我好痛！"

也就是说，我若不提醒他，捏着烧红的钢管是不会痛的。真不可思议。

从文表叔仿佛从未有过弟弟妹妹。他内心承受着自己骨肉的故事重量比他所写出的任何故事都更富有悲剧性。他不提，我们也不敢提；眼见他捏着三个烧红的故事，哼也不哼一声。

（五）

1953 年我和妻儿一起回北京的时候，我是二十八岁，儿子才七个月。从北京老火车站坐着古典之极的马车回到从文表叔的北新桥大头寓所。那是座宽广的四合院，跟另一和气的家庭同住。新中国成立前夕，他写过不少的信给我报告北京的时事以及自己当时的感想。

他直率地表示不了解这个战争。要我用一千、一万、十万张画作来反对这个让老百姓流血吃苦受罪的战争。我觉得自己的认识在当时比他水平高一点，能分得清什么是"人民战争"和其他不义战争的性质。何况打倒国民党蒋政权反动派是当时有目共睹的好事，除了共产党和解放军外，谁有本领做这种事呢？说做，不就做成了吗？

不久北京傅作义的部队被解放军团团围住了。他来信说："北京傅作义部已成瓮中之鳖。长安街大树均已锯去以利飞机起落。城，三数日可下，根据过往恩怨，我准备含笑上绞架……"

这当然是一封绝望之极的信。我当时也觉得未必像他所说的那么严重，处境不好，受点羞辱是难免的。一个文人，又没投靠国民党反动派，杀你干吗？

一段时间没信来，接着是厚厚的一封：

"……解放军进城，威严而和气，我从未见共产党军队，早知如此，他们定将多一如我之优秀随军记者。……可知解放广大人民之不易……你应速回，排除一切干扰杂念速回，参加这一人类历史未有过之值得为之献身工作。……我当重新思考和整顿个人不足惜之足迹，以谋崭新出路。我现在历史博物馆工作，每天上千件文物过手，我每日为写毛笔数百标签说明，亦算为人民小作贡献……我得想象不到之好工作条件，甚欢慰。只望自己体力能支持，不忽然倒下，则尚有数万数十万件可以过目过手……"

以后就是一连串的这种谈工作谈如何得意的信，直到我们重新见面。

北新桥的生活其实从物质到精神都是荒乱的。

两个弟弟在学校正忙得火热。表婶在一个权威中学也忙得身不由己。表叔自己每天按时上下班，看他神色，兴奋之余似乎有些惶恐。和"过去"决心一刀两断的奔赴还存在悲凉感。他尽量对我掩盖，怕我感染了他的情绪诸多不便。

有一个年轻人时常在晚上大模大样地来找他聊闲天。这不是那种来做思想工作的人，而只是觉得跟这时的沈从文谈话能得到凌驾其上的快乐。

很放肆。他躺在床上两手垫着脑壳，双脚不脱鞋地高搁在床架上。表叔呢，欠着上身坐在一把烂藤椅里对着他，两个人一下文物考古，一下改造思想，重复又重复，直至深夜。走的时候头也不回，扬长而去。

唉！我一生第一次见到这种青年，十分忿恨，觉得好像应该教训教训他。表叔连忙摇手轻轻对我说：

"他是来看我的，是真心来的。家教不好，心好！莫怪莫怪！"

1954、1955年日子松劲得多，能经常听到他的笑声。房子虽然窄小，但总是能安定下来。到中山公园、北海、颐和园玩得很高兴。五十多岁的人，忽然露出惊人的本事，在一打横的树上"拿"了一个"顶"。又用一片树叶抵在舌头上学画眉鸟叫，忽然叫得复杂起来，像是两只画眉鸟打架。"不，"他停下来轻轻对我说，"是画眉'采雄'（交配的家乡话）。"于是他一路学着不同的鸟声，我听得懂的有七八种之多。"四喜""杜鹃""布谷""油子扇""黄鹂"。"尤其难学的是喜鹊！你听！要用上颚顶着喉咙那口气做——这一手我在两汉河学来费了一个多月，上颚板都肿了……"他得意得不得了。

"龙龙、虎虎听过吗？"

"对咧！他们一下长大了，忘了做给他们听了！"

就算说这些话距今也是三十多年了。

他还记得许多山歌。十几年前我的一位年轻的大朋友委托我向他求一张条幅，他却写满了情歌，而且其中一首无容置疑地是首黄色山歌，令我至今还扣在箱底不能交卷。

在他的晚年，忽然露出了淘气心情倒是有过三四回，甚至忘情地大笑起来，一次是因为两位老人家结婚提到喜联的内容时，他加了一点工就变成绝妙的含义，连眼泪都笑出来了。

（六）

要生活下去，就必须跟"它"告别而另起炉灶。

"它"，就是多年从事的文学。

从文表叔的决心下得很蕴藉，但是坚决。

三十多年来，只有过一篇回乡的短短的游记。其余的就是大量的有关文物考古的文章。不过仍是散文诗似的美。

钱锺书先生有次对我谈起他："从文这个人，你不要以为他总是温文典雅。骨子里很硬。不想干的事，你强迫他试试！……"

这是真的。倒也是对了。如果新中国成立以后不断地写他的小说的话：第一是老材料，没人看，很容易扫兴；第二，勉强学人写新事物，无异弄险。老媳妇擦粉打胭脂，难得见好。要紧的倒是逢到"运动"，抓来当"丑化新社会""丑化劳动人民形象"典型，命中率一定会很高的。

当时下决心不写小说，恐怕他也没有太多"预见性"，不过只是退出文坛，省却麻烦而已，也免得担惊受怕。

这个决心是下对了。

三十多年来在文物研究上的孜孜不倦见出了成绩，就这点看，说他是个老老实实、勤勤恳恳的一直工作到咽气的研究者，怕还不过分吧？

文学在他身上怎么发生的？

他的故乡，他的家庭，他的禀赋，他的际遇以及任何人一生都有的那一闪即过的机会的火花，这都是他成为文学家的条件。

在作品中，他时常提到故乡的水和水边上的生活。少年和青年时代，水跟船令他得到接触生活的十足的方便，加上年轻的活跃时光，自由的情感，以及对于自己未来命运的严肃的"执著"。

他说的那本"大书"，是他取之不尽的宝藏。他的用功勤奋，特殊的记忆力，都使他成为以后的这个丰盛的"自己"。

　　他成为作家以后的漫长的年月，好像就没有什么认真地玩过了。他也不会玩，他只是极好心，极有兴趣地谈论，传达别人的快乐。为别人玩得高兴而间接得到满足。凡是认识他的人都了解这个特点。

　　他敏感于幽默。他极善于掌握运用幽默的斤两和尺寸，包括嘲笑自己。

　　他诚实而守信。拥有和身受过说不尽的欺骗和蒙受欺骗的故事。却从不自我欺骗或欺骗别人。他顽固的信守有时到不近人情的程度。然而他的容易上当常常成为家中的笑柄。

　　…………

　　表叔死了。我也到了"天凉好个秋"的年龄。对于人的情分既有过"相濡以沫"的际会，也能忍得住"相忘于江湖"的离别。在生活中可以"荡漾"，也经得起"颠簸"。这都是师傅逼着练出来的。"严师出高徒"嘛！还是不应该有太多的怨尤为好。

　　表叔在临终前两三年，得到党和政府的认真关注。给了他一套宽大的房子，并且配备了一部汽车和一位司机。遗憾的是太晚了。他已没有能力放手地使用这套房子了。如果早二十年给他这种完美的工作环境，他是一定不会辜负这种待遇的。

　　眼前他只能坐在藤椅上了。熟人亲戚叨唠，说一点好朋友近况，却只能做出"哇、哇、哇"的声音和夺眶而出的眼泪的反应。

　　去年，我从家乡怀化博物馆的热心朋友那里，得到一大张将近六尺的拓片，从文表叔为当年的内阁总理熊希龄年轻部署的殉职书写的碑文。字体俊秀而神风透脱之极。我的好友黄苗子看了说："这真不可思议；要说天才，这就是天才；这才叫作书法！"

书写时间是民国十年，也即是 1921 年，他是 1902 年出生的，那时十九岁整。

为什么完整地留下这块碑文呢？因为石头太好，底面用来洗衣十分光洁适用。

我带给表叔看，他注视了好一会儿，静静地哭了。

我妻子说："表叔，不要哭。你十九岁就写得那么好了，多了不得！是不是，你好神气！永玉六十多岁也写不出！……"

他转过眼睛看着我，眼檐一闪一闪，他一定在笑……

从文表叔是我最末的一位长辈，跟他相处三十多年，什么时候走进他的家，都是我神圣的殿堂（图 8-7）。

1950 年，在中老胡同跟表叔婶有过近一个多月的相处。他才四十八岁。启蒙的政治生活使他神魂飘荡。每个星期天从"革命大学"回来，他把无边的不安像行装一样留在学校。有一次，一进门就掏出手巾包，上头咬了一个洞，弯腰一看，裤子也是一个洞，于是哈哈笑着说："幸好没有往里咬。"

这是真的快乐，一种圣洁的爸爸天赋的权利。

（七）

在从文表叔家，多少年来有一位常常到家里走动的年轻人。后来又增加了一个女的。他们总是匆匆忙忙地挟着一大卷纸或一厚沓文件包，再不就是几大捆书册进屋，然后腼腆地跟大家打个招呼，和表叔

图8-7 "文革"期间，沈从文与黄永玉在"罐斋"家中。

到另一屋去了。

这种往来何时开始的呢？我已经记不起来了。只是至今才觉得这两位来客和我一样老了。那还是从文表叔逝世以后的有一天偶然的见面才猛然醒悟到的。

作为我这个经常上门的亲戚，几十年和他们两位的交往关系，只是冻结在一种奇妙的"永远的邂逅"的状态之中。我们之间很少交谈，自然，从文表叔也疏忽让我们成为交谈对手的时机。三方都缺乏一种主动性。

新中国成立以来从文表叔被作践、被冷落，直到以后的日子逐渐松动宽坦，直到从文表叔老迈害病，直到逝世，他都在场。

表叔逝世之后，我们偶然地说了几句也是有关于表叔的话。他说：

“……我每一次来，也没让他见着我，我站在房门外他见不着我的地方，……他见着我会哭；他说不了话了！……”

听说他是一位共产党员。另一位女同志是不是我不知道。

我不敢用好听的话来赞美他们；怕玷污了他们这几十年对从文表叔的感情和某种神圣的义务。

几十年来咱叔侄俩言语词汇都很陈腐、老腔老调。在学习生活里难得撑抖，很不流畅大方。在表叔说来就更不值得。他学习得够可以了，却不暖身子。及至几篇文章和《中国古代服饰研究》出版之后，我才大吃一惊。觉得他的“历史唯物主义”“辩证唯物主义”学得实在不错，而且勇敢地“活学活用”上了。

文物研究，过去公婆各有道理是大家都知道的规矩，权威和权威的争议文物真伪，大多只凭个人鉴别修养见识。一帧古画，说是吴道子的，只能有另一位身份相等的权威来加以否定。从纸、墨、图章、画家用笔风格、画的布局、年谱、行状诸多方面引证画之不可靠。对方亦一鼓作气从另一角度、另一材料引证此画之绝对可靠。争得满面通红，各退五十里偃旗息鼓，下次再说。

表叔从社会学，从生产力关系上、社会制度上，论证一些文物的真伪，排解了单纯就画论画、就诗论诗、就文论文的老方子的困难纠缠局面。

《孔雀东南飞》里“媒人下床去”曾给人带来疑惑，啊！连媒人也在床上。就现有的文物具体材料引证，彼时的“床”字，接近现在北方叫作炕的东西，那媒人是上得的。在一篇《论胡子》的文章提到了这个办法。

一个吴道子的手卷，人物环境中见出宋人制度，不是唐画肯定无疑了。能干的吴道子也不可能有这种预见性。

诗词作者考证上，我也听见过他有力的意见。只是已非他的正业。

中国古代锦缎、家具、纸张，都有过类似的开发。

大半辈子文物学术研究的成果，反证了社会发展史的价值。丰富了它的实证内容。但对于沈从文，却是因为他几十年前文学成就在国外引起反响，才引起国内的注意的。

注意的重点是，限制沈从文影响的蔓延。

因此，沈从文的逝世消息也是如此缓慢。人死在北京，消息却从海外传来，北京报纸最早公布的消息是一周之后了。据说是因为对于他的估价存在困难。

表叔呀表叔！你想你给人添了多少麻烦！

全国第一家报纸，用一个多星期的智慧还得不出你准确斤两的估价。

不免令我想起莎士比亚的哈姆雷特先生的那句话来："死还是活？这真是个问题。"

（八）

前两年有一次我在他的病床旁边，他轻轻地对我说：

"要多谢你上次强迫我回凤凰，像这样，就回不去了……"

"哪能这样说？身体好点，什么时候要回去，我就陪你走。我们两个人找一只老木船，到你以前走过的酉水、白河去看看。累了，岸边一靠，到哪里算哪里……"

他听得进入了那个世界，眯着眼——

"怕得弄人烧饭买菜的……"

"弄个书童！"我说。

"哈！哈哈！叫谁来做书童，让我想想，你家老五那个三儿子……"

"黄海不行，贪玩，丢下我们跑了怎么办？其实多找几个伙伴就行，让曾祺他们都来，一定高兴。"

"以前我走得动的时候怎么没想到？"

"你忘了'文革'……"

"是了，把'它'忘了……"他闭上眼睛。不是难过，只是愉快的玄想中把"文革"这个"它"忘了，觉得无聊。

前几年我曾对表婶说过，让表叔回一次凤凰，表婶要我自己去劝他，我劝通了。在凤凰，表叔婶住我家老屋，大伙儿一起，很像往昔的日子。他是我们最老的人。

早上，茶点摆在院子里，雾没有散，周围树上不时掉下露水到青石板上，弄得一团一团深斑，从文表叔懒懒地指了一指，对我说："……像'漳绒'。"

他静静地喝着豆浆，他称赞家乡油条："小，好！"

每天早上，他说的话都很少。看得出他喜欢这座大青石板铺的院子，三面是树，对着堂屋。看得见周围的南华山、观景山、喜鹊坡、八角楼……南华山脚下是文昌阁小学，他念过书的母校，几里远孩子们唱的晨歌能传到眼前（图8-8）。

"三月间杏花开了，下点毛毛雨，白天晚上，远近都是杜鹃叫，哪儿都不想去了……我总想邀一些好朋友远远地来看杏花，听杜鹃叫。有点小题大做……"我说。

"懂得的就值得！"他闭着眼睛、躺在竹椅上说。

一天下午，城里十几位熟人带着锣鼓上院子唱"高腔"和"傩堂"。

头一句记得是"李三娘"，唢呐一响，从文表叔交着腿，双手置膝静穆起来。

"……不信……芳……春……厌、老、人……"

听到这里，他和另外几位朋友都哭了。眼镜里流满泪水，又滴在

图8-8　1982年，黄永玉陪同沈从文最后一次回凤凰，沈从文在文昌阁小学听课。

手背上。他仍然一动不动。

谈文学离不开人的命运。从文表叔尽管撰写再多有关文物考古的书，后人还会永远用文学的感情来怀念他。

后死者还有许多事情要做。

他爱过、歌唱过的那几条河流，那些气息、声音，那些永存的流动着的情感……

故乡最后一颗晨星陨灭了吗？

当然"不"！

1988 年 8 月 16 日于香港

魂兮归来
——沈从文百年祭

李祖泽①

　　沈从文先生倘若在世，今年整整一百岁了。我们今天追怀沈从文先生，不仅因为他是一位享有盛名的作家和学者，更因为在他去世以后以一位中国正直的知识分子形象长留人间，为人们所钦，为人们所敬仰。

　　在漫长的中国封建社会里，有作为的、有气节的文人，往往因为其耿直不阿的品格，不为统治者所容，因而怀才不遇，很不得志，甚至落到悲惨下场。尤其是遇有暴君或昏君，奸相佞臣当道之世，当政者每以思想言论定罪，可想而知，一般文人学士如何能有好日子过。如像人们熟知的秦始皇"焚书坑儒"，康熙"文字狱"，其间所造成的苦难，实在罄竹难书。直至近、现代中国，知识分子的境况，亦非尽如人意，许多知识分子仍旧多灾多难，多少人多少事，多少人间悲剧，或是言论遭难，或是思想获罪，或是文字罹祸，或是报国无门，或是郁郁而终，令闻者知者无不唏嘘万分。

　　今天的世界，已经进入以知识为本的年代；今天的中国，也呈现了翻天覆地的变化。二十年的改革开放，新世纪的"三个代表"理论，将历经重重磨难的新中国带上一个前所未有的振兴之路。可以说，古往今来，今天才算得上是中国最好的年代，国势空前强大，人民群众普遍都感到生活真比从前好过，而广大知识分子一般都能受到礼待，得到发挥。

真正能让人感觉到人尽其才，心情舒畅，当斯时也！中国的知识分子有幸生活在这个时代，的的确确分享到了社会繁荣带来的幸福。

可惜的是，沈从文先生一生坎坷，早于十数年前离开这个世界，否则的话，他不但能更好地享受天年，而且还会为天下寒士再度精神解放而大感快慰。

我们现在有了好光景，不会忘记往日的苦痛，同时也深切怀念曾经受到不公平对待的昔日师友，有感于沈从文先生百年冥寿激起的种种回忆，感触万端，内心亦不禁呼唤着沈从文先生——魂兮归来！

沈从文先生是世界级的文学家和文物鉴定家，他的文学和学术成就有其足以成为国宝的条件，然而他在生前受到的种种待遇却极不相称，极不公正。他的一生经历，有过多次重大转折，由于他有几十年几乎销声匿迹，在走过的生活里程中，有一些突如其来的变化，其内情不为人知，无疑给世人留下了一些谜团，令人难以理解。譬如说，新中国成立后，当年和他同样活跃文坛的巴金、老舍、曹禺等名作家，都有新作品问世，何以沈从文却放下写小说的笔？问题当然不会很简单，有种种原因，也有种种分析。虽然曾有一些研究者对当时有关情由有所涉猎，显出了些端倪，然而又似乎有些难穷其因，或有未尽其意之处。如今，世道大不相同了，沈老的千秋功过亦早该盖棺论定了。今年，是他百年诞辰的纪念日子，文化界发起纪念活动，出版沈老过千万字的作品全集，借着一些纪念的机会，不少人对沈从文先生生前身后的评价是有话要说的。

大家都知道，沈从文先生是一位早在二十世纪二三十年代便已成名的优秀作家，他的若干以湘西农村生活为题材的小说不时被搬上银幕，感动了一代又一代人。他的作品的确有其深刻的社会意义，发挥了强大的文学力量，所以一问世，便广受好评，并且历久不衰。但在相当长的一段时间里，在内地，许多人对"沈从文的名字却闻所未闻，在文学史或教科书上，要么略过，要么轻轻地提一笔，仿佛只是小作家一名。对于他新中国成立后何以不写小说，有些知道的人也不道破。导致他停笔的原因固然不止一个，但很关键的一件事就是在一九四八年三月，当时主持文化教育工作的郭沫若，在香港出版的一份刊物《大众文艺丛刊》上发表了一篇《斥反动文艺》，说沈从文一直是有意识地作为反动派而活动着"。在当时的政治气氛下，一个掌握了文化教育实权的大官僚、大学阀，给沈从文下了一个"反动文艺"的定论，这对沈从文的思想当然会有很大的冲击，有此狠狠的当头一棒，他就很难不搁下手中的笔了。

尽管作为作家的"沈从文"从此隐身文坛，然而其文学艺术的生命并未就此结束。作为文物历史研究者的他，倒是换了一个身份，从那以后，一个完全不同的"沈从文"，转入历史博物馆，投入历史文物的征集、收购、考证、研究工作，将全副身心浸淫在文物天地里。

从1948年到1978年，尽管其间历经多次政治运动，命途跌宕起伏，而他这一干就干了三十年。

一个反动文艺的"紧箍咒"，从另一方面造就了一位杰出的文物考古专家。八十年代，《中国古代服饰研究》的出版，作为一个令人瞩目的里程碑，沈从文先生的名字再次震撼了海内外文化界人士的心灵。

1979年，因出版《中国古代服饰研究》之缘，我有幸认识了沈从文先生，与沈老有过促膝畅谈之谊，有过一些书信交往。沈老的音容形貌，沈老的品格为人，沈老的博识强闻，直至他辞世后的这些年间，仍深深地留在我的记忆里。此时此地，每当想起这些往事，我有时还会感到激动不已。

《中国古代服饰研究》出书的成因，原来出自周恩来总理的一个心愿和嘱托。

1963年，周恩来总理谈到中国文化建设方面的问题时说："我们出国访问，参观过人家的蜡像馆、服装博物馆。中华民族是一个具有伟大创造力的民族，文化比他们悠久，可是我们却没有自己的服装博物馆，没有相应的《服装史》，什么时候，我们才能编一部有自己特色的服装史。"文化部副书记齐燕铭传达了周总理的指示，责成中国历史博物馆完成这项任务。很快《中国古代服饰资料》（原来构思的书名）编著班子成立了，齐燕铭向周总理推荐了沈从文，认为请沈从文来搞中国服装史最合适。周总理说，就请沈从文先生来做这件事。

沈从文没有辜负周总理的重托，用了不到两年的时间，于1964年完成了《中国古代服饰研究》初稿。他利用中国历史博物馆得天独厚的条件，默默耕耘，呕心沥血，精心考证了两万多件文物，用出土的文物和他丰富的人文知识，去修正史籍有关古代服饰记载中以讹传讹的地方，使《中国古代服饰研究》成为一部最权威的学术著作。

周总理看了初稿的两万多字和二百多幅插图，非常满意，还高兴地说："出版后就可以作为国礼送给外国来宾了。"谁也没有想到，不久，"文化大革命"开始了，这是中国现代史上一场大灾难。当时准备出版这本书的出版社，只能搁下此事。沈从文也被下放干校劳动。他在十分恶劣的环境里，凭着对周总理的热爱，对中国文化事业的执着，在没有实物和参考资料的情况下，靠自己的记忆，续写了这本书稿的增补部分。

1978 年，灾难结束，沈从文回到北京，调中国科学院历史研究所当研究员。最庆幸的是，经过十年浩劫，《中国古代服饰研究》书稿竟然无恙。

1979 年，中国社会科学院领导梅益、历史研究所负责人锺允之找到当时香港出版界的蓝真先生，问起香港可否出版沈从文先生这部书稿。我当时担任香港商务印书馆总经理兼总编辑，蓝真先生从北京打了电话给我，我听了非常高兴，毫不犹豫地接受了出版任务。

我们拿到书稿后，经过仔细研究分析，认为把初稿部分和增补部分分别编列，似不完整，于编例不合，建议把两部分内容合并整理编辑出版。但是没想到沈先生坚决反对，坚持两部分内容要分列出版。

1980 年初，我专程去了北京，希望就此书与沈先生详谈。经过沈先生两位助手王㐨和王亚蓉的引荐，我来到北京东单小羊宜宾胡同一个破旧的四合院里，找到了沈从文先生的家。我怎么也不敢相信，这位蜚声文坛的大作家、大学者，居住条件竟是这么简陋。

　　沈从文的家只有半间房子，在那个四合院中仅及六分之一。室内仅见一张破床，外加一张小桌、一个凳子，沈先生和夫人栖居其间。我的突然造访，沈先生有些腼腆，急忙让座，我是后辈，怎该自己坐呢！我不坐，沈先生也不坐，最后我们两人索性走出房外，站在院子里聊天。真想不到天公也来凑趣，聊着聊着，一阵阵鹅毛大雪飘下来，纷纷扬扬。漫天大雪，两个男人，一个小院，一部书稿，水乳交融，记载着两个人对中华文化的承担，多么富于浪漫的诗情画意！

　　事隔二十二年，此情此景，历历在目，我和沈老的情谊，刻骨难忘。沈老个性独特，既有达观开朗的一面，也有非常执着的一面。起初我对他为什么坚持书稿的两部分不能合编，很不理解，从编辑学的角度看，同一内容分两部分出版是不完整的。后来我才明白，他那么固执，源于对周恩来总理深厚的感情。无论我怎样解释，沈老坚持一定要按照周总理生前审阅过的书稿，原原本本地出版，他后来写的增补部分，只能附在后面。

　　见沈老如此执着，我也只好让步，按照沈老的意见进行具体编辑工作。怎料事情往往出人意表，1980年11月，我忽然接到沈老从美国寄来的函件，同意我的意见，将书稿的两部分合编。1981年2月，我与沈老在广州校对书稿时，几次询问沈老改变主意的原因，沈老总是笑而不答。这是一个悬案，只能留给后人去研究了。《中国古代服饰研究》仍然请了郭沫若作序，可见沈从文先生为人的豁达大度。

　　1981年9月，沈从文的辉煌巨著《中国古代服饰研究》正式出版了。这本巨型画册影响深远，中国外交部订购了一批作为国礼送给国宾，李先念主席访问英国，曾带上此书送英女皇；胡耀邦总书记访问日本，也是带这本书送日本天皇……

这部巨著虽然出版了，但我仍有遗憾之处。事缘沈老原本还有出版《历代服饰大系》的心愿，有了《中国古代服饰研究》这一基础，一定可以成事，然而天不假年，沈老没能进行此事便故去，如今也只能期冀于后来者了。

我们都记得，2000年秋天，诺贝尔文学奖首次颁给了一位华裔文学家，全球华人世界为此喧腾了一阵。与此同时，诺贝尔文学奖评审委员、瑞典皇家科学院院士在接受专访时证实了一项传闻：假如1988年沈从文未逝世的话，可能十月份就会将诺贝尔文学奖颁给他。马悦然说，"对沈从文的钦敬和对他的回忆的深切尊敬"，促使他"打破了严守秘密的规矩"。我注意到，他提到沈从文时，用了两个定语：一是"于五四时代就开始写作生涯的老资格作家中的佼佼者"，另一是"卓尔不群的老作家"，这位汉学家翻译过沈从文的作品，他对沈从文很有研究，很显然，他为沈从文先生没能获得诺贝尔文学奖感到遗憾。

沈老未能在人间多留一些年，留下多少憾事啊！

我不禁在此一再呼喊：魂兮归来！

我呼喊的是中国正直知识分子的灵魂！

2002年9月26日于香港

① 李祖泽　香港联合出版集团董事长

吉兆胡同东巷 3 号
——历史不能忘记

陈万雄

吉兆胡同东巷 3 号，是北京城一座不起眼、少为人知而且相当破旧的小四合院。现在已经拆掉了。对我个人来说，却很可怀念！

读过关于北京胡同和四合院的文学作品和回忆录，乃至二十世纪的七八十年代，曾踯躅于一仍留有旧貌的胡同和四合院的我，对北京这种旧情调，有些留恋。人，总不免有怀旧的情绪。

吉兆胡同位于城中心朝内大街上的一条小胡同。东巷 3 号原是段祺瑞买给管家的私宅，老段府就在再往东几百米的一所大宅院。1981 年首次来到北京，就认识了沈从文先生的研究助手王孖先生和王亚蓉大姐。自此，每次抵京，或自己，或与同事朋友，有事无事、公事私事，或日头晚间，总要来到这里盘桓好几个小时。这不起眼的破旧小四合院，原是中国社会科学院历史所古代服饰研究室的所在地。由于社科院大楼房子不够用，新成立由沈从文先生主持的（古代服饰研究室）就放在属于社科院的一个四合院宿舍内。研究室自 1980 年搬入，2001 年迁出。整整的二十年，正是我常往来北京，从事编辑出版工作的一段日子。北京是文化出版资源重中之重的地方。所以那段日子，来京频繁，而每回逗留时日也较长。吉兆胡同东巷 3 号，乃成了我常到的落脚点了。

中国古代服饰研究室是由沈从文先生创办和主持的。主要研究人员，是沈先生最重要、最得力的助手王㐨先生和王亚蓉女士。研究室只占小四合院的两间居室，其余仍是宅居。办公室的两室，一在正厢，一在大门的西偏房。所谓办公室，简陋得很，没有什么设备。最占地方的是放置研究资料和文件的木造大柜，其余是简陋的书台和木椅。多几个人在，就显得挤迫。四合院另一些厢房住有人家，王亚蓉大姐与一子一女一家三口，分住院内的一房间。孩子很懂事，不管我们说事谈天，都不会打扰我们，只留在自己的居室内。小小的院井，堆满了杂物，还种上了几盆盆栽和一些攀爬的植物。四合院本是北京城最有风味的建筑。即使是如此普通简陋老百姓过日子的四合院，仍散发了北京的风情。

二十世纪八十年代初的北京城，市政简陋。每到傍晚天黑，大街小巷昏暗得很。晚饭酬酢后才赶去东巷 3 号，午夜才回酒店，没出租车，公共交通也疏落，习惯摸黑着走路。从吉兆胡同拐入东巷，首先经过一座有土围墙的四合院，听说是名作家王蒙先生的居所。深夜还亮透出灯光，也许王先生仍在伏案写作吧。

研究室，从文先生来得少，年事已高，多在家。有大小事，总是王㐨先生和王亚蓉女士往沈家走动。我们有事或纯粹探望，也多由二位陪同到沈府的。最难忘的一个傍晚，沈老亲到四合院，以幻灯片为我们几人解说新发掘的长沙战国楚墓的织品。这是轰动世界的考古发现。北房太小，幻灯机摆放在厢房门外，我们一众集拥在门外的院子上听讲的。

《中国古代服饰研究》出版之后,沈老辞世,我们仍继续推动两王完成沈老《中国古代服饰大系》的宏愿。可惜此文化工程因王予先生的病逝而无法完成。不过,《中国古代服饰研究》的再版和修订版,都是在这四合院谈定和推动完成的。王亚蓉女士的《中国民间刺绣》也是在这里谈定出版的。与《中国民间刺绣》同一丛书的《北京哈氏风筝》也是在这里洽谈成的。

约在 1994 年吧,有回来到了吉兆胡同东巷 3 号,王予先生拿出一大包旧照片让我们看,记得同事张倩仪小姐也在场。这批照片就是在 1995 年,香港商务印书馆为纪念二次世界大战结束五十周年而出版的《日伪时期煤矿坑的故事——山西煤矿万人坑发掘记事》所用的照片。翻看着照片,王予先生一如往日语调轻柔地在旁细说其中的来龙去脉,并为一些照片做解说。我一边看着,一边心里在发毛,一生从未看过如此恐怖残忍的照片。一句话,“不忍卒睹”!王先生说,这是“文革”他躲过了批斗的一次特殊的考古任务,这也是让他常在夜里做噩梦的一次考古工作。他说,这批照片摆放了近三十年,没有出版社愿意出版,并说近年好唱中日友好的调调,相信更难有出版的机会。一段实证如山的日本侵华罪行,怕自此失掉,自己成了历史的罪人。最后,他犹疑地探问,香港商务印书馆可会考虑出版?虽然我不愿再看一遍这批照片,太恐怖、太残忍了,看了心头发闷。但是,我却斩钉截铁地告诉他,香港商务印书馆一定会出版。“历史不能忘记!”这是一种历史责任,何况要慰藉枉死同胞的亡灵。回港时,我和张倩仪直接带回这批照片返香港,在飞机上仍感觉毛骨悚然。书出版后，照片一直留在香港商务社，直到 2005 年抗日战争七十周年，才全数送回国内出版，并将照片留赠予中国人民抗日战争纪念馆收藏。细菌战的阴影仍在，此书和此批照片的存在，足可警世！

岂曰无衣，得与诸前辈同裳　　　　张倩仪

十年前曾感叹下笔写此文，很唏嘘，因为更多人比我有资格来写。服饰研究和纺织考古的开创，已超过半个世纪。亲证这一艰辛工程的斑斑血泪的前辈，都垂垂老矣，关键的人物——沈从文和王㐨两位更是离开了。

为了出版，我跟在两位徐先生（社科院考古所老所长徐苹芳和辽宁省博物馆老馆长徐秉琨）后面，去催迫两位王先生（王㐨和王亚蓉）写出他们的心得。

我催了二十年，2012 年总算有第一个成果。那时我已经离开出版业，成果跟我的职责、曾工作的心爱出版社已经不相干了。那以后，又十年，我仍然乐此不疲去催写、撮合。

因为我是作家沈从文的景仰者。

沈从文是两位王先生的恩师。我没有见过他，这虽然有点遗憾，但是我不介意。能够为喜欢的作家做点事，我觉得比合照还实在。我自己由学文学改而编文物书，我深信"作家"沈从文，深爱"研究者"沈从文的服饰工作，因为写作美丽的人心和研究美丽的文化，是相通的。何况作家沈从文那支活泼的笔，也使服饰研究的严谨文字更可读可亲。

沈从文的服饰研究感动了王㐨、王亚蓉两位追随者，而我又成了他的追随者的追随者。

我初做编辑时就常常听总编辑说，王㐬先生是个山东大汉，却有一双灵巧的大手，五花八门的东西给他看一下，他就能够讲出它的做法，还能够修复。那不光靠灵巧的大手，还要靠灵巧的大脑。这类事我亲眼见过一些，也听人传诵过更多，从石头上剥下金牛山人头骨就是其中一次。

辽宁出土的金牛山人头骨对一般人来说没有北京人头骨那么有名，其实在古人类学研究里是标志性的，金牛山人的发现被联合国教科文组织评为1984年世界十大科技进展项目。做出版的好处就是经常听到各种重要发现后面的人性故事。徐秉琨馆长给我讲，发现头骨时，是牢牢粘在石头上的，没法把石头敲下来而无损头骨。这个二十多岁女性的头骨是本次发现的关键，要据之研究金牛山人在人类进化的位置，不能取下来，影响太大。刚好这时主持者听闻王㐬先生要到锦州出差，就派人到锦州火车站把他截留，请他出手。王先生仔细观察后，见是石灰岩地质，于是用可溶石灰岩而不溶骨头的溶剂，尝试一点一点软化胶结处，最后用沾了溶剂的大片物料长时间捂着，终于把头骨丝毫无损取下来。徐秉琨馆长和王亚蓉老师虽然不在现场，但都听王先生讲过这个故事（当时连鼻中隔那薄得像膜的软骨都保存到），两位给我复述时，都说到这句话，我想王先生一定很满意这次杰作。徐馆长叮嘱我，讲这故事一定要提到王先生的高风亮节，谦让精神。他做了最重要的工作，但完成取下时就退到旁边，把荣耀让给博物馆的人。

头脑缜密手艺高，还不够让王先生独一无二。他爱读书、爱以文物和文献互证，全心全意发扬沈先生的研究方法，使他超越考古发掘者和文物修复技术发明者的身份，而成为沈从文先生晚年事业的追随者、继承人。

记得一次我随王亚蓉老师去潘家园的古董市场闲逛，她买了一条很旧的皮裤，颜色黯淡。说实在话，送给我的话我会拿来垫锅。可是她一回到吉兆胡同拿给王先生看，他立即如获至宝，两个人喜滋滋地谈这条裤子怎样收在《中国古代服饰大系》书中，起什么作用。然后，王先生回头跟迷惘的我讲了一个清人笔记小说中的片段。今天我脑里仍投影出那个小姑娘把脚伸出轿外，在明媚的阳光下，轻晒她的美丽皮裤的情景。

王孖先生读了一肚子书，而且与沈先生一样，是个说故事高手。常常给我们讲各种文物小故事。有一晚我跟年轻的编辑去看望他，他从背后的文件袋里拿出一小团扁的金线——就是织物上用的片金。说这是他采集的标本，叫我们留意它的粗细，以及齐整程度。王先生说这是一位八十多岁的老师傅做的，当时老师傅已瞎，站在一块板上，拿长刀在延展成薄片的金箔长片上划，就做出这片金。正当我们感叹手工之精，觉得不可想象时，王先生从另一个文件袋里，取出小片古代的织金，叫我们看看上面的片金，比老师傅做的，还要细一倍。一时他又从另一个文件袋里拿出素色的辽代佛经经面，叫我们拿放大镜看它扭动的纹理，说这种织法现在在新疆还保留着。总之，他四周书架上的文件袋，整整齐齐地放着各式样本和说明，他随手从不同文件袋里拿出不同东西来，都可以组成一段让我们惊叹的奇闻。如果天假以年，王先生活到现在，他捧出来的"丝国奇闻"，不会比马可·波罗逊色，一定会引得许多哥伦布争相去寻找丝国新大陆。

但是这个国宝人物病不逢时。二十世纪九十年代前期的中国大陆，是人人下海经商的时代，也是研究机构穷得没经费做事的年代。他忍受做血液透析的折磨，又为连累单位花钱治疗而郁闷。抗战胜利快五十年的时候，我们决定出版他一直保留的山西万人坑考古发掘材料作为纪念，那当然不是为了赚钱。全书要有一篇序作为总览，我请他口述。那时他身体虚弱，声音不大。讲到少年时在山东见到日本人横行，有些激动，手里的拐杖在地上一顿一顿，发出"嘚、嘚"的声音，也是虚弱的。山西的死者与山东的生者，血肉相关。

那天晚上，我抱着满是骷髅照片的文件包想："明天坐飞机回香港，会不会不吉利呢？"但转念想，王先生能把骨骸背出山洞，我不是太胆小了吗？为这些亡魂做事的人，应该会得到他们保佑的。日本右派不是否认南京大屠杀吗？山西万人坑资料可是科学发掘，铁证如山。回到香港，我为那篇序起题"为了将来，历史不应忘记"。而后来商务以稿费名义希望王先生改善生活的钱（一万五千港元），他一声不吭就全捐给了大同的相关单位。

王先生是个严格的人。严于律己，也严于律人。他虽然病重，仍孜孜于《中国古代服饰大系》图录的工作，可是就是不交稿。有一次他说其中一份稿再处理一下就可以用，我劝他把稿给我复印，让我准备一下。死缠之下，他拿出稿，递给我。我都捏着稿了，他却不放手，想一想，又硬是拿回去了。那本书始终没交稿。

　　因为我姐姐喜欢美术和工艺，她想去美术学院上暑期课时，我说服她改去跟两位王先生学习几个月。这在王㐨先生抱病的时候，可能是个负担，但是他们答应了。第一次见面，王先生情绪低沉。在京城初夏明媚的路上，我一个人离去，心里忧伤。我本来为我姐安排好住处，王先生大概为我们省钱，让她搬去与刺绣厂女工同住。不想不久之后，我好学的姐姐成了王先生的爱徒，连王亚蓉老师都开玩笑说大家要忌妒了。一天，在大家劳动搬家的时候，我姐姐把录音机给不能参与劳动而闷坐一旁的王先生，于是有了本书里他自述的录音文字。

　　当王先生逝世时，中国经济仍然在重商不重文的挣扎阶段。三人去二，况去的是前面的引路人？王亚蓉老师也心灰意冷了，这事业眼看就要中辍。幸好得道多助，徐苹芳先生、徐秉琨先生都心痛这传承，多方鼓励。徐苹芳先生住在北京，眼观考古全局，更多有机会推动它重生。

　　沈先生开拓的这个中国服饰与纺织考古的专业，还有很多故事未写，像两位王先生受邀去英国修复敦煌文书的经过。那只是他们许多贡献里小小的一桩，但相信已足以让那些说敦煌文书被掠去外国，比留在中国好的人慎言。

　　至于中国社会科学院考古所所长徐苹芳先生是公推为长于结合文献和考古的大学者，我想这是他珍惜沈从文先生、王㐨先生，而悉心支持王亚蓉老师在两位去世后，打起精神重理旧业的原因。徐先生曾打算写一本丝路的书，我去他家商谈。他的家在东四十条附近的胡同里，正逢修整，我要拐到八条才能通行到他在九条的家。我一直奇怪怎么有（东四十条）这个地名，问他这些八条、九条，才知道元朝以来，北京城每门都有二十二条的城市规划。我本来想写一篇《二十二条不是军规》的游戏文章，文还是空中楼阁，2011年先生却已仙游。

徐苹芳先生的丝路书稿心愿，最好有充实的丝绸研究相配。从沈先生开始，他们一一都是丝绸之国的守护人。

中国人总是谦，像沈先生在本书中所表现的。王先生也是谦，无论我怎么催他写稿交我，他总说自己只是为后来的研究者提供资料。当日我给他写信说：你们是第一手接触丝绸和服饰文物的人，又是全国研究古代丝绸最深入的队伍。你们深入看见的，别人还只见皮毛，你们不写研究所得，后来的研究者要费多少时间精力才能重新知道你们已知的结论呢？没想到，那封信竟然说动了律己极严的王先生。可惜为时已晚，天不假年。

十年前出的书已让许多人知道这番事业的价值。现在这一本加了新文章，同时把这半世纪多的研究和考古脉络，整理得更清晰。这本书之后，我等着王亚蓉老师继续完成纺织考古的专书，完成《中国服饰大系》。我又在催稿了。

2012年11月于香港
2022年修订

沈从文、王矛、王亚蓉服饰研究及纺织考古大事记

1949 年

时年四十七岁的沈从文（1902—1988 年）从北京大学转入中国历史博物馆，在午门两侧朝房陈列室做讲解工作。沈先生说：一方面可以对观众介绍文物陈列，另一方面遇到专家、教师也是一个方便学习的场所，这样的工作状态，他坚持了十年时间。

1953 年

抗美援朝志愿军文工团团员王矛（1930—1997 年），从部队回北京休假，到中国历史博物馆参观，在这里遇到了沈从文。沈先生为他详细讲解每一个展柜的文物各方面的知识，结果他几天的休假都在博物馆度过。临行前才得知老先生名叫"沈从文"，王矛说沈先生是他的启蒙老师。

1958 年

王矛复员转业，考取了鲁迅美术学院，同时被中国科学院植物研究所录用。王矛咨询沈从文，沈先生建议他到中国科学院考古研究所，做文物研究工作。这样，王矛进入中国科学院考古研究所，并被任用为考古研究所技术室副主任。在做管理工作同时，王矛始终亲自参与青铜器、漆器、陶器、纺织品各类出土文物的修复与研究工作。

1962 年

王㐨对考古中发现的各种染缬工艺产生兴趣，认真研究实验各种染缬文物的染色工艺，详细记录实验过程。其女儿王丹根据王㐨的实验记录与实物，2014 年编辑出版《染缬集》一书（据王㐨的实验记录与实物编辑）。

1964 年

周恩来总理多次出访欧洲及东南亚，常被这些国家的领导人带领参观服饰博物馆或蜡像馆，周总理认为中国拥有五千年的文明历史，应该可以编一部服饰图书作为馈赠国礼，并询问文化部副部长齐燕铭的意见。经齐燕铭推荐，周总理同意交付中国历史博物馆沈从文编写《中国历代服饰图谱》一书。时年六十二岁的沈从文先生接领了编写任务，中国历史博物馆还为沈先生配备了陈大章、李之檀、范曾三人，作为《中国历代服饰图谱》的绘图助手。年终他们做出第一本样本，准备校订刊印时，"文革"开始了，该书被定为歌颂帝王将相、才子佳人的"大毒草"。沈从文与力荐他编写此书的齐燕铭一起受到冲击，停止了工作。

1966 年

"文革"期间，一些青年学生找到中国科学院考古研究所，要求派人清理日伪时期山西大同煤矿万人坑。王㐨、王振江等同事参与其工作，王㐨多次前往，拍照、绘图，根据考古发掘工作程序，将所出的各类干尸和遗物依次排列，做了真实记录，直到1968 年才完成这项工作。1995 年，这些历史实证资料汇编成书，最终由香港商务印书馆出版。

1968 年

王予参与了河北省满城汉墓的发掘工作，主持修复、保护、研究中山靖王刘胜墓出土的纺织品等文物，并与白荣金一起编号提取了出土的散落玉片，修复完成了金缕玉衣，这是全国第一件修复成功的汉代金缕玉衣。

1969 年

冬，年近七旬的沈从文被下放到湖北咸宁五七干校，此后在干校先后迁移六次，他在几乎与世隔绝、没有图书与资料的情况下，凭着记忆复写了《中国历代服饰图谱》书稿，将疏忽遗漏或多余处一一记录，准备日后有机会补改印书，供各方查阅。

冬，王予赴山西太原及侯马参加"侯马盟书"出土保护工作。

1970 年

王予接受国际修复任务，为阿尔巴尼亚修复两部珍贵的《圣经》手写金字、银字羊皮书。中国科学院院长郭沫若把这项任务交给考古研究所所长夏鼐，夏鼐委托王予承担主持这项工作，由考古研究所和化学研究所共同参与。《圣经》羊皮书因二战期间深埋地下受潮板结，经过修复小组反复试验，选择各种材料和可逆黏合剂，成功完成这项修复工作，并由外交部、中国科学院和阿尔巴尼亚驻华大使馆共同验收通过。修复小组还发明了桑蚕单丝网保护有机质文物技术，此后，桑蚕单丝网加固，成为纺织品、纸质文物的重要科技保护手段。

1971 年

沈从文从干校回到北京，继续编改《中国历代服饰图谱》拟再印该书，他用一个多月时间修改图稿，但图稿交出后，多年再无下文。

1972 年

夏鼐、王仲殊、王予等赴陕西考察乾陵，并赴安阳为车马坑拍照及做保护工作。

王予、王振江、白荣金代表考古研究所参与并主持湖南长沙马王堆一号汉墓丝织品文物的发掘与修复工作。该墓出土了大量保存完好的纺织品实物，中国两千多年前服饰文化震惊世界。

1973 年

王亚蓉经中国人民大学中文系杨纤如教授介绍，在北京东城区东堂子胡同 51 号后院的一间小北屋里结识了沈从文和王予。沈从文让王亚蓉参与物质文化史插图工作，绘制《熊经鸟伸》和《扇子的衍进》插图（图 8-9）。

图8-9 《扇子的衍进》插图

沈从文申请将王亚蓉调至历史博物馆，协助他完成《中国历代服饰图谱》的出版绘图工作。历史博物馆评审了王亚蓉多幅工笔仕女画后，认为可以调入美工组做模拟古画工作，因不能随沈从文工作，王亚蓉拒绝。后经王㐨介绍王亚蓉到考古研究所，得到院、所领导的特批，进入考古研究所技术室工作。

夏鼐、王㐨、白荣金赴湖南长沙继续参与并主持湖南长沙马王堆一号汉墓丝织品文物的发掘与修复工作。

1974 年

王亚蓉进入考古研究所技术室，到绘图组工作。第一项工作是参与北京大葆台汉墓出土的纺织品研究、绘图，反复实践研究已清理完成的刺绣残片和已碳化的冠缨组带的编组工艺，再进行分解绘图，并绘制出全套工艺图解，最后完成复编。此复原组带至今仍为孤证文物。

王㐨再赴湖南长沙继续参与并主持湖南长沙马王堆三号汉墓丝织品文物的发掘与修复工作。

1975 年

王㐨去安阳工作站，处理殷墟妇好墓出土器物上的纺织品痕迹保护工作。

王㐨、王亚蓉赴湖南继续进行长沙马王堆一号、三号汉墓出土纺织品的室内清理保护、研究工作。

王㐨参与湖北省荆州市凤凰山 168 号汉墓纺织品发掘和保护工作。

1976 年

王亚、王亚蓉参与鉴定河南信阳春秋时期黄君孟夫妇合葬墓被盗纺织品文物工作。

王亚蓉出差洛阳考古工作站，做绘制陶俑工作，后又临时调至安阳工作站，为殷墟妇好墓《简报》赶制绘图工作。

王亚参与河北省满城汉墓中山靖王刘胜墓出土的丝织品文物现场保护研究工作。

1977 年

考古研究所王亚、韩悦赴云南考察佤族、傣族、布依族等仍保留的原始制陶工艺，并拍摄纪录片若干集。

王亚、王亚蓉除考古研究所日常工作外，每日下班从考古所步行到东堂子胡同 51 号沈从文处，利用晚间、周末等休息时间，协助沈从文完成各项绘图等工作。

王亚、王亚蓉赴赤峰博物馆研究及保护修复荣宪公主墓出土的服饰文物。

王亚向中国科学院反映沈从文服饰研究工作的困难，希望将沈从文调到中国科学院。中国科学院院长胡乔木、秘书长刘仰峤对沈从文的服饰及各项物质文化研究非常重视，分别约见沈从文、王亚、王亚蓉了解情况，沈从文希望院领导支持《中国历代服饰图谱》工作，并提出调王亚、王亚蓉作其助手。

1978 年

经国家文物局批准，沈从文正式调入中国社会科学院（原中

国科学院社会科学部）历史研究所，随即成立古代服饰研究室，
沈从文任研究室主任，王㐨、王亚蓉担任助手。王㐨仍暂留在考
古研究所，但参与沈从文研究室工作，王亚蓉由考古研究所调入
历史研究所。

中国社会科学院在北京西郊友谊宾馆租用了两个套房作临时
办公室，沈从文及夫人张兆和携王㐨、王亚蓉、胡戟历时四个多月，
完成了《中国历代服饰图谱》的最后整合工作。全书二十五万字，
新增补插图一百五十幅，书名最后确定为《中国古代服饰研究》。

有出版社想与日本联合出版《中国古代服饰研究》，沈从文
不同意。

1979 年

春节期间，时任中国社会科学院秘书长梅益，遇到领导香港
三联、中华、商务出版业务的蓝真先生，谈定《中国古代服饰研
究》由香港商务印书馆出版。时任香港商务印书馆总编李祖泽先
生，多次往返北京协商，最终这部历时十七年编写的命途多舛的
书稿图文，终于得以出版。

中国社会科学院以《要报》形式，向中央和国务院领导报告
了《中国古代服饰研究》成果的出版情况。

历史研究所安排古代服饰研究室，由友谊宾馆租住地迁至北
京日坛路六号院搭建的三间木板房内。

王㐨由考古研究所调入历史研究所任古代服饰研究室副主
任，王亚蓉为学术秘书。同年谷守英调入古代服饰研究室，从事

摄影及暗房工作。

经中国社会科学院批准，沈从文应美国多所大学邀请赴美讲学，出访情况在国内外有多篇报道。

王㐨、王亚蓉、谷守英赴云南省博物馆及西双版纳等少数民族地区四个月，调研考察云南石寨山等考古出土的有关纺织文物及少数民族历史遗存、留传应用的各类纺织、刺绣的技艺。

1980 年

沈从文、王㐨、王亚蓉完成《中国古代服饰研究》定稿工作，并和沈从文夫人张兆和一起赴广州进行《中国古代服饰研究》校对工作。期间沈从文赴中山大学参观博物馆，拜访老友商承祚和容庚两位先生，欢聚畅谈。商老欣然为《中国古代服饰研究》题写书名。

沈从文在广州第一次接受香港三联书店总编辑潘耀明采访。

王㐨赴南京、扬州天山等地参加天山汉墓发掘工作。

1981 年

香港商务印书馆正式出版八开本的《中国古代服饰研究》。沈从文第一本样书签名赠予邓颖超，以感谢周恩来总理对《中国古代服饰研究》的亲切关怀，外交部礼宾司购得一批豪华本作为国礼赠送外宾。据报道，此书赠予了美国尼克松总统、英国伊丽莎白女王和日本裕仁天皇。

《中国古代服饰研究》获得中国社会科学出版一等奖。

王㐨赴内蒙古，揭取豪欠营子洞穴出土的辽墓契丹女尸身着的铜丝网络衣和面戴的金覆面。

1982 年

王㐨、王亚蓉参加湖北江陵马山一号楚墓现场提取及室内修复清理工作，沈从文为马山一号楚墓写文著题"打开战国的丝绸宝库"，首刊发表在《中国画报》外文版，公布了这项重大考古发现。

王㐨赴内蒙古参加赤峰宁营子元代壁画保护工作。

1983 年

王㐨赴内蒙古赤峰宁营子揭取保护元代壁画。

王㐨赴广州主持南越王墓出土纺织品揭取与保护工作。古代服饰研究室迁至朝阳门内吉兆胡同 3 号中国社会科学院宿舍院五间平房内。

1984 年

王㐨接替沈从文任古代服饰研究室主任，并筹划出版十卷本的《中国服饰大系》工作。

湖南省博物馆正式聘任王㐨、王亚蓉为顾问，重点指导马王堆汉墓一号、三号墓的纺织品文物修复、保护和研究工作。

王㐨再赴广州，主持南越王墓出土的纺织品保护工作。

王㐨去沈阳博物馆出差，途中在锦州火车站被辽宁省考古所留住，参与北大和辽宁省考古所金牛山工地的考古工作，帮助解决提取被包埋在石灰岩中的人头骨这一难题。王㐨首创用界面渗透法，安全分离被矿物盐胶结在巨石中的人头骨化石，最终鼻中隔的软骨也被毫无损伤地取出。

1985 年

　　王予为广州南越王墓出土的大量残朽纺织品做清理保护研究工作。该墓发现了印花凸版模具，证实了王予研究马王堆一号出土的印花敷彩纱时，提出西汉时应该有印花模具的推论（图8-10）。

　　自本年起至 1990 年，王亚蓉因研究复织项目暂未得到上级部门批准，开始自费复织湖北江陵马山一号楚墓出土的部分刺绣衣衾纺织品文物。

1986 年

　　王予、王亚蓉参与清理保护湖南沅陵元代夫妇合葬墓出土的纺织品工作。王亚蓉在沅陵县博物馆工作六个月，携县博物馆夏

图8-10　南越王墓出土凸版印花模具图

湘军、陈勇、洪梅等人对该批文物进行清理保护。墓主人黄澄存生于宋末，殁于元初，曾为宋末辰州府知州。在出土的众多衣物中，有一件宋代官服大袖宽衫，极其珍贵。刺绣钱包内装有元代二十文、三十文、五十文、一百文、三百文纸币，一共七张，是出土币种最全的元代纸币。另外还有一则"祖传生漆作坊……"的广告。

王㐨、王亚蓉赴日本，参加第四届国际服饰学会研讨会，分别作了服饰研究的演讲，并被聘为理事、顾问。

1987 年

王㐨、王亚蓉应陕西省考古所邀请，赴陕西省扶风县参与法门寺唐塔地宫纺织品文物的发掘清理工作，出土了大量唐皇室供奉佛祖的珍贵文物，包括佛指骨舍利。根据《物帐碑》记载，仅皇室贵胄供奉的丝织品就达七百多件，然而大多已残碎，保存状况非常不好。保存完整的是供奉捧真身菩萨的五件四绞菱纹罗折枝花蹙金绣冥衣，是按原件比例缩小的供奉冥衣；还发现斜菱格对凤织金锦，圆金线直径 0.1 毫米，这也是首次发现织金纬锦。

王㐨、王亚蓉、胡戟同中国台湾记者沈重沿郑州、西安、兰州，一直到乌鲁木齐考察丝绸之路。

王㐨主导发明的桑蚕单丝网保护技术获中国社会科学院优秀科技成果一等奖。

1988 年

历史研究所与大英图书馆联合出版敦煌历史文献，这批文献是斯坦因从敦煌藏经洞带来的手书之写经背面的——唐诗、医方、地亩册等，反映了唐朝各种社会生活。敦煌研究组人员已做完考察工作，历史研究所决定请王㐀、王亚蓉赴大英图书馆进行拍摄。工作流程为白天拍摄，晚上冲洗胶片，检查底片是否丢行漏字，工作极辛苦紧张。这些照片最终编辑成书，由四川人民出版社出版了十四卷本的《英藏敦煌文献》（图8-11、图8-12、图8-13）。

英国维多利亚和阿尔伯特博物馆（V&A）为了建立中国艺术馆，邀请王㐀、王亚蓉每周三，协助完成所藏中国明清各类服饰及丝绸文物的分类及鉴定工作。该中国艺术馆的各项经费由中国收藏家徐展堂提供。

1989 年

王㐀、王亚蓉继续完成敦煌藏经洞手书文献的拍摄工作，休息期间曾赴巴黎集美博物馆考察。

1990 年

王㐀、王亚蓉赴巴黎，为联合国教科文组织的丝绸之路出土纺织品出版作准备工作。期间，王亚蓉突发急性心梗入院，康复后回国。

王㐀赴乌鲁木齐，参加联合国教科文组织的丝绸之路考察国际研讨会。

1991 年

王亚蓉赴哈尔滨黑龙江省博物馆，研究鉴定黑龙江省阿城金代齐国王夫妇合葬墓纺织品工作。

湖北省荆州博物馆举办首届国际服饰研讨会，王亚蓉在研讨

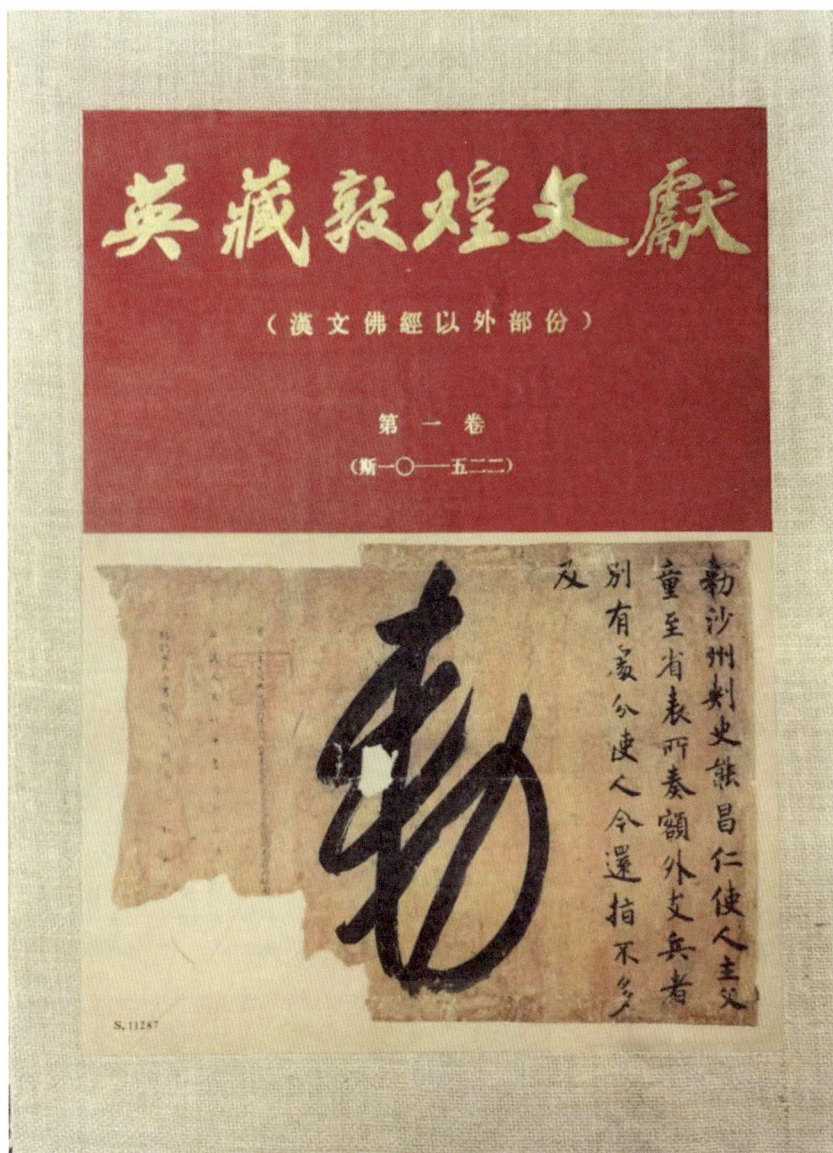

图8-11　《英藏敦煌文献》封面图

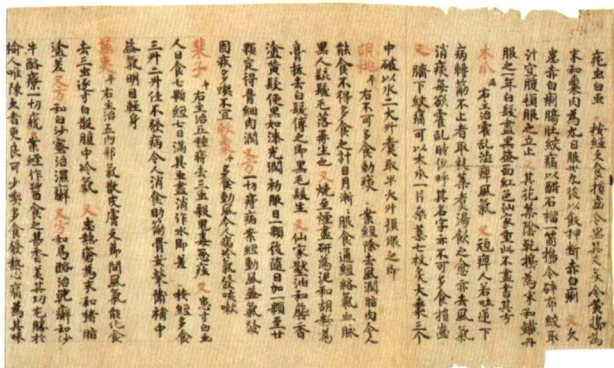

图8-12 《英藏敦煌文献》正文

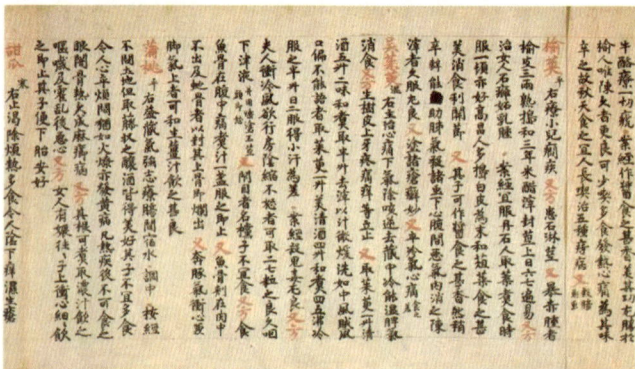

图8-13 《英藏敦煌文献》版权页

会上发表了马山楚墓实验考古的复织研究成果。

王㐨、王亚蓉在北京昌平县泰陵参加国家文物局首届古代丝织品复织保护工作会议。

1992 年

王亚蓉赴日本名古屋，参加世界首届扎染学术会议，并发表演讲。

应辽宁省博物馆馆长徐秉琨邀请，王亚蓉到辽宁省博物馆清理辽宁法库叶茂台第七号辽墓出土的一批高级丝织衣物。这些织物多已碳化，极为酥残。2008 年该墓部分丝织品运到考古研究所纺织考古部做进一步的清理保护工作，成功揭取了一批辽代丝织品文物，包括一件缂金云纹佩巾和缂金软靴、缂金九龙被、绣金碧罗衣物残片等。这项工作到 2013 年圆满完成。

1993 年

王亚蓉应河南省考古研究所邀请，赴三门峡市参与西周虢国 M2009 墓出土的玉器上附着的各种丝织残片及墓道中发现的合裆麻裤的清理保护工作。

王㐨研究汉代文献记载的使用动物染料的"齐紫"染紫方法，他成功地以渤海骨螺腺体为原料，利用胶东半岛莱州湾的骨螺腺体提取物，进行染料实验，并留有全套实验记录。直到 1996 年他仍在做实验，并记录留存。

5 月，北京大学赛克勒考古与艺术博物馆开幕，哈佛大学张光直教授看了王亚蓉所做江陵马山楚墓 N10 的复原复织锦衣，他说这是用实验考古学方法研究纺织文化的最好例证，希望能一件件做下去，这是中国服饰文化研究的最高展示形式。

1994 年

王㐨、王亚蓉在郭沫若故居，筹划举办了"纪念沈从文从事服饰文化研究四十周年汇报展"，这是新中国成立以来第一次举办的沈从文"以物证史学科研究成果汇报展"。此展由历史研究所主办，郭沫若的长子郭汉英筹经费、腾场地，鼎力相助，各界反响极佳。中国社会科学院常务副院长王忍之听了工作汇报，在纪念册上题词"辛勤耕耘，惨淡经营"。展览期间，有二十多位部长、副部长参观并留言（图 8-14、图 8-15）。

王亚蓉随湖南省博物馆在韩国首尔举办楚汉刺绣文物展，展出了江陵马山楚墓的复织衣绣及马王堆汉墓出土的刺绣衣物等，之后这批文物在荷兰阿姆斯特丹博物馆展出，均受到极高评价。

1995 年

中日联合考古队在新疆维吾尔自治区民丰尼雅，发现了纺织品丰富的汉晋时期贵族墓群。此时王㐨因身体原因未能远行，王亚蓉受国家文物局委派，随宿白、严文明等专家赴新疆自治区考古研究所考察，并留在乌鲁木齐主持尼雅遗址丝织品揭取清理工作。王亚蓉对 M8 夫妇合葬墓进行清理，该墓出土了著名的"五星出东方利中国"经锦护臂、"王侯合婚 千秋万代 宜子孙"锦被等一大批精彩的纺织品文物。M8 是夫妻合葬，男的是欧罗巴人种，女的是蒙古人种，从锦被文字可知，此墓是古代文献记载的古精

图8-14　郭汉英（左一）、王㐨（左二）、王㐅之（右二）、王亚蓉（右一）
相关人士在"纪念沈从文从事服饰文化研究四十周年汇报展"上。

图8-15　沈从文夫人张兆和（左三）、汪曾祺（右二）
各方人士在"纪念沈从文从事服饰文化研究四十周年汇报展"上。

绝王与汉族合婚的实证。汉时天下为定，"请盟和亲"在文献上多有记载。

清理尼雅遗址时，王亚蓉收到历史研究所加急电报："立即返所，参加双向选择"。为了顺利不受阻地从事纺织考古工作，王亚蓉选择提前六年从中国社会科学院历史研究所退休，并继续做纺织考古工作至今。

王㐨在北京修复完成阿城金墓出土的绣花罗鞋。

1996 年

王㐨、王亚蓉在历史所古代服饰研究室，接待瑞士丝织品专家、教授访问团座谈后，王亚蓉携瑞士专家团赴首都博物馆旧址（孔庙内），由崔学谙馆长接待并陪同考察馆藏的精彩明清丝织品文物。

1997 年

王㐨因病英年早逝，享年六十七岁，结束了他为中国纺织考古学的奠基，历尽艰辛、奋斗的一生。

2000 年

王亚蓉受中国社会科学院考古研究所所长徐苹芳委派，主持北京老山汉墓丝织品现场提取保护工作，此次出土的残碎刺绣荒帷的顶饰，颇为重要，其修复工作历时三年，在北京辽金元城垣博物馆库房内完成。

2003 年

为迎接 2008 年北京奥运会，在长安街建成"首都博物馆"

新馆,王亚蓉受聘组建"首都博物馆古代纺织品研究保护工作室",带领团队修复了北京考古文物研究所存放了半个世纪的元代国师海云法师塔墓(原长安街双塔庆寿寺地宫)出土的僧帽,特别是元缂丝等重要的丝织品文物。

王亚蓉带领首都博物馆团队,修复了元代白塔寺天宫藏密封册、绣袄等重要丝织品文物。

新疆维吾尔自治区吐鲁番文物局局长李肖带领三名维吾尔族、汉族人员,携带吐鲁番出土的多件文物,到首都博物馆纺织品和出土文书保护工作室,边修复边学习,为吐鲁番培养了纺织品修复人员。

2004 年

王亚蓉主持为首都博物馆复织了定陵出土的明神宗十二章缂丝衮服,以及孝靖皇后的百子衣,直至 2007 年完成。

新疆维吾尔自治区吐鲁番博物馆文保人员在首博学习结束,王亚蓉带领纪秀文和司志文,携带在北京定制好的文物清洗池、丝网机亲赴吐鲁番,为其博物馆建立丝织品、纸制品文物修复工作室,至今已取得多项研究成果。

王亚蓉、司志文参加新疆维吾尔自治区吐鲁番鄯善洋海墓地,八座春秋战国墓葬的纺织品发掘保护工作。

2005 年

王亚蓉在首都博物馆纺织品修复工作室,主持修复河北省隆化县鸽子洞出土的元代纺织品,此项工作至 2009 年完成,并编写报告《洞藏锦绣六百年——河北隆化鸽子洞洞藏元代文物》。

2006 年

受北京文物局委托，王亚蓉携首都博物馆纺织修复工作室的傅萌、司志文、陈超，脱取与保护清康熙时期武官墓殓葬服装。

江西省赣州市慈云寺塔于 2004 年出土了大量北宋纸画碎片，但残碎过甚，一直未能复原。2006 年这批碎片交到王亚蓉手上，团队经五年分拣拼合修复，至 2011 年完成，复原二十余幅宋供养绘画，并发现年款，展示了北宋时期服饰、化妆、建筑、绘画等生活的方方面面，极为珍贵。该塔修复完成的文物于 2019 年出版报告。

王亚蓉带领首都博物馆六名学生（司志文、贾汀、付萌、闫丽、栾桂芝、黄悦），并携带在北京定制的清洗池、修复文物所用的各种框架及丝网机赴湖南长沙，安置设备并提取元代华容墓的丝织文物进行实践修复，对湖南省博物馆丝织品文物做修复保护工作。

王亚蓉应中国社会科学院考古研究所王巍所长要求，返聘回考古研究所为文化遗产保护研究中心特聘研究员，组建纺织考古修复研究部门。

2007 年

受国家文物局专家组委派，王亚蓉携首都博物馆团队，主持江西省靖安东周大墓的纺织品发掘保护工作。该发现被评为 2007 年十大考古发现之一。2009 年该墓的第一阶段抢救清理工作进入尾声，但对难以处置的纺织文物，进一步清理保护工作尚未正式开始，工作便被叫停。2011年在国家级考古、保护界专家的要求下，再次报批申请完成最重要的五具棺木中纺织文物清理工作，但因离开地下密闭环境三年的脆弱衣物已经不起时间消磨，已无法进行修整，致文物损毁，让人遗憾。

2008 年

王亚蓉指导谷守英、司志文、邢文静、胡晓昆为西安市大唐西市博物馆修复一批纺织品衣物。

王亚蓉团队修复辽宁法库叶茂台辽墓纺织品。

2010 年

国家博物馆赵作勇、杨琴到首都博物馆纺织修复工作室，参与实习清康熙时期武官墓殓葬服装脱取与保护工作，王亚蓉协助赵作勇在国家博物馆建立纺织修复工作室。

王亚蓉应邀出席中国社会科学院考古研究所文化遗产保护研究中心与江苏省南京云锦研究所共同成立"中国社会科学院考古研究所文化遗产保护研究（南京）基地"的会议，并签署合作协议。

2011 年

王亚蓉考古所团队应江西省考古所要求，二次复修江西明代宁靖王妃吴氏墓出土的一批服饰。

2011—2015 年，上海施钰女士资助在南京建立纺织考古复织实验基地，由王继胜主持工作，共打造大花楼云锦织机两台、丁桥织机两台，开展一批复织研究项目，成果有素纱襌衣、东周高密度经锦等。施钰女士还特聘中央美院硕士罗茜尹在北京作王亚蓉先生科研助理，协助编写及科研管理工作。

2013 年

王亚蓉考古所团队研究与修复，山东日照海曲 M125 汉墓锁绣荒帷和组带等出土文物。

王亚蓉考古所团队开始修复、保护，河南睢县明代夫妇合葬墓出土的丝织服饰。

2014 年

王亚蓉考古所团队修复 1972 年出土的，山东临淄齐故城大夫观战国墓一批工艺精湛的丝织物。文献记载齐国为战国时期的纺织生产中心，但齐国丝织品出土实物向来较少。

王亚蓉为国家文物局委派的江西海昏侯墓现场发掘五名专家组成员之一，常驻工地。考古所司志文、赵芮禾、邢文静参与发掘与保护纺织品工作，该墓至 2015 年完成发掘。

首个国家公祭日前夕，《山西大同万人坑发掘记事——日军侵华罪证》图书首发式在中国抗日战争纪念馆举办，同时，中国社会科学院考古研究所向该馆捐献了山西大同万人坑发掘的全部原始资料。

中国文物学会成立纺织文物专业委员会，王亚蓉任会长，并召开该委员会第一届学术研讨会议。

2015 年

9 月，王亚蓉主持召开的中国文物学会纺织文物专业委员会第二届学术研讨会，在西安大唐西市博物馆举行，主题是"以丝绸之路作为起点"。中国文物学会会长单霁祥出席会议并作演讲。

2016 年

中国社会科学院科研局正式批准建立"纺织考古绝学学科"，王亚蓉为学科带头人。

3 月，中国社会科学院考古研究所得李德喜先生资助，在苏州成立"纺织考古科研基地"。继续研究复织法门寺地宫出土五件供奉捧真身菩萨的冥衣——重点研究复织出唐代四经绞小花罗地蹙金绣织物（图 8-16）。

王亚蓉获得中国首批"大国工匠"荣誉称号，同时获得 2016 年全球十大文化人物称号。

受国家文物局委派，王亚蓉赴河北省清东陵，清理保护温僖贵妃墓被盗寻回的十件（套）服饰，做了修复保护方案。

图8-16 纺织考古科研基地授牌仪式

王亚蓉团队修复江西省丰城市博物馆馆藏明代纺织品文物。

王亚蓉团队修复河北省梳妆楼元代纺织品文物。

王亚蓉团队修复与整理西藏阿里故如甲木墓地纺织品。

王亚蓉团队修复保护河南省睢县出土明代丝织衣物八十件（套）。

10 月，"中国文物学会纺织文物专业委员会第三届学术研讨会"在成都市博物院举行。

王亚蓉受聘为北京服装学院"中国传统服饰文化抢救传承与设计创新研究"项目的博士生导师。

2017 年

现场发掘及清理江西省南昌市象山南路 M11 汉墓纺织品。

修复保护研究北京市海淀区玲珑巷明代宦官墓纺织品。

修复保护中国体育博物馆书画文物。

王亚蓉编著的《中国刺绣》于 12 月出版。

2018 年

4 月，国务院副总理孙春兰、社科院院长谢伏瞻等领导至中国社会科学院考古研究所文保中心纺织考古部视察，王亚蓉对纺织考古科研情况进行了汇报。

起取与保护修复北京市五里坨宦官墓纺织品文物。

论文集《中国古代纺织文化研究与继承》出版。

清东陵景陵园寝温僖皇贵妃墓出土服饰结项会于 12 月举行。

2019 年

2月，中国文物学会纺织文物专业委员会主办的"中华传统服饰文化学术研讨会暨金玉华裳中华传统服饰臻萃展"在泉州市博物馆举行，研讨会以"弘扬传统服饰文化"为主题。

5月，上海博物馆馆藏纺织品文物修复项目结项会举行。

《慈云祥光——赣州慈云寺塔发现北宋遗物》出版，按北大宿白教授嘱咐，报告对复原的绘画不作定名，不添加文字，让各方面的专家参与研究解读（图8-17）。9月，中国社会科学院考古研究所及江西省赣州市人民政府共同举办发布会，国家文物局副局长顾玉才出席并给予鼓励。

9月，纺织团队司志文等参与青海都兰热水2018血渭一号

图8-17　宿白先生察看赣州慈云寺塔修复后的经卷

大墓的抢救发掘，现场提取、保护出土的纺织品文物。

纺织考古学学科建设方面：在王亚蓉参与筹划下，国务院学位委员会批准在北京服装学院建立"文物与博物馆学纺织考古专业硕士"专业学位授权点，同年招收第一批硕士生。

参加江西省上饶广丰纪氏夫妇合葬墓的纺织品现场发掘工作，该墓葬共揭取各类纺织品文物三十七件（套）。

10 月，"楚风汉韵——中国文物学会纺织文物专业委员会第五届学术研讨会"在湖南省博物馆召开，同时举行"锦绣中华——古代丝织品文化展"。

12 月，中国社会科学院考古研究所迁至体育场北路的中国历史研究院。

2020 年

王亚蓉参加西安工程大学举办的首届"科技·艺术·考古"高层论坛。

10 月，深圳市委宣传部、深圳市社科联，联合邀请中国文物学会纺织文物专业委员会会长王亚蓉先生，做客深圳市民文化大讲堂。

11 月，南京大学邀请王亚蓉在南京大学仙林校区高研院会议室，作题为《沈从文与古代服饰文化》的专题报告。

2021 年

选取明朝宁靖王妃吴氏墓出土的织金璎珞纹云肩妆花缎夹袄、妆金团凤纹补鞠衣进行复原复织研究（图 8-18）。

中国社会科学院考古研究所和北京市文物局签署战略合作协议，与首都博物馆、明十三陵遗产管理中心达成合作意向，对定陵纺织品文物进行现场实践考察。

王亚蓉参加西安工程大学考古文物保护修复联合合作会议，指导并参与其大学建立的以纺织、服饰文物保护修复为主的实验研究中心。

中国历史研究院学习习近平总书记致"仰韶文化发现和中国现代考古学诞生 100 周年"贺信精神座谈会，院长高翔对纺织考古给予认可，并提出希望共同讨论建设新时代中国特色、中国风格、中国气派的考古学新思路，共同谋划更好展示中华文明风采、弘扬中华优秀传统文化的新路径。

获批国家社科基金中国历史研究院重大历史问题研究专项"中国考古研究专题"委托——《秦始皇陵铜车马内饰复原复织研究》项目。

3 月，由大葆台汉墓博物馆通过新华网直播"百年考古系列讲座"《重现大国霓裳》，邀请王亚蓉主讲，六十万人次在线观看。

5 月，中国社会科学院古代史研究所文化室主办《沈从文与纺织考古》讲座，由王亚蓉主讲。11 月，该研究所又采访王亚蓉回忆建室历程和纺织考古成就。

7 月，王亚蓉携司志文、邢文静、赵娜录制的 CCTV-10 纺织考古公开课《考古中的锦绣年华》两期节目播出。

图8-18　织金璎珞纹云肩妆花缎夹袄

王亚蓉发起并指导成立的
纺织服饰文物科研保护组织机构及带头人

中国社会科学院考古所纺织考古修复组、带头人司志文；

国家博物馆纺织品修复组、带头人赵作勇；

首都博物馆纺织品保护修复组、带头人傅萌；

吐鲁番地区博物馆纺织品修复组、带头人玛丽亚木；

湖南省博物院纺织品修复组、带头人董鲜艳；

辽宁省博物院纺织品修复组、带头人申桂云；

秦始皇陵博物院纺织品修复组、带头人王煊；

北京服装学院纺织品修复组、带头人贾汀；

北京石景山区博物馆纺织品修复组、带头人陈超；

　　王亚蓉为继承沈从文先生开创的中国纺织服饰研究事业培养的博士人才：刘大玮、高丹丹、谈雅丽、丁培利。

　　在读博士生：汪训虎、高洁、柳芳、乔爽、陈寒蕾、杭航、陈大公、邓翔鹏、李忠超、刘畅、薛宁、宋彦杰、蔺明林、温晓宁。

参考文献

1. 中国科学院考古研究所：《上村岭虢国墓地》，科学出版社，1959 年 10 月。

2. 湖南省博物馆、中国社会科学院考古研究所：《长沙马王堆一号汉墓》，文物出版社，1973 年 10 月。

3. 中国社会科学院考古研究所、河北省文物管理处：《满城汉墓发掘报告》，文物出版社，1980 年 10 月。

4. 湖北省荆州地区博物馆：《江陵马山一号楚墓》，文物出版社，1985 年 2 月。

5. 王亚蓉：《法门寺塔地宫所出纺织品》，《文物》1988 年 10 期。

6. 王亚蓉：《汉代的组及其工艺研究》，大葆台汉墓发掘组《北京大葆台汉墓》，文物出版社，1989 年 12 月。

7. 王亚蓉：《大葆台出土的刺绣残片》，大葆台汉墓发掘组《北京大葆台汉墓》，文物出版社，1989 年 12 月。

8. 中国社会科学院考古研究所、定陵博物馆、北京市文物工作队：《定陵》（上、下），文物出版社，1990 年 5 月。

9. 王亚蓉：《战国服饰的复原研究》，1994 年中韩刺绣国际研讨会。

10. 江西省文物考古研究所、靖安县博物馆：《江西靖安李洲坳东周墓发掘简报》，《文物》2009 年第 2 期。

11. 中国社会科学院考古研究所：《中国考古学——秦汉卷》，中国社会科学出版社，2010 年 7 月。

12. 黄能福、陈娟娟、黄钢：《服饰中华——中华服饰七千年》，清华大学出版社，2011 年 9 月。

13. 沈从文：《中国古代服饰研究》，商务印书馆，2011 年 12 月。

14. 王亚蓉：《章服之实——从沈从文先生晚年说起》，世界图书出版公司北京公司，2013 年 2 月。

15. 汪曾祺：《散文精选》，长江文艺出版社，2013 年 9 月。

16. 中国社会科学院考古研究所：《山西大同万人坑发掘记事——日军侵华罪证》，万卷出版公司，2014 年 12 月。

17. 隆化民族博物馆：《洞藏锦绣六百年——河北隆化鸽子洞洞藏元代文物》，文物出版社，2015 年 1 月。

18. 吐鲁番市文物局、新疆文物考古研究所、吐鲁番学研究院、吐鲁番博物馆：《新疆洋海墓地》发掘报告，文物出版社，2019 年 3 月。

19. 王亚蓉、董玉宝编著：《慈云祥光——赣州慈云寺塔发现北宋遗物》，文物出版社，2019 年 8 月。

20. 黄永玉：《比我老的老头》，上海文化出版社，2020 年 8 月。

大国
霓裳

沈从文
和我们的
纺织考古之路